# 2016—2018 年度
# 全国农牧渔业贡献奖个人事迹汇编

农业农村部科技教育司
农业农村部科技发展中心
中国农业科技管理研究会

中国农业出版社
北　京

**图书在版编目（CIP）数据**

2016—2018年度全国农牧渔业贡献奖个人事迹汇编 /
农业农村部科技教育司，农业农村部科技发展中心，中国
农业科技管理研究会编. —北京：中国农业出版社，
2021.2

ISBN 978-7-109-27979-7

Ⅰ.①2… Ⅱ.①农… ②农… ③中… Ⅲ.①农业—
科学工作者—先进事迹—中国—2016—2018 ②畜牧业—科学
工作者—先进事迹—中国—2016—2018 ③渔业—科学工作
者—先进事迹—中国—2016—2018 Ⅳ.①K826.3

中国版本图书馆CIP数据核字（2021）第038104号

中国农业出版社出版
地址：北京市朝阳区麦子店街18号楼
邮编：100125
责任编辑：王秀田
版式设计：杜　然　责任校对：刘丽香
印刷：中农印务有限公司
版次：2021年2月第1版
印次：2021年2月北京第1次印刷
发行：新华书店北京发行所
开本：787mm×1092mm　1/16
印张：13
字数：320千字
定价：68.00元

# 编 委 会

# 前　　言

　　全国农牧渔业丰收奖依据《农业技术推广法》设立，是面向全国农业科技和推广领域的表彰奖励，用于奖励在实施农业科技转化与应用较好的科技成果及在实施成果转化和技术服务工作中做出突出贡献的单位和个人。奖励从 1987 年设立至今，围绕不同时期不同阶段全国农业农村工作重点，共开展了 27 届评奖工作，共奖励 5 183 项农业技术推广成果、1 851 个贡献奖、71 项合作奖，成为全国农业系统具有重要影响的品牌奖项。

　　2019 年，农业农村部坚持面向产业、面向基层、面向实际，本着从严要求、宁缺毋滥的原则，完成 2016—2018 年全国农牧渔业丰收奖评奖工作，共评选出 399 项农业技术推广成果奖、20 项合作奖、500 项贡献奖。农业农村部在年底全国农业农村工作会议上对丰收奖代表进行了表彰。丰收奖奖励了一批引领区域农业提质增效、推进产业振兴的好成果好技术，评选并宣传一批新时代开展农技推广服务的好机制好模式好做法，表彰了一批长期扎根基层、服务乡村产业发展的基层农技人员和面向产业开展研究和服务的专家教授和技术人员，树立了良好的农业科技创新和技术服务导向，促进了推广力量的横向纵向的延伸和加强，其奖项品牌的影响力和含金量不断提升，获得广大农业科技创新和推广工作者和社会各界的广泛认可。

　　本书对 2016—2018 年度 500 项贡献奖个人事迹进行了汇编整理，供各地各级相关部门和广大农业科技及技术服务工作者学习。由于编写仓促，书中难免有遗漏、错误之处，敬请读者批评指正。

# 目　　录

前言

# 一、种植业

YI ZHONGZHIYE

# （一） 科研单位

## 1. 成都市农林科学院

**姓　　名：**付绍红

**业绩摘要：**付绍红长期从事油菜科研创新与技术推广工作，获四川省科技进步二等奖1项，成都市科技进步一等奖1项，获国家发明专利12项，新申请国家发明专利2项，申请国际PCT专利2项。先后选育油菜新品种6个，国家审定（登记）3个，获植物新品种权2项。参与主持国家、省市科研项目20余项，发表学术论文15余篇。推广油菜新品种新技术500万亩*以上，推广油菜轻简化栽培技术、油菜间套作栽培技术、油菜全程机械化生产技术等，降低油菜生产成本、提高油菜生产效率，新增社会经济效益2.5亿元以上。

## 2. 池州市农业科学研究所

**姓　　名：**胡润

**业绩摘要：**从事农业技术推广工作23年，一直在一线工作，参与或主持省（部）市级农业项目20多项，推广应用水稻、绿肥、测土配方施肥、子莲等集成绿色丰产高效配套技术等重大项目6项。近5年来培训或指导新型经营主体1 500多人次，扶持新型经营主体5个，推广水稻等主要作物良种30多个，累计推广各项技术150多万亩，项目区粮食增产14.5%，增收稻谷11.4万吨，农民增收1.96亿元。取得了显著的经济、社会和生态效益。发表论文35篇，专利2个，标准2部，获得部级科技进步二、三等奖各1项，市级科技进步一、二等奖若干项。获省市县级先进个人称号若干次，获得2014年安徽省满意农技员提名及2017年池州市第二届"拔尖人才"称号。

## 3. 广元市农业科学研究院

**姓　　名：**刘和平

**业绩摘要：**从事基层农技推广35年，推广主研技术6项，累计推广600万亩，增产

---

\*　亩为非法定计量单位，1亩＝1/15公顷。

18 万吨，增收近 3 亿元；鉴选全省农作物新品种审定 131 个，累计推广 3 亿亩，增产 120 亿千克；争取并完成国家项目 2 项，省市延续项目各 3 项；建产业扶贫示范基地 8 个，惠及贫困户 58 户，联系贫困村 4 个，对接贫困户 4 户，持续开展项目、产业、技术、就业扶贫，人均收入增加到 4 000～7 000 元；主持选育审定新品种 2 个，累计增产 10 万吨，增收近两亿元；发表论文 12 篇，获省市科技进步奖 14 项、专利 1 项、省市农业系统先进个人 25 次；国际引智项目学术交流两次，连续两届被评为市科技拔尖人才，被聘为四川省创新团队岗位专家、科技特派员、"三区"科技人员，市科技扶贫特派员。

## 4. 海南省农业科学院植物保护研究所

**姓　　名**：吉训聪

**业绩摘要**：针对严重为害海南农作物的主要病虫害进行系统研究并示范推广。主持省部级课题 22 项，获省部级成果奖励 14 项，主持的"海南瓜菜重要夜蛾类害虫综合防控技术集成与示范推广"项目获 2016 年度海南省科技成果转化奖一等奖，"海南香蕉病虫害发生与综合防治技术研究"项目获 2008 年度海南省科技进步奖一等奖，"海南甜菜夜蛾种群消长规律与综合防控技术研究"项目获 2013 年度海南省科技进步奖三等奖，"海南斜纹夜蛾可持续防控技术推广"项目获 2014—2016 年度全国农牧渔业丰收奖三等奖；通过编印科普资料、科技培训、田间指导等多种途径进行病虫害绿色防控技术的推广，累计推广面积 38.89 万公顷，新增产值 18.62 亿元。

## 5. 黑龙江省农业科学院

**姓　　名**：马冬君

**业绩摘要**：自 2005 年起，15 年致力于技术推广新模式、新方式和新机制探索与实践。新模式上，组织实施 39 个县科技合作共建，"院县共建"被农业部作为十大农技推广模式。在粮食主产县示范技术 198 项，获 2016 年省政府科技进步二等奖。新方式上，①建立了"黑龙江农业科技服务云平台"，推广新品种、新技术 2 059 项，获 2018 年省政府科技进步二等奖。②将农业技术科普化，出版作品 32 部，编写了黑龙江省首套农业部指定农民培训教材，发行 16.522 万册。新机制上，创立了 28 个"科技专家服务团"一体化科技服务机制，科技人员与成果直插地方需求。2017 年获"全省新农村建设先进个人"称号，黑龙江省精准扶贫专家组成员，年下乡天数 80 天以上。

## 6. 湖南省茶叶研究所

**姓　　名**：王润龙

**业绩摘要**：推广黄金茶特色增值加工技术，获科技部创新创业大赛一等奖。创建黄金茶国家级科技特派员创业链，获科技部星火计划执行优秀团队奖。推广稻田无心土扦插育苗技术，发展黄金茶园 7.8 万亩，产值 2.9 亿元，获省农业丰收奖二等奖。推广花香红茶加工技术，填补湘西无红茶空白。推广特异茶树种质资源黄金茶创新与利用技术，带动2.5万茶农脱贫致富，获省科技进步一等奖。推广湘茶科技服务模式获院成果转化一等奖。推广覆膜打孔移栽新技术，茶苗成活率95％以上。被评为"省优秀特派员"，州政府授科技兴州先进个人1次、记二等功2次、嘉奖2次。入选全国科技创新大会"十二五"科技创新成就展。先进事迹被中央7台、人民日报等媒体报道。

## 7. 湖南省棉花科学研究所

**姓　　名：** 张志刚

**业绩摘要：** 主持和参与选育棉花新品种9个，在长江流域棉区累计推广"高支纱"与"丰产型"系列棉花新品种种植3 500万亩，新增皮棉4.1亿千克，新增总产值55.5亿元，新增纯收入38.9亿元；研究集成棉花轻简绿色植棉技术，并形成规范10项；先后获湖南省科技进步奖5项，湖南省农业丰收一等奖1项，常德市科技进步奖5项，论文奖3项；主持或参与转基因重大专项等国家级、省级课题多项；因工作业绩突出，先后获享受国务院特殊津贴专家、湖南省"五四"青年奖（省政府记一等功）、湖南省"十佳农业人"（省政府记二等功）、湖南省第九届青年科技奖、"常德市第七届科技之星"、常德市"十佳农业科普工作先进个人"等荣誉称号。

## 8. 吉林省农业科学院

**姓　　名：** 王立春

**业绩摘要：** 王立春，男，中共党员，农学博士，中国农业科技东北创新中心研究员（二级），吉林省资深高级专家，享受国务院政府特殊津贴。长期从事玉米耕作栽培与作物施肥研究工作与技术示范推广，为国家农业发展和科技进步做出了突出贡献。先后承担国家、省（部）级科研课题30余项，取得成果26项；获得国家科技进步二等奖1项，省（部）级科技进步一等奖5项、二等奖8项；发表学术论文50余篇，出版著作3部。参加工作以来，在春玉米丰产增效、黑土资源可持续利用、节水灌溉等方面取得了重要成果。现为吉林省玉米产业重大技术协同推广项目首席专家，在玉米秸秆全量直接还田技术领域取得突破性进展，并在吉林省大面积示范推广，取得了显著的社会效益。

## 9. 吉林省蔬菜花卉科学研究院

**姓　　名：** 王学国

**业绩摘要：** 王学国同志为吉林省蔬菜花卉科学研究院茄果所所长，国家特色蔬菜产业技术体系试验站站长、执行专家，始终从事农业技术推广工作。多次承担国家级、省级等技术推广科研攻关项目，由他主导的科技成果转化率已达到80％，累计推广面积2.35万公顷，新增经济效益2.5亿元，为当地农村经济的发展做出了突出的贡献，可谓"小产业做出了大文章"。在技术推广工作中,荣获吉林省科学技术进步二等奖 3 项,吉林省农业技术推广一等奖 1 项;累计接听农业技术咨询电话 6.5 万人次,农业技术培训 9 500 人次,为蔬菜种植户解决了大量生产技术难题,得到农民的认可。2016 年被农业部评为"12316"服务热线最受农民欢迎的优秀专家;2017 年被评为"全国科技助力精准扶贫"先进个人。

## 10. 梅州市梅县区农业科学研究所

**姓　　名:**钟永辉

**业绩摘要:**2016 年被评为"梅县区第六批专业技术拔尖人才""2017 年广东省最美农技员",区级茶叶专家组组长,区金柚协会、茶叶协会技术顾问。从事基层农业技术推广 23 年,熟悉掌握本行业理论和技术,积极参与新品种、新技术的试验、示范和推广,精准扶贫。学术品行端正,政治和业务能力过硬。常年有 2/3 以上的工作时间在生产一线从事技术推广服务,无重大技术事故或连带责任。主持、参与引进推广重大农业技术 8 项(近 3 年有 5 项),据测算,累计节本增效 3.76 亿元。主持承担省级项目 8 项,获省推广奖 4 项、市奖 2 项、县奖 4 项,品种审定 1 个。3 年举办各类农科培训 165 场,培训农民达 2.1 万人次。多年多次被评为优秀共产党员。

## 11. 三亚市南繁科学技术研究院

**姓　　名:**孔祥义

**业绩摘要:**发表论文 50 多篇,SCI 收录 2 篇,出版编著学术专著 4 部。获海南省科技转化奖一等奖 1 项,二等奖 1 项,三等奖 2 项,获中华神龙奖 1 项,农牧渔业丰收奖 1 项,全国植保科技奖 1 项,市科技进步奖 4 项。主持 3 项科技项目成果通过海南省科技厅鉴定,在国内首次发现一种植物新病害。编撰省市级标准等 5 项。推广自选育"南豇 1 号"等豇豆新品种及瓜菜绿色防控技术累计超过 1 万亩,累计创收超过 5 000 万元。主持完成"海南省豇豆绿色防虫网覆盖栽培技术研究""黄秋葵品种引进及配套栽培技术研究与示范"2 项成果通过海南省科技厅鉴定为国内领先,2 项成果累计在三亚种植示范超过 1 万亩,创造效益超过 1 亿元,对三亚脱贫攻坚,农业转型升级快速发展做出重要贡献。

## 12. 汕头市农业科学研究所

**姓　　名:**张绍龙

**业绩摘要:**主持及参与科研项目 30 项,育成 19 个农作物新品种通过审(鉴)定,获植物新品种权 5 项,制定地方农业标准 14 项,发表学术论文 20 多篇。主持及参与育成的花生新品种汕油 188、油油 199、油油 212、油油 65、油油 52、油油诱 1 号、油油辐 1 号累计推广 677.86 万亩,新增经济效益 12.69 亿元,取得显著的社会效益和生态效益。获科技奖励 18 项，被评为"优秀共产党员""汕头市第 13 批优秀拔尖人才"，被授予第十一届"广东青年五四奖章"，获得第八届"潮汕星河国瑞科技奖"，入选 2015 年广东省"扬帆计划"培养高层次人才、汕头市优秀专家；带领研究团队先后被授予"汕头市工人先锋号""广东省工人先锋号"等称号。

## 13. 邵阳市农业科学研究院

**姓　　名**：欧小球

**业绩摘要**：充分利用自身专业特长，15 年来，长期扎根广大农村，系统推广多项农业新技术，主要推广了"西甜瓜种子生产中防治细菌性果斑病关键技术""油茶（果园）套作西甜瓜轻简化栽培技术""西甜瓜嫁接栽培技术""优质高效西瓜新品种及其配套栽培技术"等 4 项农业新技术。技术先进，因地制宜，操作简单，普及率高，可复制推广。在广大农村具有独特性、创新性，科技引领作用明显；所推广地区经济效益、社会效益、生态效益明显，为服务区域农民增收、农业增效做出了突出贡献。推广过程中，无任何技术事故或连带责任，为湖南省乃至全国的精准扶贫事业以及瓜类、蔬菜整体技术水平的提高都做出了突出的贡献。

## 14. 四川省内江市农业科学院

**姓　　名**：陈勇

**业绩摘要**：作为主要完成人推广重大农业技术 5 项，在国内累计推广 1.91 亿亩，新增稻谷 55.12 亿千克，新增社会效益 118.12 亿元，为保障国家口粮安全发挥了积极的作用。总结创新了授权转化、规模生产和联动示范推广模式结合，实现多方合作共赢，加速了成果转化。主持国家级项目 1 项，省级项目 2 项，主研自主与合作育成 66 个内香品种通过各级审定，为四川省水稻产业的发展提供了品种储备和技术支撑。积极参与四川省农业厅组织的农技人员扶贫脱贫攻坚行动，圆满完成任务。获奖成果 8 项，其中省部级一等奖 3 项，市级一等奖 2 项；工作表彰 9 项。2011 年起被聘为国家水稻产业技术体系内江综合试验站站长，有效地推动了本区域水稻产业的发展。

## 15. 桃源县农业科学研究所

**姓　　名**：伍中胜

**业绩摘要**：以第一完成人育成的高档优质稻新品种"桃优香占"经过 4 年的示范推广，已辐射全国 5 省（推广约 300 万亩）；近 3 年在桃源县累计示范推广 33.2 万亩、每年进行了千亩核心示范区展示，伍中胜作为技术顾问，经常深入田间进行有关技术指导；2016—2017 年两年常德市科技局组织有关专家对桃源县的千亩核心示范区进行了现场测产验收，项目荣获 2017 年度常德市科技进步二等奖和 2017 年度桃源县科技进步一等奖（伍中胜为第一完成人），上级主管部门对伍中胜育成的高档优质稻新品种

"桃优香占"选育与推广应用给予了肯定，并列入湘米工程水稻产业供给侧结构性改革重点推广品种。

## 16. 阳春市农业科学研究所

**姓　　名：**吴晓

**业绩摘要：**服务基层，积极推广农业新技术新品种。推广水稻测土配方施肥、"三控"技术；推广优良新品种广 8 优 165、深优 9 516 等；通过"马铃薯高产栽培示范与推广"项目，示范推广测土配方施肥技术、地膜覆盖、农业机械栽培等先进适用技术；通过"砂姜高产安全高效生产示范基地配套栽培技术应用与推广"项目，推广良种与良法配套，以点带面加速推广；对高产广适耐热甜玉品种粤甜 16 号及配套技术（病虫害防治前移技术）进行规模推广应用，该项目获 2014—2016 年度全国农业技术推广成果奖二等奖；参与"春砂仁'保果素'研制和推广应用"项目、"春砂仁促花技术研究和推广应用"项目，获阳江市科学技术奖二等奖、广东省农业技术推广奖三等奖。

## 17. 云南省农业科学院甘蔗研究所

**姓　　名：**刘少春

**业绩摘要：**长期在镇康县边疆少数民族地区从事甘蔗科技扶贫，试验示范推广甘蔗良种良法栽培技术，并通过示范推广，帮助与镇康县接壤的缅甸果敢地区发展甘蔗产业替代罂粟种植。组织甘蔗制糖企业和肥料生产企业，研究蔗区土壤养分丰缺状况及其变化规律，研制测土配方肥；利用甘蔗制糖废弃物（滤泥和糖蜜酒精废液）开展肥料化研究，研制生物有机肥，研究无机、有机肥配施甘蔗测土配方施肥技术应用推广。先后获国家科委科技扶贫办公室"振华、王义锡"科技扶贫奖励基金服务奖 1 项，云南省星火奖三等奖 1 项，云南省科技进步三等奖 3 项，参与编写出版专著 5 部，发表论文 21 篇，两个生物有机肥产品获农业部微生物肥登记证，两个测土配方复混肥产品获云南省肥料登记证。

## 18. 云南省农业科学院热带亚热带经济作物研究所

**姓　　名：**尼章光

**业绩摘要：**尼章光同志 33 年扎根基层，牵头组建研发团队和平台，潜心钻研，选育出了系列芒果良种 13 个，集成了品种的配套关键技术，研发技术 5 项，构建了云南芒果优势产业支撑技术体系，创建应用"示范户模式""百花村模式"和"产业带发展模式"等品种和技术的推广模式，实现云南芒果产区和品种熟期相适宜的产业化发展的格局，优良品种在区域内得到大面积的推广应用，培育形成优良品种覆盖率达 78.6%、鲜果供应期达 7 个月的怒江流域、红河流域、金沙江流域早中晚熟芒果优势产业带，云南省成为我国第二大芒果产区。近 3 年品种与技术累计推广面积 116 万亩，新增总产量 10.15 万吨，新增总产值 5.15 亿元，取得了显著的经济、社会和生态效益。

## 19. 中国农业科学院茶叶研究所

**姓　　名：** 李强

**业绩摘要：** 连续 16 年为云南临沧边疆茶区提供科技服务，示范推广无公害有机茶技术，培育示范企业成长为国家级重点农业龙头企业，带动双江县 7.3 万茶农增收；12 年担任缙云县科技特派员，组建团队开展黄茶繁育、种植和加工技术研发与推广，组织分散小农户发展专业示范村，实现缙云黄茶从一个单株育成一个品种继而撑起一个新产业；创建科技部第一批黄贡星创天地平台，探索农村双创取得新成效；主持实施省级农业重点研发—缙云黄茶项目，培育省级科技型企业 3 家；主持创建省级农业科技园区—缙云黄茶特色农业科技园区、省级茶叶主导产业示范区 2 个；主持创建缙云茗源创新工作站和协建勐库公司江用工作站各 1 个，为基层农业科技创新和引领示范发挥支撑作用。

## 20. 中国热带农业科学院环境与植物保护研究所

**姓　　名：** 彭正强

**业绩摘要：** 长期深入田间地头，了解产业迫切需要解决的科技问题，为农技人员和椰农提供技术指导。自 2005 年至今，在重大外来入侵害虫椰心叶甲生物防控中，成功引进两种天敌寄生蜂，研发集成了以生物防治为主、化学防治为辅的绿色防控技术体系，针对不同气候及生态特点，提出并构建了 5 种防控模式，在海南、广东等疫区大面积推广应用，解决了椰心叶甲防控难的生产实际问题，获得了显著的经济、生态和社会效益，是我国生物防治史上典型范例。成果累计推广应用 1 700 万亩次，防效达 85%～90%，近 3 年累计挽回经济损失 47.53 亿元。同时，椰心叶甲绿色防控技术走出国门，在马尔代夫推广应用，取得了较好的防治效果，有效地服务了"一带一路"建设。

## 21. 重庆市农业科学院

**姓　　名：** 黄桃翠

**业绩摘要：** 黄桃翠自从事油菜科研及推广工作以来，积极服务"三农"，担任重庆市农技推广站特约专家，多年来对乡镇农技人员及种植户进行油菜栽培技术培训达 2 万人次以上，积极培育农业社会化服务组织 5 个。针对基层农技推广中遇到的问题积极创新，培育出早熟、宜机、高含油"庆油"系列油菜品种 4 个通过国家审定或登记，并主导推广 1 200 万亩以上，产生经济效益 36 亿元以上；引进、集成、推广"山地油菜超稀栽培""油菜一次性施肥""油菜根肿病防治""油菜机械化生产""丘陵山区油菜专用复合肥使用""山地油菜菌核病防治"等技术总计 200 万亩以上。为促进农旅融合，培育具有观光价值的彩色油菜品系 10 个，示范推广 3 000 亩以上。

# （二） 大专院校

## 1. 华南农业大学

姓　　名：陆永跃

业绩摘要：长期从事南方重大害虫包括桔小实蝇、红火蚁、香蕉害虫等监测、防控技术研发和推广应用工作；主持或参加国家、省部等各类项目110多个，获科技成果17项，申请/授权专利27件，编制国家/行业/地方标准17个，研发产品20多个，技术、产品应用到200多个县（区）上千万亩次以上；近10年赴南方10多个省（区）150多个地点开展培训、指导、咨询、示范工作330多次，推广新技术、新产品20多项，覆盖面积650多万亩次；推广成果获省部级推广应用一等奖4项、二等奖3项、三等奖1项，还获得国家科技奖二等奖1项、省部级科技奖一等奖3项、二等奖2项、三等奖3项；个人获第六届全国优秀科技工作者、第十一届广东省丁颖科技奖等6次。

## 2. 华中农业大学

姓　　名：黄见良

业绩摘要：黄见良自1985年参加工作以来，长期从事水稻高产高效生理与栽培技术创新等研究，承担了一大批国家级科研项目。依托水稻生理与栽培团队，研发了"机收再生稻丰产高效栽培""油菜茬水稻免耕栽培"和"实地氮肥管理"等12项先进、实用技术。自1996年开始，在湖北、湖南等省推广水稻绿色高效栽培技术12项，常年深入水稻产区一线，开展技术培训并现场指导和解决生产中出现的应急问题，每年基层农技推广时间1/3以上。创建的机收再生稻丰产高效栽培技术模式在湖北省再生稻生产区技术覆盖度90%以上，2014—2018年累计推广1 031万亩，增产稻谷157.3万吨、增收节支51.59亿元。先后获得部省级成果奖8项。

## 3. 南京农业大学

姓　　名：郭世荣

业绩摘要：2000年以来每年140余天在生产一线从事蔬菜技术推广和服务工作，作为农业技术推广协作组首席专家等，推广应用设施蔬菜土壤障碍绿色防控、蔬菜水肥一体化等重大农业技术 11 项，建立"科研单位集成＋示范基地展示＋生产基地应用"的推广模式，采用"专家＋技术员＋农户＋培训＋指导"套餐服务方式，形成"互联网＋农业技术"线上、线下共推服务体系；2011—2018 年统计在江苏省累计推广 4 771 万亩次、新增效益 522 亿元；经济、社会和生态效益显著。得到服务区域农业部门、推广机构和农民等的广泛认可，荣获"农业科技服务明星"等称号，以第一完成人荣获江苏省第七届（2014）和第八届（2017）农业技术推广奖一等奖两项。

## 4. 西北农林科技大学

姓　　名：张睿

业绩摘要：引进示范推广 39 个新品种和 3 套宽幅播种机具，研发和熟化节水喷灌等 6 项新技术，编写技术规范 2 个。在试验基地（站）驻站 29 年；年均在一线从事农技推广工作 183 天，年均技术培训 37 场 3 316 人次；邀请基层业务骨干进入该团队实验室，进行短期强化培养；指导 18 个新型经营主体和农业企业；参与了近 10 年陕西省小麦生产中所有重大或区域灾害等问题的调研和会商。主持参加了 71 个项目，获得省级成果奖 7 项，主编参编 14 本专著，发表论文 110 篇。现为农业农村部小麦专家组专家、陕西省小麦产业技术体系首席专家，陕西省小麦高产创建首席专家。兼任 6 个县区域站指导专家。近 3 年累计推广新技术 883 万亩，增收 3.47 亿元。

## 5. 云南农业大学农学与生物技术学院

姓　　名：郭华春

业绩摘要：1984 年起研究薯类并长期深入生产一线开展科技服务。2008 年任国家马铃薯体系岗位专家，2009 年遴选为省体系首席专家（后任顾问），注重深入实际、服务产业，形成外引内联，上下联动的技术支撑网络，促进了云南马铃薯产业发展与科技进步。近年主持科研项目 11 项；引进和选育通过省级审定（鉴定）薯类新品种 12 个，国家登记马铃薯品种 2 个，加快了云南薯类作物品种更新换代，其中引进的"青薯 9 号"2016—2018 年在云南推广 407.25 万亩，薯农增收 25.07 亿元，一跃成为云南第一大主栽品种，促产业、富薯农成效明显。国家体系中牵头滇西片区马铃薯产业扶贫，在双江、大姚等贫困县建立基层工作站，为脱贫攻坚做出贡献。

## 6. 中国农业大学

姓　　名：王璞

业绩摘要：王璞长期扎根基层，1995 年到吴桥实验站，从事科研、教学和推广培训工作。先后任吴桥实验站站长、农业部作物高效用水吴桥观测站站长、河北省低平原区农业工程研究中心主任、科技部星火科技专家大院及沧州市农业专家大院首席专家。24 年来，先后引进推广适合当地的小麦玉米主栽品种和农业技术，研发的"冬小麦节水省肥高产栽培""夏玉米节水省肥高产简化栽培""作物抗逆栽培"等多项技术，已大面积推广应用，取得了显著的社会、经济、生态效益。坚持将产学研、创新研究和生产服务紧密结合，建立了农民参与式研究推广体系，为服务区域农业增效、农民增收做了大量工作，深受农民和地方政府的欢迎。先后获国家及省部级多项奖励和表彰。

# （三） 推广单位

## 1. 安徽省合肥市庐江县乐桥镇农业技术推广站

姓　　名：葛亮

业绩摘要：葛亮同志 1985 年参加工作，一直在基层一线从事农技推广服务，累计引进推广应用农业新技术成果 160 余项，实施农业农村部水稻高产创建、粮食增产模式攻关、水稻绿色高质高效创建、土壤有机质提升、病虫害绿色防控等重大项目 30 多个，编写技术材料近千份，举办技术讲座累计培训 3.5 万人次，推广应用新技术成果累计增产稻谷 4.22 万吨，节本增效 1.39 亿元。指导大户兴建 6 座水稻标准化育秧工厂，推广双季稻全程机械化生产和水稻绿色高质高效集成技术，建立品牌绿色稻米"马坝小粘"示范基地。先后获得"安徽省农技推广先进个人""全国'三农'科技服务金桥奖先进个人""全省农委系统先进工作者"和"安徽省十佳农民满意农技员"等称号。

## 2. 安徽省怀宁县三桥镇农业站

姓　　名：程玉英

业绩摘要：主持推广农业部水稻高产创建项目及全国水稻绿色高产高效创建项目，推广各项绿色生产技术模式，推广秸秆综合利用技术面积 3.5 万亩，年综合利用秸秆量 2.75 万吨，2017 年主持召开全省机械化种植现场会，进行机械化种植技术试验示范，发表论文 8 篇，推广蓝莓、草莓等特色产业面积 5 000 亩，发展新型经营主体 65 家，农业社会化服务主体 8 家，社会化服务面积 3.5 万亩，获 2015 年度安庆市秸秆禁烧及综合利用先进个人称号，荣获 2018 年度安庆市"三八红旗集体"称号；2018 年获"安徽省农民满意农技员"称号。

## 3. 安龙县德卧镇农业服务中心

姓　　名：杨远志

业绩摘要：工作以来，大力推广农业技术，开展农作物病虫害疫情调查、监测与防控，主要农作物种子备案与监管工作，组织参与实施 2013—2015 年在德卧镇实施的粮油作物高产创建水稻、小麦万亩示范片项目，2012—2018 年水稻，鲜食玉米、玉米，马铃薯绿色增产增效（粮食增产工程）项目，该批项目均达到（超过）目标产量，顺利通过相关部门验收，2014 年获贵州省农业委员会颁发农业丰收奖、"最美农技员"提名奖，2015 年获得黔西南州人民政府授予"劳动模范"表彰，2013 年、2014 年获得义农新区管委会春耕生产，农业农村工作先进个人表彰，组织参与病虫监测防控和植保等工作，获 2014—2018 年贵州省"植保工作先进个人"称号。

## 4. 安乡县粮油作物工作站

**姓　　名：**田祖庆

**业绩摘要：**田祖庆自参加工作以来政治坚定清醒；思想坦荡磊落；作风正派廉洁，共获得湖南省集中育秧先进个人、常德市优秀农业技术推广服务人员等市级以上行政奖励 17 次。忠于和热爱党的"三农"事业，时刻牢记党的宗旨，不忘记对人民高度负责，在粮油生产战线一干就是 24 年，深受各级领导、同事、农民好评。自参加工作以来共获得县级科研成果 16 项，市级以上科研成果 8 项，发表论文 48 篇，参与编写专著 5 本，编写规范、规程 57 篇。参加工作以来推广水稻集中育秧技术、早晚稻双季双抛综合配套技术、水稻机械化育插秧技术、油菜全程机械化生产技术等粮油作物新技术 40 多项，推广面积达 1 000 万亩次以上，帮助农民增收 12 亿元。

## 5. 安阳县农业农村局永和区域站

**姓　　名：**郝凤珍

**业绩摘要：**大力推广优质麦，实施测土配方施肥、统防统治、绿色防控等技术，带动全县 10 万多农户使用新品种、新技术，主推品种、主推技术在全县推广普及率达到 95% 以上。由于工作业绩突出，连续当选安阳市十三届、十四届人大代表；荣获省、市、县多项表彰，主要有：2011 年荣获"河南省农业科技先进个人""全省农民科技教育培训工作先进个人""2017 年度河南省优秀农业科技工作者"称号。2015 年荣获"安阳市劳动模范"称号，2012 年、2013 年、2017 年分别荣获"安阳市农业系统先进工作者"称号；2010 年荣获"安阳县科学技术带头人"称号；2012 年荣获安阳县"五一劳动奖章"。

## 6. 宝应县农业技术推广中心

**姓　　名：**王瑞珍

**业绩摘要：**2000 年天津农学院园艺专业毕业，本科学历，2012 年被评为高级农艺师，连续从事农业技术推广服务 18 年，常年有 2/3 以上时间工作在田头。近 5 年来共引进推广农业绿色增产增效技术等 4 项，2016—2018 年在全县共推广应用 52 074.7 亩，辐射小官庄等 5 个镇，在全县推广普及率达到 61.26%，新增经济效益 17 479.87 万元。获省科学技术奖三等奖 1 项，省农业丰收奖二等奖 1 项，县级成果奖 7 项，承担省级以上项目

10 多项,发表论文 10 多篇,参与编写地方标准 2 项,多次受到县委、县政府表彰,省第五期"333 高层次人才"第三层次培养对象。在全县设施园艺产业提档升级、蔬菜"三新"技术示范应用等方面做出突出贡献。

## 7. 保山市隆阳区农业技术推广所

**姓　　名:**张朝钟

**业绩摘要:**水稻新品种选育示范推广:1996 年来主持鉴定材料 8 206 份,鉴选品种 20 多个,示范推广 490 万亩,覆盖率 95.2%,比 1995 年亩增 95 千克,增产 4.686 1 亿千克。水稻精确定量栽培技术示范推广:2006 年引进、完成栽培试验 18 组,示范推广 157.3 万亩,覆盖率 83.7%,制定《隆阳区水稻生产技术》。水稻高产创建:2008—2018 年主持水稻高产创建 66.41 万亩,平均亩产 753.51 千克,比非项目区亩增 87.2 千克,新增稻谷 5 792 万千克。3 项农业技术集成:推进全区 232.88 万亩水稻亩产达 691.1 千克,3 年平均亩产超 700 千克,全国产粮大县。获科技成果奖 33 项、表彰 20 次,刊载论文 33 篇。

## 8. 北京市昌平区农业技术推广站

**姓　　名:**齐长红

**业绩摘要:**齐长红现任北京市昌平区农业技术推广站站长,高级农艺师,自 1992 年参加工作以来,扎根基层,连续 27 年奋战在京郊农技推广服务第一线。2008 年带领 20 名草莓技术骨干远赴西班牙维尔瓦接受 89 天系统培训,带回国外先进经验,指导全区种植户完成从欧美品种到日系品种的更新换代。带头积极应对"乙草胺"事件。近 10 年,先后到全国多地指导草莓种植生产技术。助力脱贫攻坚,帮助对口帮扶地区建立草莓种苗繁育基地。通过推广草莓套种、草莓避雨育苗、超促成草莓栽培等生产技术促进草莓产业技术升级。参与编制市级地方标准 3 部、区级地方标准 4 部,参与昌平草莓国家地理标志认证工作,申请专利 3 项,编著草莓专著 21 部、发表文章 100 余篇。

## 9. 北京市大兴区农业技术推广站

**姓　　名:**哈雪姣

**业绩摘要:**哈雪姣主要从事基层土肥技术的推广服务工作。在工作期间为当地农民成功引进多项重大土肥技术,推广新品种新技术 200 余项,应用面积高达 10 万亩以上,普及率达到 90% 以上,形成了具有当地特色的农作物技术规范;主持参与的农技推广项目 5 年累计减少化肥投入 9 600 吨(纯量),有效减少农民的种植投入,提升大兴地区耕地质量,促进该地区的生态农业发展。此外,近些年也积极参与当地政府的扶贫工作,①为大兴区青云店镇六村制定了提升林下的土地利用率的帮扶方案,使该村农民收入增加约 9 万元;②为内蒙古锡林郭勒盟正镶白旗成功引进 5 家优质农业企业开展实地对接帮扶,推广新技术和优良品种,同时为当地贫困户增收 3.63 万元。

## 10. 宾县三宝乡农业技术综合服务站

**姓　名：** 袁和

**业绩摘要：** 自 1993 年参加工作以来至今已 26 年。26 年来始终从事农业技术实验示范和推广工作，在每年年终系统考核时获得模范工作者 2 次，记功 1 次。重点项目有玉米密植高产集成技术应用，全乡推广 5 万亩，节本 30 元/亩，增产 40 千克/亩，总增收 200 万千克，增效 470 万元；推广赤眼蜂防治玉米螟技术，全乡 8 万亩，减少虫害损失 5％以上，挽回损失 240 万千克，增收 360 万元；2016 年至 2018 年推广大棚黑木耳挂袋栽培技术 1 100 万袋，创造产值 2 860 万元，纯效益 1 100 万元。

## 11. 博爱县金城农技推广区域站

**姓　名：** 韩宏坤

**业绩摘要：** 韩宏坤制定各类技术意见、实施方案 130 余个，电视讲座 85 期，技术培训 320 余期，培训农民 5 万余人次。推广新品种、新技术、新药械等 120 余项。测土配方、化肥减量增效覆盖面积超过 85％。致力绿色防控技术推广。精心打造了绿色防控和综合防治等多个国家级、省级示范区。研究总结推广了多个绿色防控和综合防治技术模式，累计推广应用 200 万亩次以上。致力培育专业化防治组织、推广现代植保机械、提高病虫害统防统治水平。2013 年以来博爱县专业化统防统治面积累计达 75 万亩次以上。对小麦全蚀病发生发展规律、综合防治技术、有效药剂筛选、治理体系建设等诸多方面进行了深入研究。

## 12. 昌乐县农业技术推广站

**姓　名：** 孟祥晓

**业绩摘要：** 申报实施"移栽灵"在瓜菜生产上应用技术研究项目，创立"植物保健栽培理论""孟氏理论"；实施农业项目 40 多个，引进示范推广小麦标准化生产、宽幅播种关键技术，玉米"一增四改"、花生四大关键八项改进生产技术，大葱、生姜、设施蔬菜优质安全生产关键技术；集成创新小麦亩产 750 千克关键技术；创建孟祥晓劳模创新工作室，创新大姜及日光温室番茄栽培技术，通过微信调度，探索瓜菜生长发育关键节点温度，提升农业物联网应用技术。先后获得"全国粮食生产突出贡献农业科技人员""省蔬菜系统先进个人""省农技推广先进个人""市粮食高产创建先进个人""2018 年首批山东省科普专家库人才"等称号。

## 13. 常州市农业技术推广中心

**姓　名：** 季美娣

**业绩摘要：** 季美娣，女，49 岁，本科学历，推广研究员，1994 年工作，25 年来先后从事蚕桑、园艺、粮油等技术研究和推广，每年深入基层一线时间超过 100 天，2012 年被评为"江苏省农技推广服务先进工作者"，享受市劳模待遇，2013年被市政府授予三等功，2016年被评为常州市突出贡献人才，多次被省、市评为先进个人。先后主持或参加15项国家、省、市科技项目，集成推广了7项重大农业生产技术，制定了4项标准。先后获省政府农业技术推广二等奖1项、三等奖2项，市科技进步一等奖1项、三等奖2项，在国内外刊物发表论文15篇，其中2篇被SCI、EI期刊收录，为常州农业增产增收、农民致富做出了重要贡献。

## 14. 楚雄市植保植检站

**姓　　名：**苏龙

**业绩摘要：**近3年来引进示范推广重大集成创新技术有："西南稻飞虱监控技术推广应用"荣获2016年度全国农牧渔业丰收奖三等奖；"楚粳优质稻农药减量增效技术推广"2017年荣获云南省农业技术推广一等奖；"楚粳28号优质稻绿色防控技术集成示范推广"2017年荣获楚雄州科学进步三等奖。工作28年来，常年深入生产一线，积极推广植保新技术，荣获农业部（一等奖和三等奖）2项，省政府三等奖1项，地厅级奖10项，县处级奖7项；全国农作物重大病虫害测报技术与预报发布创新工作成绩显著，荣获2010年先进工作者称号。通过20余项科技成果的推广，为楚雄市农业增效农民增收做出了贡献。助力楚雄市连续3年获得"全国粮食生产大县"荣誉称号。

## 15. 达州市达川区九岭镇农业技术推广站

**姓　　名：**王裕权

**业绩摘要：**主持编制水稻、青花椒等农作物栽培方案100多个，引进和推广油菜、蔬菜等农作物"五新六良"配套技术100多项。编制产业扶贫方案10余项，每年在线为贫困户解难答疑100多项；驻村帮扶贫困户110户，发展青花椒产业500多亩，实现贫困户年人均增收3500元以上，"幸福小椒园"产业发展模式在全镇乃至周边乡镇得到应用和推广。组织麻蜀黍青花椒申报获得绿色食品认证并列入全国名特优新名录库，培育农民合作社示范社国家级1个、省级1个和家庭农场省级示范场2个；王裕权1998年被省农业厅表彰为先进个人、2016年被市农业局表彰为最美农技员，2018年为达州市委、市政府"十佳"优秀驻村农技员推荐人选。

## 16. 大通回族土族自治县农业技术推广中心

**姓　　名：**苏有志

**业绩摘要：**20多年来利用现代科技手段，创新农技推广服务方式，解决了农牧民获取信息难、掌握新技术难的问题。通过信息技术推广应用，物联网技术得到广泛推广应用；通过手机短信、微视频、专家远程指导等方式，农业新技术新品种得到推广；通过村级电商小店、网络平台等形式，农产品销量增加；农牧民手机应用能力得到很大提高。探索创新了"五位一体"的农业信息服务新模式，被农业部确定为全国农业信息化示范县和全国农村创业创新典型县范例。先进经验在全省得到了宣传推广。获得全国农牧渔业丰收三等奖 1 项、获省市级成果证书 8 项、发表论文 9 篇；出版专合著 3 部；编写全县规划和作业设计 3 项。曾 14 次被农业部门和宣传部门评为先进工作者，先进事迹被省市媒体报道 10 多次。

## 17. 大同市新荣区植物保护植物检疫站

**姓　　名：**王功

**业绩摘要：**①2010 年草地螟可持续控制技术获得省科技厅颁发的农村技术承包集体一等奖。②引进高巧拌种新技术，防治马铃薯、玉米病虫害。试验、推广高巧拌种防治白焦虫，根治了大同市新荣区为害最重的害虫。③采集土样化验分析，制定区农作物配方施肥方案，近 3 年全区累计推广配方施肥 97.4 万亩。④2018 年推广有机旱作农业技术，建立有机旱作农业示范区 0.6 万。⑤被聘为指导员、岗位专家参与基层农技推广补助项目；被聘为专家，参与巩退农民科技培训项目。⑥作为教师，参与大同市新荣区阳光工程、新型职业农民培育项目。

## 18. 大庄镇农业农村服务中心

**姓　　名：**李旺梅

**业绩摘要：**在大庄镇从事农业技术推广工作 14 年来，取得了以下几个方面的主要成绩：①推广新技术，成效显著。示范推广地方特色有白花大粒蚕豆提纯复壮绿色生产技术每年 0.7 万亩，适宜区覆盖达 90% 以上，使之成为大庄镇农民增收的支柱产业之一；集成推广秋延后蔬菜绿色生产技术，每年种植 0.8 万亩，适宜区覆盖达 80% 以上。示范推广粮食作物绿色高产高效生产技术 2.0 万亩，适宜区覆盖达 60% 以上。②工作扎实，成绩突出。先后荣获地厅级科技成果奖 9 项，其中：厅级奖 3 项、县级奖 6 项，荣获云南省农技推广先进个人 1 项次。③转变方式，规模经营。培育发展 10 户农业新型经营主体，引导土地流转，促进适度规模经营，发展高原特色农业产业。

## 19. 当阳市植物保护站

**姓　　名：**陈义

**业绩摘要：**陈义于 1989 年参加工作，在基层从事农业科技培训和推广工作 29 年，参与了"水稻农药减量控害增效技术"等 6 项重大集成技术的示范推广工作，推广应用面积 200 多万亩，培训农民 5 万多人次；以主持实施农业科教项目为载体，创新农技推广方式方法和服务机制，促进了农业科技进村入户，全市农业主推技术到位率达到了 95% 以上，农业科技贡献率达到了 62% 以上；主持实施的农业科教项目绩效考核成绩连续多年名列全省前茅，参与实施的 5 个农业科技项目荣获"当阳市人民政府科技进步奖"，在国家及省级农业类期刊发表论文 10 余篇，参与编写了 5 本培训教材，先后荣获"全省新型职业农民培育先进工作者""宜昌市农业工作先进个人"等荣誉称号。

## 20. 德安县林泉乡农业技术推广综合站

姓　　名：潘熙鉴

业绩摘要：潘熙鉴，男，37 岁，中共党员，农艺师 9 级，2000 年 7 月毕业于九江市农业学校，10 月分配至德安县白水街农技站，2008 年 4 月光荣加入中国共产党，2010 年调任德安县林泉乡农业技术推广综合站任站长。自参加工作以来，工作认真负责，多次被上级农业部门评为先进个人和当地党委的优秀共产党员。主要推广水稻高产栽培技术、水稻抛秧技术、测土配方施肥技术、水稻病虫害统防统治与绿色防控技术、棉花高产栽培技术、棉薯连作轻简化栽培技术等。在省市县农业专家指导下，创新使用了周年绿色优质高效轮作模式：马铃薯＋优质稻，采用马铃薯全程机械化栽培技术和优质稻直播技术等新技术，达到了增产增收的目的。

## 21. 德清县农业技术推广中心

姓　　名：蔡炳祥

业绩摘要：主持"浙北稻区稻鳖（虾）种养模式技术集成与应用"获省农业丰收一等奖；"德清县农田种养结合模式研究与示范"获市科技进步三等奖；组织实施晚稻高产创建，晚稻示范方和攻关田产量屡创纪录。获浙江省水稻高产创建工作突出贡献个人、浙江省农业技术推广贡献奖荣誉；5 年来示范推广嘉优 5 号、甬优 538、浙优 18、嘉 33、嘉 58、浙粳 99、中嘉 8 号等晚稻新品种 7 个，共推广面积 43.7 万亩，增产粮食 1.65 万吨。参加广适型优质高产水稻新品种嘉 33 的选育及推广课题获市科技进步一等奖；参加浙江省"水稻＋"生态高效模式关键技术研究与集成示范课题；发表论文 12 篇，制定市级地方标准两个，出版模式图 1 个，参编专著 5 本。

## 22. 邓州市农业技术推广中心

姓　　名：冀洪策

业绩摘要：①引进"小麦农艺农机融合节本增效技术"、小麦窄行精准匀播高产栽培技术、杂粮栽培技术，并在邓州市推广应用，取得了显著的经济效益。②主持参与制定无公害小麦、蔬菜、花生等 3 部技术规程；主持发明一种含醚菌胺与抗生素类的杀菌组合物、一种可以带防雨防晒功能的农业打药装置等共 5 项专利。③参与指导邓州市四镇的农业产业发展规划、发展莲鱼混养、培育新型经营主体。④参与省部级重大科技专项 6 项。⑤获国家级科技成果奖励 3 项，省级奖励 2 项，地市级奖励 4 项；获全国农业先进工作者和全国农村专业技术协会先进工作者共 2 项国家级工作奖励，河南省政府特殊津贴、河南十大优秀科技扶贫功臣等省级工作奖励 4 项，地市级工作奖励 1 项。

## 23. 东阿县大桥镇农技站

**姓　　名：**赵学科

**业绩摘要：**根据季节农时，每年开展田间课堂培训 20 余次，让村民现场观看了解病虫草害，给出科学的防治措施。每年利用春冬两闲时间入村举办技术培训班 40 余场，讲解推广种植技术 20 余项。宽幅播种技术全面推广使东阿县大桥镇近 3 万亩小麦平均增产近 30 千克，仅此一项全镇每年增收近 200 万元。小麦冬前除草技术推广 1.2 万余亩，节余劳动力 1 500 余个，全镇增收 350 余万元，力争 3 年冬前除草技术利用率在东阿县大桥镇达到 100％。推广保护地种植技术 500 余亩，温室韭菜 100 余亩，每亩全年收益在 10 万元以上；大拱棚葡萄 300 余亩，每亩收益在 10 000 元以上，带动 400 余户增收。指导发展黑毛驴养殖场 6 处，存栏 3 000 头以上，带动 150 余户贫困户增收脱贫。

## 24. 东阿县农业技术推广中心

**姓　　名：**徐洪明

**业绩摘要：**引进重大技术 38 项，品种 17 个，500 万亩次；近 3 年 3 项，面积 62.5 万亩，普及率 55％，增产 12％以上，纯收益 3 875 万元；制定 15 种生产技术规范；示范推广重大集成创新技术 15 项，建立高产创建示范方 16 个；年调查农情数据 1 万余个，编发情报 20 余期，累计制作课件 26 个，咨询培训农民 10 多万，实施扶贫项目 9 个，培训贫困户 1 200 人次，资金 600 余万，无差错；参加省部级重大科技专项 1 项，组织申报全国绿色食品原料标准化生产基地获农业部批复，组织建设大棚 6 240 个，特色农业贡献显著；获省农牧渔业丰收奖 4 项，获国家实用新型专利 2 项，主编著作 5 部，省级以上刊物发表论文 20 余篇，获奖 10 篇，获市级以上奖励 14 项。

## 25. 东光县东光镇农业技术推广综合区域站

**姓　　名：**段巨刚

**业绩摘要：**1992 年毕业后，连续从事畜牧技术推广、饲料行业监管工作 27 年，先后 15 次被县政府嘉奖，其中记三等功 2 次，先后 12 次被评为市级畜牧工作和饲料管理先进个人及畜牧信息宣传工作先进个人，2008 年和 2012 年度被评为全省兽药、饲料、畜产品监察系统先进个人。多年来扎根一线，推广奶牛青贮饲料制作新技术、盐碱地牧草新品种种植技术、鲜牛奶无害化保鲜新技术等，为养殖户直接或间接增收 200 多万元；共组织培训班 60 多期，受益农民达 1 500 多人次；推广了发酵床养猪技术，挽回经济损失 300 万元以上；坚持一心为民，全面推进健康养殖，组织开展了无抗饲料的研究和推广，被授予"河北省饲料行业服务创新奖"。

## 26. 东海县石榴街道农业技术推广服务站

**姓　　名：**范宝光

**业绩摘要：**主持和参加粮油高产创建、江苏省农业三新工程等省、部级项目 10 多项。

通过省、市科技主管部门鉴定"江苏淮北地区粳稻丰产高效生产技术集成与推广"等科技成果 10 项。推广连粳 7 号、宁粳 4 号等新品种 15 个及水稻机插秧、小麦机匀播等丰产高效栽培技术 10 项。指导农民 2 680 人次，编发技术资料 8 500 份，技术培训班讲课 40 场次，培训农民和技术骨干 3 100 人次。在省级以上刊物发表文章 10 余篇。获农业部丰收二等奖 1 项、省推广奖三等奖 1 项、市推广二等奖 1 项、省农业丰收一等奖、三等奖各 1 项，获市农技推广标兵、市植保先进个人、市十佳致富带头人等多项荣誉，获东海县粮食生产先进个人等表彰 20 余项、个人发明专利 1 项。

## 27. 东营市垦利区永安镇农林技术推广站

**姓　　名：国金义**

**业绩摘要：** 在乡镇一线从事农技推广服务 30 年，印发技术意见 185 期，10 万余份，举办培训班 155 期，受训人员达 1.5 万人次；引进各类良种 40 余个，30 余万千克；推广大棚香菇种植 53 亩、稻蟹混养 500 亩，小麦精播、半精播高产栽培技术、玉米一增四改技术、抗虫棉高产优质栽培技术；完成小麦品种对比试验、地膜棉化学除草剂试验、棉花配方施肥试验、棉花田间"3414"试验各 1 个；建农村户用沼气池 1 350 个；完成全镇 7.8 万亩耕地，3 700 个土样采集，发放测土配方施肥推荐卡 7 000 份；建设田园综合体 3 个，万亩稻田景观画项目 1 个；获市级农牧渔业丰收奖 3 次；发表《盐碱地植棉丰产栽培技术》等论文 6 篇。

## 28. 鄂尔多斯市农业技术推广站

**姓　　名：吕志明**

**业绩摘要：** "内蒙古包头产业化示范区甜菜丰产高糖综合配套技术"等 2 个项目分获全国农牧渔业丰收一、二等奖；"农村牧区清洁能源技术模式示范"等 3 个项目均获内蒙古科技进步二等奖；"玉米宽覆膜高密度栽培技术研究与推广"等 6 个项目获内蒙古农牧业丰收一、二等奖；"鄂尔多斯市农村牧区新能源专家大院建设项目"等 5 个项目获市级科技进步奖。"可拆卸的土壤检验装置"等 3 个装置设备被认定专利。发表论文 30 多篇，参编专著 8 部。1996 年被评为鄂尔多斯市扶贫包乡先进工作队员；2011 年获全区深入生产第一线做出突出贡献奖；2015 年被评为鄂尔多斯市优秀科技工作者；2016 年获鄂尔多斯市"草原英才"称号；2017 年获评鄂尔多斯市优秀科技特派员。

## 29. 繁昌县荻港镇农业综合服务中心

**姓　　名：叶显华**

**业绩摘要：** 从事农技推广工作 36 年；每年进村入户开展农技推广工作在 300 天以上；能出色地完成各项农技推广工作任务，并受到省、市、县主管部门多次表彰奖励。其中：2018 年获得芜湖市农民满意农技员和安徽省农民满意农技员提名奖；公开发表论文多篇；

参与研究的《优质多抗西瓜专用型品种选育与产业化研究》获得安徽省科学技术二等奖；结合本地实际，推广和应用新品种、新技术，其中超级稻引进推广面积达 3 万亩，亩增产 100 千克以上。每年印发各类农业技术资料 15 000 余份，开展技术培训 50 余场，组织创办了繁昌县庆大葡萄专业合作社（获国家级示范社）、安徽省滨江农业科技有限公司和获港香菜协会（获 2018 年省级"一镇一品"示范镇）等。

## 30. 范县农业局杨集农技推广区域站

**姓　　名：**张玉章

**业绩摘要：**张玉章常年扎根农业生产一线，积极推广农业新技术、新品种，具有扎实系统的理论知识和丰富的实践经验及较强的业务工作能力。主持或参加完成了省级测土配方施肥、高标准农田建设、阳光工程培训、基层农技推广体系改革与建设、节水莲藕栽培、沼稻鳅共作、水稻夏直播栽培技术等 10 多项重大技术工作；获河南省人民政府科技进步二等奖 1 项、省科普成果三等奖 1 项，在国家级期刊发表论文 5 篇、参加撰写著作 2 部；2011 年被河南省人力资源和社会保障厅 河南省农业厅评为先进个人，2015 年被河南省农业技术推广总站评为先进个人，2018 年分别被省科协、省农学会评为先进个人，2014 年、2018 年被范县县委范县人民政府评为先进工作者。

## 31. 肥城市农业技术推广中心

**姓　　名：**邓淑珍

**业绩摘要：**推广小麦宽幅精播、水肥一体化、小麦玉米病虫害绿色防控、马铃薯高产栽培等重大农业技术 15 项，每年应用面积累计 100 万亩次，普及应用率达 70% 以上，累计为农民增收近 2 亿元。其中 2016 年以来，推广的小麦宽幅精播和水肥一体化技术，推广面积累计 50 万亩，亩增产量 10% 以上，为农民增加收入 4 000 万元。2017 年集成小麦玉米绿色高质高效创新技术模式，形成了可复制、可推广的技术规范，推广面积 60 万亩，为农民节约成本 2 400 万元，增加产值 5 000 万元，取得了显著的经济效益、社会效益和生态效益。同时创新推广服务机制，培育农民合作社等服务组织 7 个，每年培训农民 8 000 人次，为农业增效、农民增收发挥了积极作用。

## 32. 费县上冶农业技术推广站

**姓　　名：**张伟

**业绩摘要：**张伟，现任费县上冶镇农技站站长。自 1995 年从事农技推广工作以来，先后主持或参与农业科研课题 14 项，其中有 12 项荣获省、市级科技成果奖；在他的带领和指导下，新型经营主体如雨后春笋般发展，先后成立水稻种植合作社 7 家、家庭农场 24 家，扶持种植大户 8 家。为打造产业品牌，他积极发展核桃产业，5 年发展核桃种植面积 8.3 万亩，年产值达到 1.35 亿元，"芍药山核桃"区域公用品牌价值达到亿元，同时引进种植鄂茶一号 1 000 亩，注册的"沂蒙雪尖"茶叶荣获第五届沂蒙优质农产品交易会金奖。他坚守基层 24 年，兢兢业业，默默奉献，得到了各级领导的充分肯定，2018 年被评为"山东省最美基层农技员"。

### 33. 汾阳市土壤肥料工作站

**姓　　名：韩敏娟**

**业绩摘要：**实施农业农村部、省农业农村厅测土配方施肥项目、耕地保护与质量提升项目、化肥减量增效项目、农作物秸秆综合利用试点项目、高标准农田建设项目等重点项目 10 余项，在国家级及省级刊物发表论文 4 篇，其中 1 篇在省级专业学术交流会上进行了交流，并获得专家一致好评。参与的春玉米测土配方施肥技术推广项目获农牧渔业丰收三等奖，参与的高标准农田玉米丰产方技术项目获山西省农村技术承包二等奖，参与的汾阳市栗家庄乡水果园绿色生产项目获吕梁市农村技术承包一等奖。一种玉米用喷药装置获实用新型专利。2018 年被山西省土肥站评为先进工作者，2019 年被山西省组织部评为"三晋英才"光荣称号。

### 34. 凤城市农业农村发展服务中心

**姓　　名：唐伟**

**业绩摘要：**从事蔬菜技术推广工作 23 年，常年 2/3 的时间在田间地头、温室大棚内，足迹遍布了全市 21 个乡镇 201 个村屯。举办科技推广培训班 470 多期，田间地头指导 6 400 多次，推广新品种 60 多种，推广新技术 50 余项，普及率 80％以上，节省农药成本 1.2 亿元，科技扶贫 1 100 多户，自费赠送种子 1 200 余袋，为农民解决问题 6 000 余件，培训人员十几万人次。获得全国农牧渔业丰收奖 2 项，省、市级奖 20 项，推广面积10 万余亩，促进项目增产 28％，增加经济效益 3 亿元，出版著作 1 本，发表论文 20 余篇，被评为省"科技特派员先进个人""农业技术推广先进工作者"、丹东市"优秀科技工作者"、凤城市劳动模范、"最美农艺师"等。

### 35. 福建省晋江市种植业技术服务中心

**姓　　名：蔡章棣**

**业绩摘要：**蔡章棣同志从事农技推广工作 23 年，主持、负责农作物集成技术推广、农作物减肥减药技术等多项技术项目。推动校地（院地、所地）合作，共与省内外 11 家单位签订合作协议，完善科技特派员制度，落实项目、推广新技术，促进产学研用结合，强化农业科技创新。近年来，先后承担了省级蔬菜产业园、农民创业示范基地、一二三产业融合试点县、生态农业发展试点县等工作。通过项目的落实，进一步优化产业布局，提升产业素质和影响力。2017 年，衙口花生获得农业部农产品地理标志登记保护，晋江市胡萝卜被福建省农业厅评为首批特色农产品优势区。曾获福建省科技进步奖三等奖，撰写多篇论文于《福建农业科技》《江西农业学报》等杂志发表。

## 36. 福建省宁德市经济作物技术推广站

姓　　名：袁韬

**业绩摘要：**参加工作 27 年以来一直从事果蔬、中药材技术推广工作。常年有 1/3 以上时间在基层一线从事技术服务，在产业技术体系建设、新品种引进、实用技术推广、项目组织实施、省级扶贫开发重点县人才支持计划及科技扶贫培训等方面做了大量富有成效的工作，促进农民增收。主持和参与实施的项目，8 个通过评审（鉴定），成果达到国内领先或先进水平，获全国农牧渔业丰收奖二等奖 2 项、三等奖 3 项，宁德市科技二等奖 1 项，宁德市农业科技推广奖二等奖 2 项，省科技二等奖、三等奖各 1 项（二级证书）；主持编制晚熟龙地方规程和企业规范各 1 项；参与引进 4 个荔枝品种通过省级认定。受省、市表彰 11 次，在 CN 刊物发表论文 16 篇，参与撰写专著 2 本。

## 37. 福建省平和县霞寨镇农业技术推广站

姓　　名：黄安生

**业绩摘要：**黄安生 25 年来一直在基层一线工作，经验丰富，技术娴熟。工作期间，引进重大农业技术如畜禽粪污（沼液）资源化利用技术、高接式水肥一体化技术、蜜柚高接换种技术等，示范推广多项重大集成技术如有机肥替代化肥试点项目、果园生草栽培留草覆盖项目、绿色防控集成技术示范项目等，为农业产业转型升级，农业绿色发展和农业可持续发展，农业增效、农民增收做出突出贡献。特色现代农业项目，2017 年代表平和县参与漳州市"三抓三比、十项竞赛"，获得全市第二名，连续两年全县第一名。2018 年11 月全国畜禽养殖废弃物资源化利用暨农业绿色发展现场会组织与会代表到霞寨镇高寨村现场观摩指导，成为全国农业绿色发展和农业可持续发展的样板。

## 38. 福建省屏南县屏城农业技术推广站

姓　　名：叶海凤

**业绩摘要：**叶海凤从事乡镇农技推广工作 36 年，坚持一线带动与帮扶。近 3 年来先后入选福建省第二批"百人计划"优秀农村实用人才和第四届宁德市市管优秀人才。开展多样性技术培训，助推精准脱贫。紧盯最困难种植户和最需要实时实地推广普及技术难题。培育科技示范基地 6 个，园艺作物标准园 3 个，科普示范村 2 个，农业科技示范主体525 户。精心指导培训 125 户精准扶贫对象与 128 户兜底贫困户，举办各类培训班 370 多期，培训人数 4 000 人次。大力推广新品种新技术。引进花椰菜、茄子、辣椒、马铃薯等品种 14 个，采用微耕机整畦，地膜覆盖，推广有机肥和冬种紫云英，病虫统防统治绿色防控、开展淮山槽式定向浅层栽培等 5 项技术用于农业生产。

### 39. 福建省莆田市农业技术推广站

姓　　名：朱锦乐

业绩摘要：朱锦乐热爱祖国，拥护中国共产党领导，在政治上、思想上和行动上同以习近平同志为核心的党中央保持高度一致，具有高尚的职业道德和社会公德；精通业务，26年如一日深入生产一线开展服务，无发生重大技术事故或连带责任，为促进莆田市粮食增产、农业增效、农民增收做出突出贡献。曾负责水稻抛秧栽培技术、水稻旱育稀植栽培技术、脱毒甘薯和脱毒马铃薯栽培技术、超级稻配套超高产栽培技术等项目的示范推广工作，近3年主要负责优质甘薯和机收再生稻高产栽培技术示范推广，有效提高莆田市粮食生产的科技含量，提高农民种粮的产量和效益，促进粮食生产稳定，保障粮食安全，多次获得省、部表彰和奖励，受到县区、乡镇农技人员和粮食生产经营主体的好评。

### 40. 福建省上杭县临城农业技术推广站

姓　　名：赖贵青

业绩摘要：从事基层农技工作37年，参与的优质早籼稻品种推广项目获得"丰收奖"一等奖（第30名）、微生物催腐秸秆回田技术项目获"丰收奖"三等奖（第20名）；推广应用水稻抛秧与种子包衣技术6.3万亩，增产856.8万千克。2016—2018年临城镇实施水稻绿色高产高效创建和粮食产能区增产模式攻关与推广项目6.12万亩，项目推广实施水稻全程机械化耕作技术，推广优质高产新良种、测土配方施肥、病虫综防等配套技术，经测产平均亩产612.5千克，亩增36.2千克，增产粮食2 214.26万千克。近年获得全国农技中心、省、市"先进工作者"各1次，获市、县表彰和奖励多次，承担多项市、县科技项目，在国内CN刊物发表论文12篇。

### 41. 福建省松溪县渭田镇农业技术推广站

姓　　名：邵帮明

业绩摘要：邵帮明自参加工作以来，31年如一日，始终扎根乡镇基层，认真学习，兢兢业业工作。他热爱祖国、拥护党的领导，具有高尚的职业道德和社会公德，精通业务，热爱本职工作，深入农业生产第一线，一心一意为"三农"服务，不断推进农业科技创新和现代农业发展，建立一支高素质的农技推广团队，引领农民增收，在平凡的岗位上取得了不平凡的业绩。受到领导、同事和广大农民朋友的交口称赞。他始终认为，农民是农技人员的衣食父母，服务农民是农技推广的立足点和出发点，是自己的天职。农民都喜欢和他一起相处，生产上有什么困难都愿意打电话给他、或与他交流，而他也总是细致耐心地解答问题，直到农民弄懂满意为止，农民亲切地称他为"泥腿子"专家。

### 42. 福建省仙游县书峰乡农业技术推广站

姓　　名：林金爱

业绩摘要：参加工作 30 多年来，专注书峰乡枇杷及青黛产业发展，先后引进"早钟 6 号""贵妃白"等枇杷品种及林下种植技术。亩产值从早先的 800 元增长到现在的 9 600 元，特别是引进"贵妃白"高嫁接，推广约 1 000 亩，亩产值平均达 2 万多元，果农纯收入比改造前增加 2 倍，效益显著，枇杷产业实现了从无到有、从小到大、从大到强的跨越发展，有力促进山区群众脱贫致富奔小康。每年举办农业技术培训班 10～13 期，培训人员达五六百人（次），编写培训材料 36 篇。2017 年 3 月，"书峰枇杷"注册了国家地理标志证明商标，2006 年获农业部农牧渔业丰收奖协作奖、2017 年被批准成为仙游县扶贫促进会会员，2018 年获县"三八"红旗手称号。

### 43. 福建省尤溪县梅仙镇农业服务中心

姓　　名：张初长

业绩摘要：长期扎根一线从事农技推广工作，以绿色、高产、高效为目标，依托谢华安院士工作站、卓传营劳模工作室，先后 5 次承接农业部、科技部召开的全国再生稻高产现场观摩会，主持实施 28 项省（市、县）试验、示范、课题和"五新"科技推广等项目。着力破解再生稻高产栽培技术，筛选 II 优 131、广两优 676、伍优 3301、泸优明占、T 两优明占等高留桩、低留桩机收再生稻品种，总结"六统一、六推广"经验，攻克再生稻根系活力、健身栽培、增产瓶颈等技术问题，第 6 次刷新再生季亩产世界纪录，先后获得市县镇授予集体荣誉 12 项，获得国家、省、市、县个人荣誉 22 项，撰写论文 6 篇，享受国务院政府特殊津贴，被列为市管拔尖人才卓传营"一带一"培养对象。

### 44. 福建省漳浦县霞美镇农业技术推广站

姓　　名：黄汉明

业绩摘要：参加工作 30 年来，始终奋战在乡镇农业第一线，任劳任怨，爱岗敬业，无私奉献，在漳浦县霞美镇农业技术推广工作中起到骨干和表率作用。对业务精益求精，致力于标准化、无公害农产品生产技术推广。2010 年 12 月获全国农牧渔业丰收奖二等奖 1 次。1994 年 12 月被福建省农村致富函授大学漳州分校评为优秀教师。积极撰写科技论文，在省、部级专业刊物上发表论文 7 篇，为农业增效、农民增收做出了突出贡献。

### 45. 福泉市农业农村局

姓　　名：邓家琴

业绩摘要：从事农业技术推广工作 21 年，参加粮食增产工程项目、粮油高产创建项目等，参与引进杂交水稻新品种、杂交玉米新品种进行试验示范。参与实施 100 亩水稻增产工程高产示范，由州农业局权威专家组进行临田测产验收，最高亩产达到 823 千克，创福泉市水稻单产新高。福泉市杂交玉米推广面积由 2004 年的 7 万亩增长至 2011 年的 13.5 万亩，超级稻由 2004 年的 50 亩示范增长至 2011 年的 8 万亩，脱毒马铃薯由 2004 年的 100 亩增长至 2011 年 8 万亩，粮食总产量由 2004 年的 10.8 万吨增长至 2010 年的 13.5 万吨，粮食生产总产量及粮食生产主推技术连续大幅度增长，确保了福泉市粮食生产安全。

## 46. 甘南县宝山乡农村经济服务中心

**姓　　名：**赵洪池

**业绩摘要：**赵洪池，男，1967 年 3 月出生，现在甘南县宝山乡农村经济服务中心从事农业技术推广工作，农业技术推广研究员。主持和参与研究并推广的寒地盐碱地桑园复合高效立体生产集成技术、水稻高产高效栽培集成新技术研究与示范、中低产旱田改造发展水稻生产技术、A 级绿色食品水稻生产技术的应用与推广和高油高蛋白专用大豆规模生产等一系列高新农业技术，增加了农民的经济收入，助力了精准扶贫工作，加速了农业产业结构转型，加快了脱贫致富奔小康的步伐。获全国农牧渔业奖丰收奖 2 项，省级科技奖 5 项，实用新型专利 1 项，发表论文 5 篇，获全国"最美农技员"和全国"十佳农技推广标兵"称号。

## 47. 甘肃省会宁县农业技术推广中心

**姓　　名：**任稳江

**业绩摘要：**工作以来落实项目 36 项，推广 1 200 多万亩，获奖 16 项次，增产粮食 50 多万吨，发表论文 20 多篇，获各级先进称号 11 个。主持玉米抗旱增收调控技术研究与应用推广 273.79 万亩，平均亩产 449.2 千克，增产 30.04%；主持旱作区马铃薯垄上微沟集雨种植技术与应用推广 38.57 万亩，平均亩产达到 1 728.8 千克，增产 40.5%，均获白银市科技进步一等奖；完善的以减穴增株和垄上微沟为核心的旱地绿色高质高效集成技术成为抗旱增收保基本工程的突破性措施，2010 年玉米推广种植面积达到 100 万亩，2017 年马铃薯推广种植面积达到 100 万亩，极大提升了会宁粮食生产能力，助力会宁成为甘肃粮食生产大县，全国粮食生产先进县。

## 48. 个旧市锡城镇农业综合服务中心

**姓　　名：**杨石英

**业绩摘要：**杨石英在乡镇从事农技推广工作 31 年，撰写了 20 余篇可行性研究报告和栽培技术，主持实施了 40 余个农业重点项目，推广应用先进农业技术 10 项，引进新型肥料、果树、玉米、蔬菜新品种 28 个，进行试验示范推广，得到干部群众的认可，先后获国家科技部科技活动周表彰鼓励，获省农业厅农业推广一等奖、省农函大先进个人、州农业局先进个人、污染源普查先进个人等称号。在产业扶贫工作中，引进专业合作社，采用"合作社＋基地＋贫困户"模式进行农产品种植加工销售，让贫困户实现 20％的年底入股分红，使得 157 户贫困户如期脱贫。完成国家级、省级农户施肥情况定位监测点试验 21 个，提出施肥建议，亩减少化肥投入 21 元，平均亩增产 11.5％。

## 49. 固始县种子技术推广服务站

**姓　　名：游庆田**

**业绩摘要：** 在基层农技推广岗位连续工作 33 年，常年有 2/3 以上的工作时间在生产第一线，是固始县油菜生产首席专家、县农业专业专家组成员、县专业技术拔尖人才。近3 年来，主持引进示范推广重大农业技术 2 项，筛选推广主导品种 8 个，主持参与省、部级重大推广项目 6 项。创新工作，提出技术服务责任制，实行农技人员与新型农业经营主体"结对子"，此建议被采纳。常年服务千亩以上种植规模的农业经营主体 4 家，是科技助力脱贫攻坚省级科技特派员，科技帮扶贫困户 16 户实现脱贫。先后获得科技成果奖 7项，工作奖励 30 多项。2013 年被市授予粮食生产突出贡献农业科技人员，2014 年荣获省农业技术推广贡献奖，2017 年获省农科院科技成果二等奖。

## 50. 灌阳县农业技术中心推广站

**姓　　名：陈爱平**

**业绩摘要：** 33 年来，参与了灌阳县所有粮食增产项目的实施。引进、改良红薯品种13 个，红薯商品率提高 20％，每年新增 1 600 多万元。为灌阳粮食生产做出较大贡献。主持灌阳县超级稻百亩片高产技术攻关，2017 年平均亩产达 1 009.45 千克，连续 9 年保持广西领先。袁隆平院士题写了"灌阳，广西超级稻高产第一县"的题词。主持灌阳"超级稻蓄再生稻一体化栽培技术"课题研究，攻坚克难。2017 年经全国农技推广中心测产验收，再生稻百亩片平均亩产 552.1 千克，被誉为破了世界纪录，高产技术被广泛推广应用。曾获桂林市科技进步奖 1 项、广西农牧渔业丰收奖两项、全国农牧渔业丰收奖两项、"广西农业技术推广先进个人"等荣誉。

## 51. 广德县种植业管理局

**姓　　名：罗道宏**

**业绩摘要：** 罗道宏同志安徽农学院毕业后扎根基层 34 年，曾获全国农技推广先进个人、安徽省劳模、省优秀科技工作者等称号，发表论文 30 余篇。主持研制的稻—麦（油）全程免耕技术在广德县应用面积 90％以上，年均增收节支 9 000 万元以上，获宣城市科学进步一等奖，农业部丰收奖三等奖；主持的安徽省"十二五"科技攻关项目水稻主要病虫害绿色防控技术研究应用后每年减少化学用药 1～3 次，获宣城市科技进步一等奖，近3年在广德县推广应用率40%左右，年产纯效益2 000万元左右；2015年主持编制安徽省地方标准4项并颁布。近3年推广茶叶病虫害绿色防控4.4万余亩，年产纯效益5 359.2万元。主持种植局工作期间，该局5次在全县机关评议中被评为人民满意单位。

## 52. 广东省清远市连山壮族瑶族自治县示范农场

**姓　　名：**李启标

**业绩摘要：**在基层从事农技推广工作23年，参与选育并通过审定（鉴定）的水稻品种6个，累计推广种植面积800多万亩，增产粮食4亿多千克。近几年，主持并参与研究集成推广"连山有机稻标准化示范区生产技术""连山无公害沙田柚农业标准化生产技术"等多项技术，引进推广"水稻三控施肥技术""稻鱼共作技术""超级稻强源活库优米技术""外来入侵生物福寿螺全程防控技术""冷浸田土壤养分活化及调控技术"等多项先进技术，其中近3年开展技术推广应用累计新增纯收入25 816.94万元，总经济效益12 515万元。获得省农业技术推广一等奖1项、三等奖2项；市科技进步一等奖2项、二等奖4项；2018年被评为广东省"十佳最美农技员"。

## 53. 广西贵港市覃塘区黄练镇农业技术推广站

**姓　　名：**谢寿泳

**业绩摘要：**在基层从事农技推广工作22年，引进示范推广蚕桑、水稻、玉米等10个新品种和6项农业重大技术。集成创新一套小蚕共育分室饲养省力化二回育技术，并在广西推广应用。创建黄练镇科宝小蚕共育示范服务基地，解决100多名劳动妇女就业，辐射带动9 500多名农民养蚕就业，服务桑园面积达4.5万亩。举办种桑养蚕技术培训班100多期，培训蚕农8 000多人次，无偿发放技术资料5万册，接待技术咨询30 000人次，带动当地蚕桑产业的发展。先后获得"全国优秀科技特派员""全国农村专业技术协会先进工作者""广西壮族自治区先进工作者"等10个荣誉，获得实用新型专利5项，发表论文10篇，编写出版《种桑养蚕新技术》专著1部。

## 54. 广西桂林市平乐县平乐镇农业技术推广站

**姓　　名：**陆泉宇

**业绩摘要：**积极做好农业技术推广工作，一生践行服务农业助农增收，常年2/3时间深入田间地头，开展技术推广服务工作。先后获得"市县农业局系统先进个人"等荣誉5项。积极参与农业科技研究创新工作，先后参加9项农业科技研究项目，解决生产技术难题，为提升平乐县农业科技含量做出突出贡献。获得科技成果奖4项，其中，省部级1项、市厅级1项、县处级2项。发表论文9篇。积极任聘贫困村科技特派员，在平乐镇长滩、高埠、湖塘3个贫困村建立5个生产示范培训基地，2018年度荣获广西区委组织部和区科学技术厅贫困村科技特派员考核等次"优秀档次"奖1项。做好农业补贴惠农项目工作：耕地地力保护补贴、稻谷种植补贴、柑橘有机肥代替化肥示范县等工作。

## 55. 广西桂林市永福县植保站

**姓　　名：**梁载林

**业绩摘要：**梁载林同志1987年毕业以来，推广农业新技术30多项，推广应用面积500多万亩次以上。近年来，推广柑橘黄龙病综合防控技术，面积15万亩，黄龙病株发病率平均控制在3‰以内；推广水稻重大病虫综合防治技术，面积7.4万亩，新增效益300万元以上；推广频振杀虫新技术，面积4.6万亩，新增效益130万元以上。2008—2010年度获全国农牧渔业丰收三等奖1项、2008年获中国植保学会科学技术一等奖1项、2001年获广西农牧渔业丰收三等奖1项、2008年、2012年分别获桂林市科技进步三等奖1项。10多次被全国农业技术服务中心、区农业厅等评为工作先进个人或工作模范。同时还参与制定罗汉果国家、地方标准。

## 56. 广西梧州市苍梧县石桥镇农业技术推广站

**姓　　名：**黎秩群

**业绩摘要：**黎秩群作风正派、工作踏实，在农技推广领域做了大量卓有成效的工作和突出贡献。主要有：积极做好贫困村科技特派员科技扶贫工作和上级下达的砂糖橘黄龙病防控集成技术应用示范、农作物重大病虫害监测预警与应急防治专业队建设、高毒农药替代品在蔬菜上的应用示范、百万亩超级稻高效集成技术研究及示范推广和新型职业农民培育工程试点示范县等项目在辖区的项目实施和推广应用，均取得了显著的经济、社会和生态效益，项目多次获市科技进步三等奖，业绩显著。工作以来发表论文3篇、并多次获区市县奖励肯定，2016年被广西梧州市苍梧县农业局评为"新型职业农民培育工程优秀指导员"，获得"2018年广西农牧渔业丰收奖农技推广贡献奖"。

## 57. 广西玉林市容县容州镇农业技术推广站

**姓　　名：**夏桂红

**业绩摘要：**推广水稻品种20多个，面积10万亩；实施项目16项：6项独立完成，引进重大技术5项，参与5项；帮助申办1个合作社，培训1个修剪队，组织新型培训班40期，田间课堂200多次，20场沙田柚讲座，联系50户科技示范户，农残检测4841个，扶贫3户。1997年获得广西壮族自治区农牧渔业丰收奖二等奖、1999年广西壮族自治区农技推广先进工作者、1996年至1999年玉林市苗情观测先进工作者、2008年第二次全国农业普查先进工作者、2011年容县优秀科技特派员等荣誉。2016年被局评为优秀农技员，2017年获得1个实用新型发明专利，在《南方农业》发表论文2篇，2018年和2019年分别获得1个计算机软件著作权。

### 58. 广西壮族自治区蚕业技术推广总站

姓　　名：林强

业绩摘要：研究和推广 5 项重大蚕桑生产技术；育成蚕桑品种 7 个；近 5 年，"桑树优良品种＋新技术"在广西推广普及率分别为：72.54％，73.15％，74.15％、84.79％和 85.31％。推广"桑树花叶病防治关键技术"（2017 年获省级二等奖）、"超高产杂交桑高效繁育与速成丰产栽培技术"（2015 年获省级二等奖）、"桑树密植防病高效丰产栽培技术"（2010 年获省级二等奖），累计新增产值和新增利润分别为 7.87 亿元和 5.00 亿元；42.45 亿元和 33.46 亿元；33.54 亿元和 23.78 亿元。获广西科技进步奖一等奖 1 项、二等奖 4 项、中华农业科技奖 1 项。

### 59. 贵州省六盘水市盘州市淤泥彝族乡农业综合服务中心

姓　　名：邓永向

业绩摘要：2002 年 7 月至今从事农业技术推广工作，2007 年任副站长，2017 年任主任。完成精品水果推广种植 2 项，粮食增产增效推广工程 5 项，经济作物推广种植 1 项，完成高粱漂盘育苗移栽试验示范 1 项，创建盘州市农业产业示范点刺梨基地 1 个。2015 年引进猕猴桃推广种植 200 亩，亩产收益 1 万元；2017 年黄小米推广种植 500 亩，新增纯收益 98.78 万元；2018 年引进工业辣椒种植 1 600 亩，每亩纯增收 1 000 元；2018 年高粱种植推广 6 000 亩，每亩纯增收 260 元。2018 年完成农产品"三品一标"认证工作 3 项（红米有机转换认证、刺梨无公害认证、马铃薯无公害认证）。

### 60. 海口市农业技术推广中心

姓　　名：陈胜

业绩摘要：主持和参与省、部市项目多个，参与授课 723 期，培训农技员、农民 45 549 人次，接受农民咨询 8 532 人次，编印发放技术资料 152 786 份。省市媒体对技术指导作跟踪报道 165 次。开展 51（项）个新技术新品种示范试验，筛选出 30 项（个）新技术新品种供生产上应用，示范推广优良品种及高产配套技术面积 75.54 万亩次，总增产节支 15 600.72 万元。获得全国农业先进工作者，省、市专业技术拔尖人才等多项荣誉。共发表论文 20 篇（近年发表论文 12 篇），获得科技成果奖 6 项。2017 年 4 月底，陈胜的先进事迹"用知识带领农民走上科技致富路——陈胜"在海口电视台第 57 期"我是共产党员"栏目播出《海口晚报》也作了跟踪报道。

### 61. 海南省乐东县利国镇农业服务中心

姓　　名：蔡江文

业绩摘要：2006 年参与了海南农业科学院农业环境与植物保护研究所承担的项目

"丁草胺、百草枯除草剂大面积推广应用"在乐东县的水稻田和旱地作物上的应用。该项目荣获 2006 年度海南省科技成果转化奖二等奖（蔡江文排名第 17 位）。2014—2016 年度参与"海南斜纹夜蛾可持续防控技术推广"项目，该项目获得全国农牧渔业丰收奖三等奖（蔡江文为第 10 完成人）。2013 年被选为科技示范户农业技术指导员，主要示范产业芒果。蔡江文常常进村入户，到田间地头把所学到的新技术新方法及时传授给示范户和辐射户，使其在同等条件下芒果产量提高 8 个百分点，其收入也增多了，蔡江文得到了农户的一致好评。

## 62. 和硕县农业技术推广中心

姓　　名：王桂霞

业绩摘要：王桂霞同志从事农业技术推广以来政治思想进步。在工作中吃苦耐劳、踏实肯干，为和硕县农业发展和农牧民增收做出了贡献。2018 年至今被安排在苏哈特村"访惠聚"工作队，努力做好驻村期间的各项工作。主要工作业绩如下：①结合生产实际积极开展技术服务与学术交流。长期在农业生产第一线开展农业技术研究与推广并发表多篇论文，为和硕县及全疆农牧民在新技术推广上提供了科学依据。②积极开展农业新技术研究与推广。长期从事新品种新技术试验示范工作，促进了新品种、新技术的推广；作为农业技术骨干，主持参与多项重大农业技术项目多次荣获奖项。③积极参加农牧民的科技培训。④积极做好苏哈特村"访惠聚驻村"期间的各项工作。

## 63. 河北省邯郸市邯山区农业农村局河沙镇区域站

姓　　名：王子文

业绩摘要：从事农技推广 26 年。①积极为服务区引进示范推广新技术、新机具、新模式，累计粮、棉、油、菜等新品种 60 多个，新技术 40 余项。②先后发表论文 11 篇，参加编写各类技术推广教材 10 部，参加科研项目 14 项，先后获省部级奖励 7 项，地市级奖励 5 项。③在创新农技推广方式、方法及培育新型经营主体上，把邯山区铄果椿果蔬种植有限责任公司建成省级农业示范园区。④积极组织主持在河沙镇开展"六统一"统防统治等集成技术。累计举办培训班 160 余次，印发技术明白纸 4 万份，培训人数累计 6 万人次。⑤积极参加地下水超采治理、农技推广补贴项目，在服务区内使农业科技示范主体满意度达到 98% 以上，农业主体技术到位率达到 98% 以上。

## 64. 河南省农业广播电视学校濮阳县分校

姓　　名：郭春生

业绩摘要：郭春生同志参加工作以来，一直在农业生产一线从事农业科技示范、技术推广、农民培训工作。多年来共引进新品种 267 个，举办培训班 580 场次，培训人员 5 万人次，培训新型职业农民 1 180 人，扶贫培训贫困户 5 200 人次。在"水稻病虫害绿色防控技术""小麦氮肥后移技术""水稻全程机械化栽培技术""塑料大棚丝瓜周年一大茬模式化栽培技术""玉米秸秆粉碎还田腐熟技术"等的推广应用中做出了贡献。被省人社厅、农业厅、扶贫办评为先进个人，多次获得市县农业局奖励。"超高产小麦新品种濮麦9号选育"获濮阳市科技进步一等奖，"中等职业学校战略绩效管理研究"获河南省职业教育成果二等奖。

## 65. 河南省农业广播电视学校遂平县分校

**姓　　名：**胡久义

**业绩摘要：**胡久义从事基层农技推广工作32年，一直从事农作物新技术的研究与推广、农业科技培训与服务等工作。近年来，引进推广重大农业技术项目7项，主持开展了啤酒大麦驻大麦7号推广应用、豫南芝麻主要病害综合控制技术推广、玉米粗缩病防治新技术推广、遂平县测土配方施肥项目、遂平县土壤有机质提升项目，开展了培育新型职业农民、科技扶贫等工作，经济效益、社会效益十分显著。获得地、市级以上科技成果奖励4项，市政府奖励1项，国家专利1项。参加省部级重大科技专项2项。创新基层农技推广新模式，扶持特色农业合作组织6个，开发特色农业2项。培育新型职业农民2 104人；编写培训教材50多万字。进村入户指导农民15.2万人次。

## 66. 河南省农业广播电视学校夏邑分校

**姓　　名：**王留标

**业绩摘要：**30多年在县农广校致力于农民教育和农技推广工作，常年深入基层以农民教育为抓手，引进示范推广应用农业新品种80余个、主推农业新技术100余项，为促进农业产业发展贡献突出。善于创新农民教育思路和方法，探索形成了全国十大新型职业农民培育典型模式和全国产业扶贫十大创新机制典型，确保夏邑县农广校持续健康发展，成为全省乃至全国农广校系统的一面旗帜，为促进农民教育事业发展贡献突出。全国农广校校长工作会议、全国新型职业农民培育项目管理培训班暨农民教育培训现场会均先后在夏邑县召开，全面推广夏邑的农民教育和新型职业农民培育的经验，行业知名度较高。王留标被评为全国十佳"最美农广人"和全国农村专业技术协会科普奖先进个人等。

## 67. 河南省农业广播电视学校周口市分校

**姓　　名：**刘民乾

**业绩摘要：**刘民乾热爱党、热爱祖国、遵纪守法、具有良好的职业道德。1992年加入中国共产党，1997年评聘为高级农艺师，2000年被评为周口市级跨世纪学科和技术带头人，先后在CN级以上杂志发表专业论文8篇，出版专业论著5部。获得省市级科技进步奖3项，2011年被省委组织部等表彰为全民科学素质工作先进个人和河南省农业科技工作先进个人，2012 年、2013 年被市委市政府表彰为全市粮食生产先进个人和全市农业农村先进工作者，2014 年获得河南省农业技术推广贡献奖，2015 年被评为周口市劳动模范，2015—2018 年任驻淮阳县豆门乡马楼行政村扶贫第一书记。2016 年获得农业部农牧渔业丰收三等奖。

## 68. 河南省温县植物保护植物检疫站

**姓　　名：张同庆**

**业绩摘要：** 张同庆自 1985 年工作以来，在植保技术推广方面，先后配套推广植保新技术 20 余项，年应用和辐射面积 200 余万亩次。在科研方面，参加了"小麦病虫综防技术研究"等国家"七五""八五"攻关项目在内的 32 个课题，获省、部、市级奖项 13 项。2011 年以来，参加了国家玉米和中药材产业技术体系两个省（部）级重大科技专项。2018 年主持的温县特色小宗作物用药及农药使用风险监测项目通过河南省药检站验收。出版专著 4 部，发表论文 5 篇，3 篇学术交流论文获焦作市农学会优秀论文奖。1995 年受到省农业厅表彰，多次被评为河南省植保系统先进工作者，2018 年被评为河南省农药检定系统先进个人。

## 69. 河南省驻马店市农业技术推广站

**姓　　名：张建立**

**业绩摘要：** 从事农业技术推广工作 24 年。近年来：引进重大农业技术 7 项，形成技术规范 6 项，其中近 3 年 3 项；各项技术推广普及率 80％以上，促进服务区增产增收 10％以上；示范推广重大创新集成技术，3 年推广 594.4 万亩，新增纯效益 81 329.71 万元；创新农技推广方式方法和服务机制、培育新型农业经营主体、发展特色农业等业绩突出；完成省部级重大科技项目 3 项，效益显著；获成果奖励 18 项、工作奖励 8 项，近 3 年 2 项；2017 年 11 月以来，驻村从事科技扶贫和脱贫攻坚工作：组织开展农业技术培训班 8 场；实施科技项目 3 项；培育扶贫合作社 3 家；聘请技术指导专家 6 人；发展肉牛、香菇、中药材等形成陈门店村特色脱贫致富产业。

## 70. 黑龙江省八五五农场

**姓　　名：纪伟波**

**业绩摘要：** 纪伟波 2001 年毕业于黑龙江八一农垦大学植物保护专业，2011 年获农业推广硕士学位，2013 年晋为高级农艺师。在农技推广工作中，主持抽检 172 个批次样品，合计种子数量 3 388 吨；建设品种展示田 30 个，展示田面积 73 260 平方米，展示品种共计 138 个，推广更新品种 30 多个；推广了水稻"三化两管"、大豆"大垄密"和玉米"增密矮化高产"等 10 余项新技术，累计面积达 6 300 万亩，经常深入基层对农户进行新技术培训，在新型职业农民培育工作中，多次担任授课教师，为农民培训服务近万人次，培训新型职业农民 1 500 余人，多次担任农业专家，累计服务 8 万人次，撰写多篇专业论文，参与或主持 10 余科研项目并获成果奖 3 项。

## 71. 黑龙江省哈尔滨市宾县常安镇农业技术推广站

**姓　　名：**姚可会

**业绩摘要：**姚可会主持推广水稻大中棚旱育苗超稀植栽培技术 8 300 亩。显著提高了水稻苗期的秧苗素质，病害发生率降低 90％以上，应用超稀植栽培技术水稻分蘖率提高 30％以上，结实率提高 25％以上，平均亩产 1 100 斤[*]左右，亩增产 200 斤，全镇水稻增产 166 万斤，增收 300 万元左右。主持推广赤眼蜂防治玉米螟技术 10 万亩，有效控制了玉米螟的危害，玉米产量提高 5％以上，平均亩产达 1 400 斤，亩增产 70 斤左右，全镇玉米增产 700 万斤左右，增收 500 万元。主持示范推广玉米 4∶2 比空秸秆集条还田栽培技术 2 万亩，秸秆还田，空垄休耕，玉米单产维持不变，秸秆还田提高了地力，保护了环境。

## 72. 黑龙江省鸡东县农业技术推广中心

**姓　　名：**申惠明

**业绩摘要：**申惠明，男，汉族，中共党员，2017 年获评鸡西市第 22 届劳动模范和鸡东县第六届专业技术拔尖人才。自参加工作以来，一直从事农村一线工作，在这些年的工作中掌握了扎实的农业技术及农业生产的相关理论知识，经过这些年在工作中的学习与实践已经具备了很强的工作能力。在工作期间获得了众多的成果奖项，并在国家级和省级期刊发表了多篇论文，以近 5 年为例，获黑龙江省政府科学技术奖 1 项；获黑龙江省农业丰收计划奖励 11 项；获黑龙江省农业科学技术奖励 10 项；获鸡西市科技进步奖 2 项；在国家级期刊发表论文 8 篇，省级期刊发表论文 2 篇；拥有实用新型专利 3 项，外观设计专利 3 项。

## 73. 黑龙江省克山县农业科学技术推广中心

**姓　　名：**柴斌

**业绩摘要：**柴斌同志从事农技推广工作 30 年。近年共推广农业新技术 2 000 万亩次，促农增收 1 000 万元；有 10 余项科技成果获奖，发表科技论文 20 篇。指导开展科技包保活动、建立信息化服务中心，深受各级政府及广大农民的好评。当选为克山县第十五、十六、十七届人民代表大会常务委员会委员，2015 年度齐齐哈尔市农业系列高级专业技术职务任职资格评审委员会；第八届、第九届黑龙江省农作物品种审定委员会马铃薯、甜菜、油菜、大豆评审专家。荣获县劳动模范及拔尖人才、市科普之冬先进个人、市优秀科技工作者、享受市政府特殊津贴专家、省市农业系统先进个人、院县共建先进工作者、全

---

　　* 斤为非法定计量单位，1 斤＝500 克。

省粮食生产先进科技工作者、全国农业先进工作者等多项殊荣。

## 74. 黑龙江省五大连池农场

**姓　　名：**韩春雨

**业绩摘要：**韩春雨自参加工作以来一直从事基层农技推广工作，参与 20 多项农机改装革新技术，推广测土配方施肥技术、大豆大垄密植技术、大豆安全节本增效关键技术示范与组装集成技术、玉米"双增二百"高产增效技术、马铃薯宽垄双行密植和全程机械化高产栽培技术、高地隙自走式玉米喷雾割顶机示范技术、玉米"四精两管"技术、大马力深松整地检测应用系统等先进技术，累计推广面积 1 604.08 万亩，新增纯收益 214 425.45 万元，总经济效益 724 648 万元。指导支持农机大户成立农机合作社，促进了当地农机作业发展，累计完成跨区作业 26 万亩。在五大连池农场亲抓玉米、大豆万亩科技示范带建设，最高亩产大豆 281.7 千克，玉米 971.3 千克。

## 75. 红河哈尼族彝族自治州经济作物技术推广站

**姓　　名：**孔祥福

**业绩摘要：**孔祥福，男，1984 年 8 月参加工作，大专学历，中共党员，高级农艺师，现为红河州经济作物技术推广站站长，云南省现代农业水果产业技术体系香蕉岗位专家。从事农技推广工作 35 年来，为红河州水果生产发展做出了重大贡献。研发了香蕉组培育种及高产栽培的核心技术等多项生产技术，成功研发了 MSA 培养基，研制的营养液分装器等获得国家专利两项。主持完成多项省部级重大项目，负责组建的红河州香蕉科学技术研究所，是全省最大的香蕉良种组培繁育基地，每年可生产香蕉组培苗 1 500 万株以上，为推进全省及周边东南亚国家的香蕉产业发展做出了突出贡献。获得地（市）级（含）以上科技成果奖励 14 项，工作奖励 4 项，近 3 年有 6 项。

## 76. 葫芦岛市连山区农业技术推广中心

**姓　　名：**武志勇

**业绩摘要：**武志勇毕业后全身心地扑在农技推广事业上，推广优良农作物品种 30 余个，推广农业技术 20 余项；培训农民 8 000 人次，受到农民的好评。近年坚持以产业扶贫为导向，指导多个产业扶贫基地建设；主持参与各类科技项目获科技成果奖励 11 项，主要包括市科技进步奖两项、辽宁农业科技贡献奖两项等，主持参与的科技项目累计实现直接经济效益 5 亿元以上；发表学术论文 16 篇，《连山区耕地地力评价》副主编，参与《辽宁环渤海地区增粮知识与技能基础》编写。获得市级以上工作奖励 8 项，包括市优秀科技特派员、省农委农民科技培训先进工作者、推广先进工作者、省农委"农民满意农技员"、中国技术市场协会"三农科技服务金桥奖先进个人"等称号；被评为连山区首届优秀人才。

## 77. 湖北省利川市农业技术推广中心

**姓　　名：** 邓楚洪

**业绩摘要：** 1985—1994 年期间，针对利川水稻生产"低而不稳"问题进行潜心研究，结合气候、生态环境、水稻栽培生理及作物群体理论研究，提出了适应气候、生态环境的水稻一早两高栽培技术体系。向玉米、马铃薯拓展，形成综合配套增产技术体系。1994 年以来，该成果得到广泛推广应用，成功解决利川粮食短缺问题。粮食问题解决以后，与省农科院专家开展广泛深度合作，建立了省、市、县、乡、村五级农技推广网络，治理农业生态环境、拯救濒危的莼菜、推动高山蔬菜、茶叶、马铃薯、高山水稻提质增效，发展食用菌与中药材产业，全力推进全域生态特色优势农业产业发展，奠定了发展生产脱贫一批的产业基础。利川市农业生态持续向好，特色产业发展兴旺。

## 78. 湖北省农业广播电视学校武穴分校

**姓　　名：** 干继红

**业绩摘要：** 干继红，女，大学本科学历，湖北省武穴市农业技术推广中心高级农艺师。扎根基层从事农技推广 26 年，先后从事过乡镇农技服务、植保病虫测报、棉麻技术推广和农民科技培训工作，爱岗敬业，乐于奉献，在平凡的岗位上成就了非凡的业绩。为武穴市培养了一批"一懂两爱"型农技员，培育了一群懂技术、会经营、善管理的新型职业农民，为超级稻示范推广、水稻"一种两收"模式、油菜绿色高产高效技术"345"模式等推广应用做出突出贡献。被选为黄冈市、武穴市人大代表，荣获省地市农业部门表彰奖励 10 余次，参与主编两本培训教材，在国家级、省级杂志上以第一作者发表论文 7 篇。

## 79. 湖北省钟祥市旧口镇农业技术推广服务中心

**姓　　名：** 刘先平

**业绩摘要：** 自参加工作以来，刘先平创新服务机制，抓示范带动和"一高三新"推广，示范推广雪单、特新白玉春、天雨花二号、旺旺等新优品种 22 个，种植面积 69 万亩次；推广全程机械化应用面积 50 万亩、测土配方施肥应用面积 75 万亩、化肥农药减量增效应用面积 50 万亩；推广"菜—苞—菜""萝卜—萝卜—花生"等高效种植模式 40 万亩、白萝卜高效种植集成技术应用面积 15 万亩，为农民增收节支逾 20 亿元。狠抓产业脱贫，在任荆沙合作社党委副书记期间，发展豇豆产业，助力 116 户贫困户快速脱贫。刘先平先后获得了荆门市农业局先进工作者、荆门市农业科技推广先进工作者、全国粮食作物农用塑料应用技术推广工作先进个人、荆门市最美农业人等荣誉称号。

## 80. 湖南省怀化市农业技术推广站

**姓　　名：** 王圣爱

**业绩摘要：** 参加工作 33 年，王圣爱一直从事农业技术推广工作。热爱祖国，拥护中国共产党领导。遵守职业道德，业务技能水平较高。每年有 1/3 的工作时间在基层办点示范、技术指导。工作上多次受到上级表彰，曾 4 次获得全国表彰，被评为"全国农业先进工作者""全国农技推广先进工作者""全国粮食生产先进工作者""全国农业职业技能开发先进工作者"。获怀化市"勤政廉政、富民强市"优秀干部、"怀化市优秀共产党员"；湖南省农业技术推广先进工作者等多项荣誉。主持引进推广农业新技术 14 项，累计应用面积 1 456 万亩次，新增经济效益 22.3 亿元。获得省、部、市农业科技成果奖 9 项。为怀化市粮食生产和农业技术推广做出了较大贡献。

## 81. 湖南省龙山县农业技术推广中心

**姓　　名：** 向烨

**业绩摘要：** 项目实施成效显著：①实施粮油高产创建项目 27 个，面积 30 多万亩，总增收 0.83 亿元。②补助项目建设成效显著。③优质稻示范近 5 年推广 64.38 万亩，总增纯收入 1.18 亿元。④超级稻示范推广 197.1 万亩，总增稻谷 37.7 万吨，增收 9 亿元。丰产工程屡创佳绩：①超级稻高产攻关实现了第四期目标，2017 年亩产 1 008.4 千克。②超级稻"种三产四"项目，成建制累积推广 55 万多亩，增收 1.1 亿元。③"三分地养活一个人"项目，2013—2017 年年粮食平均亩产均超过目标产量 1 200 千克。试验示范捷报频传：①新品种引进循序渐进。②超级稻试验示范硕果累累。③籼粳杂交稻试验示范亮点纷呈。

## 82. 湖南省植保植检站

**姓　　名：** 郑和斌

**业绩摘要：** 奋战植保 14 年，钻研开发了南方水稻黑条矮缩病"2＋1"综合防控配套技术、"水稻螟虫无害化治理技术""性诱剂诱杀技术"等 6 大植保实用技术，形成可操作可复制的技术模式与技术标准 7 项，从创新推广模式、着重宣传和培训等途径，推广应用"南黑综合防控技术"等，解决了农民螟虫防治难、大实蝇防治不住等难题，示范推广面积 1.2 亿亩次，挽回损失数十亿元，减少化学农药施用数千吨。在植保中文核心期刊发表论文 20 多篇，获发明实用新型专利 1 项，合编专著 4 部，被评为全省农业技术推广和科普先进工作者，获国家科技进步二等奖 1 项，省科技进步二等奖 2 项、三等奖 1 项，省农业丰收一等奖 3 项。先后被厅记三等功 1 次、获厅嘉奖、优秀党员称号 8 次。

## 83. 华蓥市禄市农业技术推广站

**姓　　名：** 彭美富

**业绩摘要：** 从事基层农技推广 29 年来，经过多年努力工作，取得了丰硕成果：①自 1999 年以来，推广水稻旱育秧稀植技术 7 万亩，亩均增收稻谷 65 千克，累计增收 4 550 吨，增收 1 092 万元。②自 2005 年起，玉米肥团育苗分级定向移栽，推广 4.9 万亩，每亩增产玉米 40 千克，实现增产 1 960 吨，增收 392 万元。③2013 年至今，推广水稻直播技术 1.2 万亩，亩节本增收 120 元，实现为民增收 144 万元。④自 1999 年以来，指导建设优质广安蜜梨基地 1 万亩，"欧阳晓玲"牌梨获国家地理标志保护产品认证，并获中国驰名商标认定。

## 84. 滑县农业技术推广中心

**姓　　名：**尚鸿雁

**业绩摘要：**尚鸿雁热爱祖国、拥护共产党领导，多年扎根农技推广第一线，致力新技术新品种引进、试验示范、技术培训等工作，实践经验丰富，是单位业务骨干及专家组成员。主持并参加实施省部级 20 个农业项目，主持引进高油、高油酸花生新品种 20 多个，引进推广农业新技术 10 多项，主持完成 40 多项试验示范。新型职业农民培育工程中，首次引进互动式双师教学新方法，培养了大量农村专业技术人才，推广了一批农村实用技术，创建农村科普示范基地。尚鸿雁积极参加精准扶贫，助力滑县脱贫攻坚。制定滑县花生绿色生产技术规程，编印《花生高产栽培实用技术手册》《花生高产栽培技术及病虫害防治挂图》，为滑县农技推广工作和农业的提质增效做出突出贡献。

## 85. 桦甸市横道河子乡农业站（农机站）

**姓　　名：**禚元春

**业绩摘要：**禚元春同志自 2001 年担任桦甸市横道河子乡农业站站长至今已有 18 个年头，十几年来，他本着一个普通农技推广人应尽的职责，为农村、农业的发展默默奉献。该同志在农技推广工作中取得了突出的成绩，各级党组织和政府给予他很高的荣誉，两次被桦甸市委评为优秀共产党员，两次被吉林市人民政府评为文明市民，5 次被吉林市农委评为先进个人，4 次被吉林省农委评为先进工作者。他多次承担和参加国家、省、市政府重大农业技术推广项目。其中：获农业农村部全国农牧渔业丰收奖 3 项、吉林省政府农业技术推广奖 2 项、吉林市政府农业技术推广奖 12 项。近年来结合实践经验撰写论文，其中《吉林省玉米主要虫害防治方法》等 3 篇论文在国家级期刊发表。

## 86. 淮安市淮阴区南陈集镇农业技术服务站

**姓　　名：**孙远鑫

**业绩摘要：**①2013—2018 年参与水稻高产创建工作、集中育秧、机插秧、水稻田间管理等。②积极引进优质水稻品种并推广"淮安大米"品牌。③2017 年组织实施南陈集镇耕地质量提升综合示范区建设项目。④参与淮安市实施农业物联网技术集成与推广工作，获得江苏省人民政府颁发的"江苏省农业技术推广奖"三等奖。⑤参与沿淮地区稻茬小麦应变栽培技术创新与集成推广项目，获得"江苏省农业丰收奖"二等奖。⑥参与编写专著《淮阴耕地》。

## 87. 淮北市烈山区宋疃镇经济发展服务中心

**姓　　名：**费玉陶

**业绩摘要：**26 年来，费玉陶扎根基层，推广科技，助农增收，把一个农业基础薄弱落后的穷乡变成一个全区农业强镇，被当地群众誉为"庄稼的守护神，农民的贴心人，农民合作社的领头人"。先后主持引进、实验、示范 50 多个农作物新品种；在宋疃镇和村万亩红富士苹果基地，为了让果农尽快掌握管理技术，他累计举办各类培训班 100 余次，为果农节约成本 500 万元，创收千万元。1996 年，他通过多方实地考察认为黄营村适宜发展灵枣产业，鼓励沈文同、李华等村民进行承包，利用现有野枣嫁接灵枣，如今黄营灵枣已成为该村支柱产业。目前宋疃镇已成功发展和村苹果、黄营灵枣、王楼芦蒿、宋疃食用菌等 4 个特色农业产业。

## 88. 惠州市农业技术推广中心

**姓　　名：**刘凤沂

**业绩摘要：**多年来，引进推广 30 多项重大农业新技术，累计推广面积近亿亩次，其中"蔬菜农药污染控制关键技术"等 3 项自主研究技术成果在本地具有引领和带动作用，年有效防治面积 2 500 多万亩次，挽回蔬菜损失 30 多万吨；采取示范基地、现场观摩及"微信滴滴服务""手机课堂"等创新技术推广形式，推广水稻抗病品种 20 多个，水稻良种覆盖率 96％以上；培育 13 家农作物病虫统防统治社会化服务组织；培训百名新型职业农民，扶持创业青年创业就业等。荣获全国"五一劳动奖章"、全国农业先进工作者、广东省"三八红旗手""广东好人"等国家及省市荣誉 10 余项，技术成果获省市科技及农技推广奖 14 项，制定生产技术规程 2 项、推广项目 20 多项，国内外发表论文 30 多篇。

## 89. 获嘉县照镜农业技术推广区域站

**姓　　名：**王庆安

**业绩摘要：**参加工作 28 年来，无论是在县土肥站，还是在乡镇区域站，为了农民的丰收和微笑，在农业生产第一线辛勤耕耘。先后主持完成了测土配方施肥、耕地保护质量提升等项目，使获嘉县成为农业部测土配方施肥示范创建单位。2011 年农业部测土配方施肥整建制推进工作观摩主现场和 2012 年河南省小麦测土配方施肥现场观摩活动均设立在获嘉县。王庆安先后荣获全国最美农技员、全国土壤肥料检测工作先进个人、市劳动模范等荣誉称号。《人民日报》《农民日报》《河南日报》等主流媒体分别对他的工作事迹作了报道；2018 年 8 月，作为"道德讲堂先进人物"在省农牧厅直属单位进行事迹宣讲 6 场次；2019 年 1 月，被县政府评为科技扶贫"优秀科技特派员"。

## 90. 吉林省抚松县农业技术推广总站

**姓　　名：** 刘美良

**业绩摘要：** 参加工作34年来，一直在基层从事农业新技术的试验示范推广工作，每年有2/3以上的工作时间在生产一线为农民服务，近5年来先后引进推广了无人机投放赤眼蜂防治玉米螟和大豆食心虫、性诱防虫、食源诱控、大豆绿色高产高效集成、耕地轮作、测土配方施肥等重大项目，并取得了显著的经济、社会和生态效益。不断加强基层农技推广方式方法和服务机制创新，积极组织开办农民田间学校和培育新型科技示范主体，在科技成果转化、长白山特色农业发展、农民脱贫致富中做出了优异成绩。刘美良先后获省政府"有突出贡献的中青年专业技术人才"称号、"拔尖创新人才第二层次人选"称号，2017年获评人社部、农业部"全国农业先进工作者"和农业部"最美农技员"称号。

## 91. 吉林省公主岭市怀德镇农业技术推广站

**姓　　名：** 张文忠

**业绩摘要：** 自参加工作以来累计培训科技种田人数1万人以上。累计推广赤眼蜂防治玉米螟虫100万亩；累计推广玉米除草剂105万亩；累计农田统一灭鼠50万亩以上。成果主要有"菜豆种质创新与系列新品种选育及栽培技术应用"项目的推广工作，该项目于2013年获中华农业二等奖；"设施专用吉杂16、吉杂迷你2号黄瓜推广与应用"项目于2013年获全国农牧渔业丰收奖二等奖。在国家和省级刊物发表论文3篇，在《农业与技术》2015年第22期发表了论文《马铃薯的生长习性及需肥特点》，在《农民致富之友》2015年第10期发表了论文《如何防治马铃薯灰霉病、青枯病及蚜虫虫害》，在《农民致富之友》2015年第11期发表了论文《茄子栽培技术》。

## 92. 吉林省柳河县农业技术推广总站

**姓　　名：** 张琼

**业绩摘要：** 张琼，女，1971年生，中共党员，本科，毕业于通化农业学校农学专业，1992年参加工作，现任柳河县农业总站副站长兼党支部书记，高级农艺师。该同志参加工作27年来，始终工作在农业生产的第一线，特别是近年来紧紧围绕农技推广项目建设、服务"三农"、助力扶贫攻坚等开展业务工作，做出了突出贡献。在国家级、省级刊物上发表技术文章50余篇，获国家、省级优秀"通讯员、先进工作者"称号。主持实施多项重大农业技术推广项目，先后获省、市及农牧渔业部奖励。扎根基层、履职尽责、甘当基层推广"排头兵"。近年实施推广"一测二防三灭四减五增效"等重大农业技术推广项目，累计争取省和国家投资资金1 850万元，增产粮食2.29亿千克。

## 93. 吉林省农业技术推广总站

姓　　名：王大川

业绩摘要：王大川于 2005 年考入吉林省农业技术推广总站，2015 年取得高级农艺师资格。2016—2017 年受吉林省省委组织部、省农委委派赴靖宇县景山镇光明村开展脱贫攻坚工作，任光明村第一书记，扶贫期间，紧紧围绕第一书记四项基本职责，建强基层党组织，充分调动党员积极性，发挥基层党组织战斗堡垒作用。推动精准扶贫，建设吊袋木耳大棚 14 栋，年生产吊袋木耳 18 万袋，贫困户每年人均受益近 1 000 元。加大人居环境整治力度，为村里争取资金修路、筑桥，彻底改善村容村貌。2018 年任农药药械科副科长（主持工作），主持了全省水稻飞防作业试点、水稻重大害虫信息素诱控技术示范等重点项目。

## 94. 吉林市农业技术推广中心

姓　　名：杨德亮

业绩摘要：参加推广工作 23 年来，始终在农业生产第一线从事新技术试验、示范、推广、科技培训、体系建设等工作，每年下乡开展技术指导、科技培训 100 天以上，深受广大农民的欢迎。先后主持和参加了 45 个推广项目，引进重大农业技术 7 项，其中获得全国农牧渔业丰收一等奖 1 项，市科技进步二等奖 1 项，省农业推广一等奖 3 项，二等奖 8 项，三等奖 6 项；获市农技推广一等奖 5 项，二等奖 5 项。结合工作和生产实际，撰写了 15 篇科技论文，公开在国家级期刊发表 7 篇，会议交流优秀论文 5 篇。因成绩突出，先后获得了 19 项荣誉称号，其中获市级荣誉称号 3 项，年度考核优秀 4 次，吉林省农委先进奖 3 项，吉林市农委先进奖 9 项。

## 95. 济源市种子管理站

姓　　名：陈菊荣

业绩摘要：1990 年参加工作以来，一直在生产一线从事农业技术推广工作，业务素质过硬，遵纪守法，被群众广泛认可。①推广日光温室番茄间作高效种植技术、制种＋高山蔬菜（烟叶）种植模式等新技术 5 项，推广普及率 70％以上，项目区增收 10％以上。②获得地市级以上科技成果奖励 5 项，制定市级地方标准 2 项，发明新型实用专利 1 项，获工作奖励 7 项。其中"高效经济作物主要病虫害绿色防控技术集成与推广应用"获 2014—2016 年度全国农牧渔业丰收奖二等奖。③连续 10 年参加基层农技推广体系建设项目，组织实施了小麦绿色高产高效创建项目，小麦病虫草害综合防治示范项目、济源市 1 000 亩机械化蔬菜制种示范基地等省级以上科技专项，贡献突出。

## 96. 嘉兴市秀洲区农业种植业推广总站

姓　　名：倪龙凤

业绩摘要：先后获得省（市、区）各级奖项 30 多项，包括省技术进步一等奖、浙江省农业科技成果转化推广奖、浙江省农业技术推广贡献奖、浙江省农业技术带头人、省农业丰收二等奖、市科技进步二等奖、市农业丰收一等奖、二等奖、三等奖、区科技推广特等奖、区科技推广一等奖、二等奖、三等奖、国家专利、浙江省优秀农技工作者称号等。主持和推广的科技项目及其他项目 20 多项，先后在省级以上期刊发表论文 20 多篇，主编 15.8 万字的专著 1 部，参与编写专著 1 部，制定浙江省地方标准 1 项。组织申报并实施了中央财政园艺作物标准园项目、省级现代农业生产发展资金项目、省级现代种业发展工程项目、市区菜篮子工程蔬菜基地建设项目等。

## 97. 嘉兴市种植技术推广总站

姓　　名：俞慧明

业绩摘要：俞慧明同志连续从事农业技术推广工作 36 年，长期从事土壤肥料、种植业、农产品质量安全等技术推广和管理工作，先后主持或参加土壤普查、水稻配方施肥、种养殖生态循环模式、农产品质量管理、水稻高产示范创建、晚粳稻机插秧技术规程等全市性农业研究推广项目的组织实施，曾作为主持人或主要完成人获得省丰收二等奖 1 次、市科技成果二等奖 2 次、三等奖 1 次，大豆高产攻关创 2018 "浙江之最"，合作编写出版有关土壤、农作制度专著 3 本，在省级等学术刊物发表论文 10 余篇，3 篇获省优秀论文奖。2007 年获省农业科技成果转化奖，近 10 年来 9 年被评为局优秀或先进工作者，为全市粮食等农业生产技术推广发挥重要作用。

## 98. 建德市种子管理站

姓　　名：严百元

业绩摘要：32 年一直从事基层农技推广工作，踏实工作，业绩突出。2003—2019 年承担农业科技示范推广项目 40 多项，获省市县科技奖 5 个、省市农业丰收奖 10 个；合作育成 "钱江糯 3 号" 新品种 1 个；在《杂交水稻》《中国蔬菜》等刊物发表论文 23 篇（其中 SCI 两篇），任《杭州山地蔬菜绿色栽培技术》副主编，编写专著 10 册，制定红心火龙果、甘薯、白莲杭州市地方标准规范 3 个。严百元先后获 "省农业技术推广贡献奖" "杭州市先进科技工作者" "全省基层农业技术推广优秀工作者" "浙江省十大农技推广人员" "杭州市政府特殊津贴" 等荣誉称号。现为建德市蔬菜产业首席专家、杭州市旱粮和山地蔬菜服务团队专家、省农作物品种审定委员会旱粮专业组成员。

## 99. 建平县农业技术推广中心

姓　　名：尤广兰

业绩摘要：尤广兰同志 1985 年 8 月参加工作，30 多年来一直在生产一线从事农业技术推广工作。工作中她立足本职，勇于创新，先后推广谷子病虫害绿色高效防控新技术等 3 项，取得总经济效益 10.22 亿元；主持或参与粮油绿色高产高效创建等省（部）级重大科技专项 10 余项，取得总经济效益 24.3 亿元，并形成了可复制、可推广的技术规范，社会效益和生态效益显著；多年来对新型经营主体和农事企业进行技术指导和培训，发展"富硒谷子"等特色农业；多次受邀在省市培训班上讲课；发表论文 20 余篇；先后获得"全国科技抗灾促春管保春耕指导服务活动先进个人""全省植物保护先进个人""第八届辽宁省优秀科技工作者"等荣誉 20 余项。

## 100. 江华瑶族自治县农业技术推广中心

姓　　名：李端生

**业绩摘要：** 主持和参与项目 10 余项，获得各类成果 14 项，奖励 17 次，20 年来持续调查和收集江华苦茶种质资源，推动"江华苦茶"区域公用品牌创立，推广农业新技术 10 多项。近 5 年主推 5 项新技术，引进新品种 2 个，推广苦茶良种 2 个，让江华茶叶面积由 2014 年的 2.9 万亩增长到现在的 7 万亩，良种率提升 50%，新增产值 2 亿元。直接帮扶 3 个贫困村种茶 2 866 亩，新增纯收益 716.6 万元，人均增收 3 455 元。2017 年获县委县政府贫脱攻坚"突出贡献奖"，2018 年获县委"脱贫攻坚优秀共产党员"称号，2018 年县委县政府给予"记三等功"奖励。被湖南省茶业协会等单位共同授予"2018 年度湖南省千亿茶产业建设先进工作者"称号。

## 101. 江苏省高邮市三垛镇农业服务中心

姓　　名：吴静波

**业绩摘要：** 三垛镇水稻、小麦绿色高产增效示范方创建工作从 2010—2014 年多次获评省"A 级示范片"，并多次接待部、省、市领导与专家，江苏省原省长梁保华、原副省长黄莉新、原省长李学勇等都曾到三垛镇示范基地视察。2013—2014 年，三垛镇宁麦 13 攻关田平均单产 693.2 千克/亩，创我国淮南地区高产纪录。2014—2015 年度吴静波获"江苏省农业丰收奖"一等奖。2016 年、2017 年分别被江苏省农业技术推广总站与江苏省农业科学院粮食作物研究所表彰，2017 年、2018 年，连续两年被评为市农业委员会先进个人。吴静波连续当选高邮市十四届、十五届人大代表，获评优秀议案 1 次，2018 年被评为高邮市"先进人大代表"。

## 102. 江苏省南京市江宁区湖熟街道农业服务中心

姓　　名：耿翔

**业绩摘要：** ①耿翔忠诚、干净、担当，满腔热情地投身于"三农"服务中，20 多年扎根基层无私奉献，赢得了广泛的口碑和人脉。②为服务区引进推广重大农业技术 4 项：粮食绿色高质高效创建，推广普及率 80%，增效 15% 以上；植保专业化统防统治技术，覆盖率达 70%，增效 20% 以上；推广测土配方施肥技术，推广普及率 60%，增效 12%；省现代农业（水稻）产业体系建设，推广优质食味品种，集成 4 项新技术，普及率 75%，增效 15% 以上。③近 5 年来，先后获得部属科技奖 1 项、省农业丰收奖两项、区科技进步奖两项、其他各类市级以上表彰 4 项，2017 年获得"省农技推广服务先进工作者"称号（享受市劳模待遇）。

## 103. 江苏省南通市海安市曲塘镇农业服务中心

姓　　名：张维根

业绩摘要：2016 年获得水稻病虫草害绿色防控技术研究与应用三等奖；2012 年获得稻麦病虫草害综合防控技术集成应用二等奖；2007 年获得吡蚜酮防治稻飞虱技术研究与推广应用二等奖；2005 年获得双低油菜菌核病综合防治技术推广应用三等奖；2003 年获得水稻条纹叶枯病综合防治技术研究及推广应用三等奖；2000 年获得水稻抛秧稻田病虫草害综合防治技术推广应用四等奖；2008 年获得海安县人民政府嘉奖；2006 年获得弱筋小麦高产调优技术推广江苏省农业丰收奖二等奖；2008 年获得全省优质小麦创高产竞赛活动"攻关田"一等奖。

## 104. 江苏省盐城市响水县南河镇农业技术服务中心

姓　　名：王龙生

业绩摘要：王龙生从事乡镇农技推广工作 22 年，曾被盐城市表彰为十佳青年农技推广标兵、农业科教工作先进个人，获省农业丰收奖一等奖两项，二等奖 1 项，是省级农业示范园区、中央农业产业强镇示范镇等重点项目的主要完成人之一。先后参与实施省农业三新工程、省、部级粮食绿色优质高效创建等 46 个农业科技创新与推广项目；推广农作物优质新品种 26 个，推广机插水稻精确定量栽培等新技术新模式 6 项，累计推广面积 57.78 万亩，带动项目区农户增收 9 570.09 万元；创新农技推广工作方式，指导培育响水县宝隆农机专业合作社等新型经营主体 3 个，取得了良好的经济效益、生态效益和社会效益。

## 105. 江苏省植物保护植物检疫站

姓　　名：田子华

业绩摘要：组织建立"病虫害发生监测、抗药性监测、农药使用强度监测、农药有效性监测"监测网络和制度。引进推广多项重大病虫防控技术，有效控制赤霉病、稻瘟病等粮食及经济作物病虫害。分别建立适合江苏粮食作物、蔬菜等经济作物的两类绿色防控新模式，组织绿色防控示范与推广。提出并培育"设施＋服务""技术＋服务""物资＋服务""人才＋服务"植保专业服务组织，病虫专业化防治覆盖率达到 58％，农药使用量连续 11 年下降。投身沭阳产业富民（草莓），助力茆圩脱贫攻坚。田子华为农业部植物保护专家指导组成员，2017 年被授予"全国农业先进工作者"称号。先后主持省科技项目 6 个。获得国家科技进步二等奖 1 项、省、部级二等奖 3 项、三等奖 3 项。

## 106. 江西省邓家埠水稻原种场

**姓　　名：**程飞虎

**业绩摘要：**1999 年以来，主持和参与组织实施超级稻、油菜少免耕、粮丰工程、"籼改粳"等项目 10 多项，先后荣获国家科技进步二等奖在内的各类科技奖励 18 项。积极引进水稻精确定量栽培、"三控"施肥技术等，开展本土化研究，并与省内有关实用技术整合，提出"合理增加用种量、培育短秧龄壮秧、氮肥后移和适时适度晒田"等 4 大关键举措。多年来，坚持理论与实践相结合，发表科技论文 50 余篇，参与编著科技图书 6 本，编写各类资料 10 余册，平时经常深入基层开展技术指导和服务，年培训农技骨干和种植户约 800 人次，为全省粮油持续丰产丰收提供了有力技术支撑，先后 4 次荣获省、部粮食生产先进个人称号，2015 年入选江西省百千万工程人选。

## 107. 江西省吉安市峡江县农业农村局

**姓　　名：**陈根生

**业绩摘要：**陈根生同志现任峡江县农业技术推广站站长、高级农艺师。在连续 24 年的基层农业技术推广服务过程中，该同志先后主持参与重大种植业技术推广项目 10 余项，其中近 3 年内推广应用 4 项（水稻新品种展示、北部红壤丘陵区双季稻绿色规模化丰产增效技术示范与推广、有机稻栽培示范与推广、粮食生产功能区和重要农产品生产保护区划定），其中水稻新品种展示推广优质稻新品种 60 多个，全县水稻良种率达 96% 以上；北部红壤丘陵区双季稻绿色规模化丰产增效技术示范与推广为"十三五"国家重点研发项目，2018 年建立示范面积 5 万亩，辐射面积 20 万亩。培训农技人员 100 人次，培训新型职业农民 300 人次。

## 108. 介休市农业农村局

**姓　　名：**闫月琴

**业绩摘要：**闫月琴大学毕业后一直奋战在农业战线。引进推广红薯高垄密植技术，谷子免间苗技术，果菜水肥一体化技术、玉米绿色集成技术、绵芪原种繁育等先进技术 28 项，推广面积 32.5 万亩，普及率达 90% 以上，增产增收 23.9%。介休绵芪通过地理标志认证。牵头农技推广工作，培育示范户 3 481 户，实用技术培训 136 次，12 000 余人，印发明白纸 5 万余份；建设 23 个科技示范基地，精准培训新型农业经营主体 4 137 人，认定职业农民 211 人。精准扶贫 4 447 户，建拱棚调结构，解决贫困户就业和收入低问题，被评为先进下乡工作队员。发表论文 10 余篇，取得科技成果 6 项。获山西省"五一劳动奖章""三八"红旗手、劳动模范等荣誉称号；山西省第十一届党代表。

## 109. 界首市农业技术推广中心

**姓　　名：**卜晓静

**业绩摘要：**自工作以来，一直在基层从事农业技术推广和相关工作，取得了显著成绩，获阜阳市科学技术一等奖 1 个、阜阳市科技进步奖三等奖 1 个、省级科技成果认定 3 个。2015 年以来，作为主要成员参与了界首市"十三五"马铃薯产业发展规划的制定和实施，成功参与组织申报了"界首马铃薯"地理标志产品认证，并以农业龙头企业为依托，加快推动设施马铃薯的产业化发展和标准化生产技术的应用，牵头引进应用推广"三膜"覆盖、水肥一体化、大棚马铃薯全程机械化等技术，近几年已发展标准化设施马铃薯种植基地 3 万多亩。同时积极投身特色种养业扶贫和科技示范指导工作，分别获得了"阜阳市最美帮扶责任人"和"阜阳市优秀科技特派员"称号。

## 110. 金昌市农业技术推广服务中心

**姓　　名：**段军

**业绩摘要：**段军同志主要贡献有：①立足做大做强做优金昌高原夏菜产业，引进推广蔬菜集约化育苗、压茬错峰播种、春提早拱棚栽培、病虫绿色防控等提档升级集成技术及模式，累计推广 25 万多亩，亩均节本增效 300 多元，高原夏菜已成为当地群众增收的主导产业。②针对金昌干旱缺水市情，引进推广垄作沟灌、垄膜沟灌高效农田节水技术，创新应用于小麦、玉米、马铃薯、蔬菜等生产中，亩均节水 120 立方米，累计推广 140 多万亩。③围绕农业绿色高质量发展，引进推广绿色增产模式攻关技术，因地制宜主推小麦宽幅匀播、玉米密植晚收、马铃薯起垄覆土黑膜覆盖等关键技术，小麦亩均增产 12% 以上、玉米增产 20%、马铃薯增产 15%，累计推广近 40 万亩。

## 111. 金川区双湾镇农业服务中心

**姓　　名：**潘亮

**业绩摘要：**潘亮参加工作以来，一直在双湾镇农业服务中心工作。他推广的蔬菜育苗移栽技术、葡萄套袋技术和高效农田节水技术普及应用率高，经济、社会和生态效益显著。他推广的食葵 LD5009、先玉 335、绿宝金华、陇椒 3 号、宁春 4 号、耐寒优秀等优良品种，累计种植面积达到 5 万亩以上，增收效果明显。他建立双湾农业科技微信群、指导农户使用"一亩田""中国农技推广"等手机 App，创新农技服务机制和方法。他先后承担或参加完成了日光温室葡萄延后栽培技术引进与示范推广、金川区草原鼠害综合防治技术示范与推广等 10 余项农业项目，获得金昌市科技进步一等奖 1 项、三等奖 1 项，并获得金川区科普工作先进工作者、优秀共产党员等荣誉。

## 112. 金华市植物保护站

**姓　　名：**盛仙俏

**业绩摘要：**浙江省 151 人才、省农业学术带头人、金华市拔尖人才。围绕主导产业，理论实践不断结合，开展技术研究与推广，在病虫害的诊断、绿色控害技术以及标准化生产等领域，取得了较多的成果，形成了技术标准和模式，多途径进行科技推广，实现科技成果转化。完成项目 30 多个，获奖 21 项，其中获全国农牧渔丰收奖二等奖 1 项，中华农业科技奖科普奖 1 项，中国植保学会科技奖三等奖 1 项，省科学技术奖三等奖 4 项，省农业技术进步奖二等奖两项，省农业丰收奖一、二、三等奖 6 项，市科学技术奖 4 项等。获国家发明专利 3 项。在省级以上刊物发表论文 40 多篇，获各种论文奖 10 多次；编写著作 15 部，制定地方标准两个，获全国、省级、市级等先进个人荣誉 20 多项。

## 113. 锦屏县土肥站

**姓　名：**龙胜碧

**业绩摘要：**主持实施农业部测土配方施肥等 4 大项目。累计完成作物测土配方施肥面积 263 万亩，绿肥种植面积 20.26 余万亩，秸秆还田面积 10 万余亩，酸化土壤治理 2 万亩。实施区技术普及率 50%～95%，增产 10% 以上，累计减少化肥施用 4 328.6 吨（纯量），增加经济收入 29 911.61 万元；创新资金直补推广配方肥方式和模式，农民施肥水平提高，耕地质量提升；编写培训材料 3 本，PPT 培训课件 15 套，培训农民等 2 万余人次；在项目验收绩效考评中累获第一名和优秀等次，连续 6 次在全省或全州工作会议作典型报告；主编出版贵州省首部测土施肥成果专著《锦屏耕地》，在专业杂志发表文章 38 篇，获农业部、省农委、州政府奖励和表彰 6 次。

## 114. 晋中市蔬菜技术服务中心

**姓　名：**肖虎善

**业绩摘要：**肖虎善同志 1983 年 7 月参加工作以来，长期在生产一线从事技术推广工作。先后推广农业重大技术 18 项；发表科技论文 8 篇；主编或参与编写著作 10 部；主持和参与编制地方技术标准 23 个；获农业部丰收一等奖 1 项、二等奖两项，获山西省科技进步二、三等奖各 1 项；获山西省农村技术承包一等奖 1 项、二等奖两项、三等奖 1 项；获市科技进步一、二、三等奖各 1 项；获市技术承包奖一等奖 5 项、二等奖 3 项；获晋中市首届自然科学学术创新二等奖 1 项。曾获"全国植保先进工作者"、国家科技部"星火科技先进工作者""山西省第 5 届优秀科技工作者""第 5 届市委联系的高级专家"、山西省设施蔬菜百万棚建设劳动竞赛"先进工作者标兵"等称号。

## 115. 缙云县壶镇镇农业综合服务中心

**姓　名：**潜锦贤

**业绩摘要：**①引进推广重大农业技术 3 项：《茭白多模式发展关键技术研究和示范应用》《缙云县单季茭白收二茬高效模式示范与推广》《万亩无害化高山茭白基地建设》。②在创新基层农技推广方式和开发特色农业方面业绩突出：全镇茭白面积 1.8 万亩，占全县总面积 30%，特色效益显著。③示范推广《茭白药肥减量控害规范生产》和《茭白无土育苗栽培技术》重大集成创新技术，经济效益明显。④《高山经济林套种浙贝母与西瓜示范》《单季茭白高效生产技术示范》《缙云县金竹紫米元胡轮作模式示范》《茭白—螃蟹模式示范推广》参加省级重大科技项目。⑤获丽水市政府农业丰收一等奖两项、省农业厅技术进步一等奖 1 项。⑥发表论文 4 篇，出版专著 2 本。

## 116. 京山市宋河镇农业服务中心

**姓　　名：**陈天春

**业绩摘要：**①开展水稻万亩高产创建示范。②开展优质杂交稻"C 两优华占"高产栽培示范。③开展优质杂交稻"天优华占"高产栽培示范。④推广水稻测土配方施肥技术。⑤推广水稻病虫害绿色防控技术。⑥开展"准两优 608"在湖北作再生稻营养特性与施肥效应试验。⑦其他常规业务工作。扎实搞好全年农作物病虫害防治；认真实施科技入户工程；扎实开展农技培训；积极配合政府中心工作及"三农"外宣工作。认真履行岗位职责，业务工作卓有成效，多次获县农业局及当地政府表彰。

## 117. 泾县桃花潭镇农业技术推广站

**姓　　名：**万瑞红

**业绩摘要：**①主推的各项实用技术获得肯定，主持的《双晚免耕抛秧技术研究》等 7 个项目获得奖励。②实施项目取得成效，社会和经济效益双收。③产业脱贫项目推动了贫困户发展。④制定标准、发明专利，撰写学术论文。⑤业务受到嘉奖：2005 年、2018 年被县委、县政府授予"泾县第二批专业技术拔尖人才"和"泾县第五批专业技术拔尖人才"称号；2006 年被县农委授"农民满意农技干部"称号；2010 年、2011 年获市农村能源沼气池建设先进个人；2014 年被市农委授予"动物防疫年度考核"先进个人、县农委授予"农民满意农技员"、2016 年市农委授予"最美农技员"、县农委授予"农民满意农技员"等荣誉称号；2019 年获"安徽省农民满意农技员"提名。

## 118. 荆州市荆州区八岭山镇农业技术服务中心

**姓　　名：**张开惠

**业绩摘要：**①2016—2018 年主持推广应用甜瓜—中稻—绿肥模式 24 259 亩，新增纯收入 18 877 万元，节本增效 25 715 万元。②2016—2018 年组织推广应用超级稻模式 17.65 万亩，总收入 16 231 万元，新增效益 2 914 万元。③2016—2018 年引进推广应用中稻—再生稻模式 3.32 万亩，新增纯收入 2 397 万元，节本增效 4 206 万元。④在国内有影响的农业期刊发表农业科技论文 6 篇。⑤荣获 2014 年湖北省最美农技指导员、2013 年荆州市十佳金牌农技员、镇优秀共产党员称号。获荆州区第一、第二届科技进步一等奖、三等奖。

## 119. 荆州市农业技术推广中心

**姓　　名：** 卢建新

**业绩摘要：** ①政治立场坚定。热爱祖国，拥护中国共产党领导，注重自身政治修养和品德修养，讲政治、讲学习、讲正气、讲团结。②工作业绩突出。近年来累计推广水稻集中育秧技术 864.6 万亩，新增利润 8.646 亿元；棉花机械化生产技术 31.2 万亩，新增效益 1.56 亿元；再生稻机械化生产技术 272.9 万亩，新增利润 5.458 亿元。③技术成果丰富。参与编写编制《短季棉高产栽培技术规程》《棉花轻简育苗移栽及配套高产高效栽培技术》等技术标准、专著，荣获 2017 年湖北省科技成果推广三等奖、2017 年荆州市科技进步二等奖、2016 年"荆州楷模"等奖励。

## 120. 靖州苗族侗族自治县农业农村局

**姓　　名：** 马小华

**业绩摘要：** 自参加工作以来，马小华一直在基层从事农业技术推广工作，热爱祖国，拥护党的领导，服从安排，遵纪守法，作风正派，爱岗敬业，热爱本职工作，认真履职，重点围绕杨梅、茯苓等县域特色农作物，开展新品种、新技术的选育、引进、研发、示范和推广。先后获湖南省科技进步二、三等奖各 1 项，获梁希林业科学技术二等奖 1 项，获怀化市科技进步一等奖 2 项、二等奖 1 项、三等奖 2 项。因工作成绩突出，2007 年被县委、县政府授予"科技进步先进个人"称号。参与制定发布湖南省地方标准 6 个，在专业学术刊物上发表论文 6 篇。为促进农业增效、农民增收、脱贫攻坚和乡村振兴，做出了较大贡献。

## 121. 莒县农业技术推广中心

**姓　　名：** 李爱科

**业绩摘要：** 先后获山东省农牧渔业丰收奖三等奖 1 项，日照市科技成果二等奖 3 项、三等奖 5 项，县科技成果一等奖 1 项，发表论文 12 篇；参与制定省级地方标准 1 项、技术规程 1 项，主持和参与制定市级技术规程 14 项；授权发明专利 2 项，发明专利公告 4 项，授权实用新型专利 10 项。多次获评专业技术人员年度考核优秀等次、全县农业工作先进个人、全县现代农业示范区建设工作先进个人，先后获第七届莒县十大杰出青年、全市农业政务信息先进个人、全省农业宣传与信息工作先进个人等荣誉，在农业产业招商方面贡献突出，被县委、县政府记三等功 4 次。

## 122. 开鲁县农业技术推广中心

**姓　　名：** 左明湖

**业绩摘要：** ①在基层农技推广体系改革与建设工作方面，以玉米、红干椒、肉羊这三大产业，确定了 11 项主推技术，普及率达到 95％以上，农牧民抽样满意度 80％以上。

②在推广绿色食品红干椒生产技术应用方面，推广面积 3 467 公顷，新增收入 9 908.61 万元。推广使用穴盘育苗技术、膜下滴灌技术、高垄覆膜技术、玉米辣椒套种技术、病虫害绿色防控技术和全程机械化移栽技术 6 项新技术，主推红干椒新品种"北星一号"和"北星五号"，促进了开鲁县红干椒产业发展和技术提升。近年来，推广大小垄无膜浅埋滴灌水肥一体化技术，减少农膜污染。③在绿色蔬菜标准化综合配套技术应用方面，推广1.33 万公顷以上，为农牧民创造经济效益 6 468 万元。

## 123. 开原市农业技术推广中心

**姓　名：** 孙满柱

**业绩摘要：** 孙满柱每年带领科技人员，落实试验、示范项目 30 余项，推广农作物优良新品种 20 余个，推广农业新技术 10 余项，完成职业技能培训 2 000 多人次，引导性培训4 000 多人次，培训农民近 3 万余人次。培育水稻新品种 8 个，先后推广农作物新品种120 多个，累计创经济效益 65 亿元人民币。主持、参与完成的农业科技推广项目多次获国家、省、市科技成果奖，撰写并发表论文 40 多篇，撰写业务报告 100 余份。1999 年被评为全国农业技术推广先进个人；2004 年获得国务院政府特殊津贴；2011 年被国务院授予"全国粮食生产突出贡献科技人员"（享受全国劳动模范待遇）；2013 年荣获辽宁省优秀专家称号。

## 124. 兰陵县植物保护站

**姓　名：** 李霄

**业绩摘要：** 从事农技研究与推广 20 年。任国家大宗蔬菜技术体系兰陵试验站负责人、国家特色蔬菜兰陵试验站负责人、山东省科技特派员、临沂市"第一书记"专家服务团成员、山东省食用菌创新团队临沂试验站成员、临沂大蒜创新团队成员、临沂市新型职业农民讲师团成员等；获省丰收奖 1 项、市科技进步奖 4 项、市自然科学优秀学术成果 1 项、县科技奖 7 项，专利 2 项，论文 14 篇、著作 2 部；实施项目 20 多个，设计新型设施 6 种，推广新技术 50 多项，引进新品种 100 多个。获 2015 年临沂市"最美农技员"，2017年临沂市振兴沂蒙劳动奖章，2017 年度全省农技推广先进个人，2013—2017 年度全省食用菌行业先进个人，县级先进个人 13 次等荣誉。

## 125. 蓝田县农技中心西川区域农业技术推广站

**姓　名：** 牛小朋

**业绩摘要：** 牛小朋同志常年在农技推广一线工作，协助上级部门在唐沟、沙河、兀岩村建设千亩优质樱桃示范园 3 个。使洩湖樱桃从 3 000 余亩发展到 10 000 余亩并辐射带动周边华胥、孟村等镇，使洩湖樱桃成为蓝田农业的特色产业。该同志经常深入田间地头推广大樱桃疏花疏果、病虫害综合防治、简化修剪、精细化管理等关键栽培技术，推广该技术应用 5 000 余亩，亩均优果率提高 20%，亩均增收 1 000 元，使全镇增收 1 500 万元，樱桃产业产值达 8 000 万元。蓝田县 2008 年申报通过了洩湖樱桃无公害基地认证。2001 年、2005 年、2007 年牛小朋先后被蓝田县农业局评为先进个人，2019 年被西安市科技局聘为科技特派员。

## 126. 乐东黎族自治县农技推广服务中心

**姓　　名：** 黎兴健

**业绩摘要：** 1983 年 7 月参加乐东黎族自治县基层农技推广工作。36 年来，为乐东黎族自治县引进推广重大农业技术 3 项以上，其中 2016—2017 年参加引进推广香蕉枯萎病防治示范技术。2017—2018 年参与引进推广耕地质量保护促进化肥减量增效技术；2016—2018 年参与乐东黎族自治县基层农技推广体系改革与建设项目实施，引进推广 13 项主推技术。2006 年 9 月荣获全国农牧渔业丰收奖二等奖；2008 年 2 月荣获海南省科技成果转化奖一等奖；2009 年 2 月荣获海南省科技成果转化奖一等奖；2016 年 12 月荣获全国农牧渔业丰收奖二等奖；2016—2018 年，参与乐东黎族自治县科技助力精准扶贫工作。乐东黎族自治县农技推广中心被评为 2018 年度全国科技助力精准扶贫先进团队。

## 127. 乐东黎族自治县农业技术推广服务中心

**姓　　名：** 周运陆

**业绩摘要：** 扎根少数民族地区 35 年，常年 2/3 以上时间深入基层一线开展农业技术推广工作。积极主动为乐东黎族自治县引进植保无人机统防统治、香蕉枯萎病防治、水肥一体化、化肥减施增效、秸秆粉碎还田、土壤改良等十几种农业技术推广实践，取得显著成效，其中：水稻病虫害植保无人机统防统治于 2016 年率先在海南 18 个市县大面积推广实践，成功促进了农户从被动、观望到主动申请飞防的转变，为全省大面积推广做出了重大贡献。2017 年起连续两年获得省统防统治先进工作者称号，并在全省植保工作及现场会上做经验交流发言；获 2016—2018 年度全省生态循环农业技术服务先进个人；乐东黎族自治县农业技术推广服务中心多次被评为先进集体和 2018 年度全国科技助力精准扶贫先进团队。

## 128. 丽水市莲都区农业技术推广中心

**姓　　名：** 瞿云明

**业绩摘要：** ①推广农业生产技术。推广"蔬菜产业提质增效集成技术""豇豆连作障碍治理关键技术"等 16 项农业技术，其中"莲都区蔬菜产业提质增效集成技术"累计应用面积 25.75 万亩，新增产量 12.6 万吨，新增效益 2.15 亿元。②取得的主要科技成果。主持和参与项目获市厅级科技奖 4 项；另获市厅级以上奖励 6 项。取得发明专利 1 项、实用新型专利 3 项。主编（著）专著 2 部，参与编写专著 1 部，主持起草标准 2 项，参与起草标准 1 项。③服务基层，培育产业主体。主持制（修）订 6 项生产模式图，参编《农业技能手册》《农业生产技术指南》。筹划发放 43 种蔬菜图书 3 600 余本到基层，发放其他技术资料 2 万余份。培训农民约 800 人次。

## 129. 丽水市农作物站

**姓　　名：**周锦连

**业绩摘要：**近 30 年来，一直从事农业技术推广工作，在农业领域积极开展新技术、新材料、新品种试验研究与示范推广，及时解决农民生产上的诸多实际问题。先后完成山地蔬菜高效生产技术集成应用、丽水农作制度创新与示范推广等农业科技项目。通过这些技术成果的示范应用推广，解决了茭白苫管平铺育苗技术、山地蔬菜水肥一体化技术等一大批关系产业发展的技术性问题。这些技术推广应用，提高了种植效益和产品质量，促进了农民增收、菜篮子供应，产生了显著的经济效益、社会与生态效益。先后 18 项成果获得省、部、市级各类成果奖励，发表论文 30 多篇、编写技术著作 4 部、申请专利 5 项。曾获浙江省农业学术带头人、浙江省优秀农村指导员、丽水市优秀科技工作者等荣誉。

## 130. 利津县农业技术推广服务中心

**姓　　名：**程世红

**业绩摘要：**20 多年来，程世红投身利津县农技推广工作，不断创新工作方式方法，加大新技术新品种推广力度。从 2012 年开始联合县电视台在作物生长关键节点，录制科教专题片，在《聚焦三农》节目循环播放。每年组织农技人员、创业带头人，新型经营主体等近 200 人，参加各类技能培训。强化粮食主推技术推广应用工作，小麦"一喷三防"、氮肥后移、规范化播种，玉米"一增四改"、精量播种、适期晚收增产等在全县得到大规模推广运用。小麦"一喷三防"、玉米"一增四改"技术覆盖率达到 100%。程世红连续 5 年考核为优秀，奖得 3 次县委县政府嘉奖，1 次个人三等功。发表论文 10 余篇，获得两次市级丰收奖，连续两次获得山东省农技推广先进个人称号。

## 131. 辽宁省盘锦市大洼区新兴镇农业服务中心

**姓　　名：**侯振清

**业绩摘要：**从事农技推广 37 年来，直接主持和参与实施各种农业试验、示范和推广项目百项以上。2013—2018 年先后主持实施了新兴镇高产创建、高标准农田建设、耐盐高产优质水稻高效栽培等项目，实施稻田养蟹模式栽培、测土配方施肥、稻瘟病、稻水象甲防治药剂筛选、生物菌肥宜居乡村包村扶贫、新型农民培育、绿色防控、无人机水稻直播等试验示范工作，引进试种新品种 62 个。先后获得省级科技成果奖两次；市级科技进步一等奖 4 次；省科技进步三等奖 1 次；省农业厅技术指导奖 4 次；省农技推广工作先进个人；2016 年被评选为省级"农民满意农技员"；多次被评为镇先进工作者和优秀共产党员等荣誉称号。

## 132. 临汾市果树蚕桑站

姓　　名：吉东发

**业绩摘要：** 1980 年至 1992 年，从事农业技术推广工作，先后主持或参与棉花地膜覆盖、玉米地膜覆盖、小麦综合增产、晋棉 47 号示范、玉米高产栽培等技术推广，获得农业部丰收一等奖和省科技进步一、二等奖。1990 年被选为山西省"老推十佳"，其事迹被《山西日报》报道；1992 年至 2012 年从事农民教育培训工作，把教学班办到农村被推选为"全国农民教育创业发展案例"，被《人民日报》报道；多篇论文获奖，多次获农业部、中央农广校领导小组、中国农学会表彰；2012 年至今，主持果树提质增效多项重大技术、中药材崛起工程、水果标准园创建、水果"三品"提升等技术推广，并开展科技扶贫，获省"职业道德建设标兵个人"、全省"驻村帮扶模范"称号。

## 133. 灵璧县种子管理站

姓　　名：王为联

**业绩摘要：** 王为联同志是中共宿州市第五次人民代表大会代表，对党忠诚，理想信念坚定。他连续 7 年作为全国基层农技推广体系改革与建设补助项目工作的县级管理员，带领全县农技员扎实开展工作，为全县"三农"工作做出了突出贡献。他引进、推广 6 项重大农业技术，形成了在全县范围内可复制、可推广的技术规范，普及到每个乡镇，取得了显著的经济、社会和生态效益；他严把种子质量检验关，为全县农作物的种子质量安全保驾护航；他主持实施的农业科技攻关项目方面，业绩突出。王为联同志在省级及国家级刊物上发表 10 多篇专业学术论文。2018 年 1 月，被省人社厅与省农委评为"全省农委系统先进工作者"；同期，被省农委评为"全省种子管理工作先进个人"。

## 134. 灵川县潭下镇农业技术推广站

姓　　名：杨国平

**业绩摘要：** 1995—2000 年推广水稻旱育稀植、抛秧、配方施肥技术。2001—2010 年负责水稻免耕抛秧的试验、示范及推广，推广达 22.8 万亩。2010 年至今推广水稻测土配方施肥技术，达 42.6 万亩次；负责推广柑橘水肥一体化技术，应用 26.5 万亩。参加桂林市超级稻高产栽培技术集成与示范推广等 3 个项目的实施，获市科技奖；参加的桂林市稻田秋种甜玉米栽培技术创新研究与示范获广西农牧渔业丰收奖二等奖。负责该站创建全国基层农技推广机构星级服务活动，灵川县潭下镇农业技术推广站 2017 年被认定为"全国五星乡镇农技推广机构"，排广西 4 个乡镇首位；杨国平获 2015 年度神内基金农技推广奖（农技人员），2017 年当选农业部"最美农技员"。

## 135. 浏阳市农业技术推广中心

**姓　　名：**田丰

**业绩摘要：**倾心推广结硕果，连续 24 年志在田野丰收。扶贫攻坚进村入户，举办技术培训上百场。2018 年，着力推广再生稻 5.54 万亩，亩增 728 元，主要事迹被全省推广典型汇报。主持研发油菜免耕浅耕直播年均应用 40 万亩，亩增 385 元。发表论文 6 篇。主推超级杂交稻"种三产四"年均 37.2 万亩，亩增 164.6 千克，该基地被评为全省丰产工程先进示范基地。共培育社会化服务组织 602 家成效显著。集成"稻田＋"生态种养 2 万亩，推动了孔蒲中等家庭农场发展，引进展示良种 1 123 个，该基地成为全国水稻新品种新技术展示基地。田丰荣获长沙市农业丰收计划一等奖、省农业丰收计划二等奖、省测土配方施肥工作和省农业技术推广工作先进个人等荣誉称号 34 个。

## 136. 龙江县黑岗乡农业经济技术服务中心农业站

**姓　　名：**申志军

**业绩摘要：**2010—2011 年龙江县黑岗乡农业经济技术服务中心农业站为全国玉米螟绿色防控技术集成与推广模式创新示范现场会提供现场，在龙江县黑岗乡历史上属首次，提高了玉米螟防治工作，累计推广防治面积 130 万亩，挽回损失 5 200 万千克。2012 年起申志军在龙江县黑岗乡建设龙江县现代农业高产示范园区，进行品种、肥料、除草剂试验示范及推广，推广垄上密植、大垄密植通透栽培、玉米覆膜高产栽培、经济作物膜下滴灌技术等，累计推广面积 210 万亩；推广水稻高产栽培技术，低产田旱改水 3.6 万亩。2016 年推广水稻育苗大棚 44 万平方米，水稻全部实现大棚育苗；推广蔬菜保护地建设，新建温室 56 栋、大棚 238 栋，占地 960 亩，瓜果蔬菜生产形成规模；2016 年起推广农业"三减"技术，推广面积 61 万亩。

## 137. 龙胜各族自治县三门镇农业技术推广站

**姓　　名：**杨明秋

**业绩摘要：**杨明秋同志毕业于广西农学院，学士，高级农艺师，龙胜县农业专家顾问组成员。在基层农技推广一线奉献近 31 年。推广龙胜"地标"龙脊辣、龙脊茶和龙胜红糯栽培技术；首次系统报道龙胜柑橘病虫害种类，填补了龙胜县该领域研究的空白；组织编制广西区级示范区《龙脊休闲农业核心示范区建设规划》。先后主持或参加广西区、市重大农业技术项目 10 余项，引进 32 个新品种，推广 38 项农业新技术，使当地粮食增产幅度达 25% 以上，经济作物增产幅度达 30% 以上，累计增加经济效益超 23 亿元。在一线科技扶贫。曾获 2018 年广西农牧渔业丰收奖等地级市以上科技成果奖、工作奖 3 项，县级科技成果奖、工作奖 8 项。发表论文 18 篇。

## 138. 陇县种子管理站

姓　　名：王志成

**业绩摘要**：王志成同志 29 年来，常年坚守在农业第一线，积极引进推广新品种、新技术，主持参与实施了多项科技项目，共获得省、部级成果奖励 7 项，其中一等奖 1 项，二等奖 3 项；市级科技奖励 7 项，参与选育审定小麦品种 1 个。连续多年受到省市表彰。引进推广"日光温室"反季蔬菜生产技术，填补了当地空白，获宝鸡市"五一"奖章；与科研院校合作，探索出"试验站＋合作社＋农户"推广模式，引进筛选推广优质高产高效农作物新品种 30 多个，累计推广面积 200 多万亩，增产粮食上亿千克，承担脱贫攻坚及产业扶贫工作，成效显著；参与的陕西省科技统筹创新工程计划项目 2018 年通过省科技厅验收。发表论文 15 篇，其中国家级核心期刊 7 篇，省市获奖 2 篇。

## 139. 泸西县蔬菜站

姓　　名：赵洪坤

**业绩摘要**：①蔬菜科技培训工作效果好。共组织蔬菜培训 500 多期，4 000 户，2 万余人次。②引进、推广香葱种植成效显著。2014 年开始引进，2018 年年底泸西县香葱种植推广到 7 万亩，年亩产值 25 000 元，产值达 17 亿元，成为全国香葱种植面积最大的种植基地。③番茄瑞菲品种推广到 1 万亩，平均亩产 8 000 千克，亩产值达 2 万元，产值达 2 亿元。④推广蔬菜节水灌溉技术（立式喷灌技术）15 万亩。实现亩节约成本 900 元，9 万亩节约成本 8 100 万元，推广成效较好。⑤圆满完成了 2016 年 G20 杭州峰会主要蔬菜的供应任务，峰会期间供应了 20 余个品类，70 余吨的时鲜蔬菜，得到了组委会的肯定和表扬。

## 140. 陆丰市农业技术推广中心

姓　　名：张少润

**业绩摘要**：张少润现任陆丰市农业技术推广中心主任、高级农艺师，广东省 12316 "三农"信息服务平台专家库专家。该同志从事农技推广工作近 22 年，先后被陆丰市人民政府评为"陆丰市科技先进工作者"，被中共陆丰市委授予"创先争优优秀共产党员"荣誉称号，被汕尾市科协评为"汕尾市农村科普先进工作者"，被省农业厅授予"2017 年广东省最美农技员"称号，同时获得农业部"最美农技员"提名；曾获广东省农业技术推广奖二等奖 1 项。该同志一直工作在农村农业第一线，深入田间地头，为农民解决作物施肥技术、病虫害防治等农业科技难题，为加快农村经济发展转方式、调结构，特别对推动陆丰甘薯产业的发展、为促进当地农业增效、农民增收做出了突出的贡献。

## 141. 萝北县团结镇人民政府

姓　　名：张永霞

**业绩摘要**：张永霞同志自 1996 年参加工作以来一直在团结镇政府从事农技工作，至今已 23 年。多年来，主要推广了大豆、玉米、水稻等作物新品种 45 个，推广农作物高产栽培技术、施肥技术及新型植保器械除草施药技术等多项农业实用技术 19 项，其中《玉米高产创建技术集成推广项目》《萝北县水稻优化施肥技术推广应用项目》《萝北县水稻标准化生产技术》《萝北县农业"三减"技术集成与推广》获得黑龙江省丰收计划一等奖。同时开展科技承包及农业技术科普工作，年培训 0.2 万人次，受训率 100%。辛勤的工作得到领导及广大农民的认可，2013 年、2014 年获县"记工"奖励；2017 年获市优秀人才称号。

## 142. 洛阳市农业技术推广站

**姓　　名：** 王秀存

**业绩摘要：** 从事农技推广工作 23 年来，常年深入生产第一线培训指导农民，推广新技术，积极参加"万人包万村"活动，到田间地头为农民解决生产上的疑难问题；编写培训教材 23 本，累计培训县乡农技干部和农民 8 000 多人次。主持参与完成农技推广项目 10 多项，解决了高寒山区农民吃粮难的问题，实现测土配方施肥在洛阳市全覆盖，确定了适宜洛阳市作物的优良品种及配套栽培技术。获全国农牧渔业丰收奖 3 项，厅市级科技成果奖 8 项，出版著作 12 部，发表论文 56 篇；撰写调研报告、工作总结等 300 余份。2015 年获"洛阳市第六届学术和技术带头人"称号，连年获得省、市农技推广先进个人称号，为加快农业农村科技成果转化，助力乡村振兴做出了自己的贡献。

## 143. 吕梁市农业技术推广站

**姓　　名：** 杜完锁

**业绩摘要：** 从事农业技术推广 30 年来，常年有 1/2 的时间在乡村及田间地头搞新品种新技术培训、推广和服务工作。亲自深入田间地头，帮扶指导、跟踪服务。仅 2016—2018 年 3 年间，通过实施农技推广补助项目，帮助一线引进新品种 20 多个、新技术 20 多项，试验示范 7.877 4 万亩，示范新增纯收益 1 648.38 万元，辐射带动吕梁市推广 173.3 万亩，新增收纯益 32 927.6 万元，总经济效益达到 372 595.52 万元。同时，创新了吕梁市农技推广方式方法，指导吕梁市建成了"专家组+试验示范基地+农业技术人员+科技示范户+辐射带动户"的技术推广服务新模式。先后被国家、省、市授予"全国农村青年创业致富带头人"等多个荣誉称号。

## 144. 汨罗市农业技术推广站

**姓　　名：** 李壬湘

**业绩摘要：** ①主持汨罗市再生稻高效生产技术示范与推广，2016—2018 年共推广面积 7.8 万亩，增产粮食 1.5 万吨，新增收入 3 700 万元；连续两年主持湖南省再生稻品种筛选汨罗试验点试验，为全省再生稻主推品种筛选提供科学依据。②主持汨罗市"水稻+"绿色高效生产技术示范与推广，3 年推广面积 2.7 万亩，增加农户收入 6 250 万元以上，新技术发展势头良好。③主持"西瓜＋水稻"水旱轮作高效生产模式技术示范与推广，3 年推广面积 8 000 多亩，为瓜农新增效益 3 200 万元以上，种植面积逐年扩大。④开展主推技术培训，3 年培训农民 2C 余场次，培训 1 500 人以上；创新培训方法，通过举办农民田间学校提高农民科学种田水平。

## 145. 冕宁县农技站

**姓　　名**：李达忠

**业绩摘要**：从事农业技术推广工作 32 年，主要承担了农作物新品种新技术的试验示范和推广工作，筛选出适合冕宁县及凉山州相邻县市种植的农作物新品种 20 余个，主持实施绿色高产高效粮油生产示范片建设工作，为全县粮食生产稳步提升做了大量有实际意义的工作，先后获得省、州、县各级科技进步奖和成果奖 12 项，省州级刊物发表论文 7 篇，参与选育并通过审定农作物新品种 3 个。作为冕宁县科技扶贫专家服务团技术负责人，组织或参与贫困村农民素质提升和农时季节技术培训 43 期，培训 3 650 人次，撰写农业技术资料 20 余篇，为冕宁县粮食增产、农作物品种更新换代和脱贫攻坚工作做出了贡献。

## 146. 明光市农业技术推广中心

**姓　　名**：周福红

**业绩摘要**：周福红，省党代表，爱党爱国爱农，常年扎根基层，主持或参与推广农业技术 30 多项，贡献突出。①获得荣誉称号 20 多项，主要有：享受国务院特殊津贴、全国科普惠农兴村带头人、全国科技助力精准扶贫先进团队领头人、安徽省先进工作者、全国测土配方施肥先进个人、滁州市人才贡献奖。②主要成果："安徽省夏玉米丰产高效技术集成与应用"获全国丰收奖合作奖；"安徽省平衡施肥物化技术推广项目"获全国丰收奖一等奖；"徐薯 32 的选育与推广应用"获淮海科技三等奖；"适应气候变化农业技术研究"获省科技三等奖；专利 7 项；技术标准 5 项；发表论文论著 27 篇（部）。③创新服务手段和机制，明光市农业技术推广中心获滁州市产业创新团队，全国农业农村信息化示范基地。

## 147. 南京市六合区马鞍街道农业服务中心

**姓　　名**：朱训泳

**业绩摘要**：29 年来，深入农业生产一线，引进推广新技术、新模式 5 项，主推技术入户率达 90％以上，推广面积达 49.6 万亩次，年增效益 4 140 万元。其中稻麦周年高效栽培，应用面积 10.6 万亩次，亩增产 50 千克，增加效益 1 272 万元；集成推广水稻生产全程机械化技术模式，推广面积 19.5 万亩次，增加效益 1 680 万元；推广农作物绿色防控面积 17.2 万亩次，统防统治覆盖率达 75％以上；主持水芹高效栽培模式研究，其中 3 项专利获授权并被转化应用，推广面积 3 000 亩，占马鞍街道水芹种植面积 60％以上，实现亩产值达 1.5 万元，增收达 30％以上。先后获得江苏省乡土人才"三带"新秀、高等学校科学技术发明一等奖、国家科技进步奖二等奖。

## 148. 南阳市种子技术服务站

**姓　　名：** 张光昱

**业绩摘要：** ①从事新品种推广工作：参与推广应用小麦、玉米优良品种多达 50 个，使南阳市主要农作物良种覆盖率在 98％以上；先后获得地市级小麦、玉米新品种选育及推广奖 10 多项，其中一等奖 4 项。②示范推广省、市重大集成创新技术两项。③新品种试验示范工作：多年来承担国家、省、市，玉米、小麦、大豆等新品种试验。④一直主持参加南阳市小麦品种考察和秋作物品种考察工作。⑤注重农业社会化服务组织培育，服务特色农业发展。⑥开展技术服务、助力脱贫攻坚。⑦病魔无情人有情，爱心帮扶贫困户。⑧推广农业技术、取得 16 项奖励成果。⑨近年来获得省市 6 项荣誉称号。

## 149. 内蒙古阿荣旗农业技术推广中心

**姓　　名：** 李运

**业绩摘要：** 李运从事农技推广一线工作 29 年来，拥护党的路线方针政策，爱国守法、爱岗敬业、业务精通，无任何技术事故或连带责任。工作勤奋踏实，参与引进推广了 20 余项重大农业技术（近 3 年 3 项），普及应用率高，获市级以上荣誉奖 11 次、成果奖 6 次（内蒙古丰收奖一等奖、二等奖各 1 次、科技承包三等奖 1 次，农技奖三等奖 1 次、市科技进步奖一等奖、三等奖各 1 次）旗级奖多次。发表论文 9 篇，编写可研 10 个、实用技术图书 10 种。每年通过广播电视、报刊网络等宣传农业新技术新政策，并开展形式多样的科技培训，常年有 280 天下乡指导农民应用新技术。他密切联系群众，务实创新，取得了显著的经济效益和社会效益，受到农民的普遍欢迎和社会同行的广泛认可。

## 150. 内蒙古自治区国有吐列毛杜农场

**姓　　名：** 许慧林

**业绩摘要：** ①2010—2013 年推广油用向日葵播后苗前封闭除草技术 15 万亩。②2013—2015 年从事保护性耕作，主要研究推广半干旱地区小麦、油菜免耕播种技术，在《兴安盟主栽作物主推技术读本》一书中负责编写《小麦免耕播种技术》其中一章。推广小麦免耕播种技术 12.8 万亩。③2017—2018 年参与推广大豆垄上三行窄沟密植技术 6.5 万亩，增产效果显著。④2016 年和 2018 年实施油葵品种试验 22 个，大豆品种及肥料试验 12 个，对当地及周边地区的种植结构调整具有一定的参考价值。⑤2008—2017 年参与测土配方施肥项目，参加《兴安盟农牧场管理局耕地与科学施肥》的编写工作。

## 151. 内蒙古自治区经济作物工作站

**姓　　名：**程玉琳

**业绩摘要：**程玉琳 1986 年毕业于内蒙古农牧学院农学系，2006 年获得硕士学位；33 年一直从事农业科技研究、技术推广工作。程玉琳现任内蒙古自治区经济作物工作站经济作物工作站站长、研究员，内蒙古自治区第十二届、十三届人大代表。她热爱祖国，拥护中国共产党，具有高尚的职业道德和社会公德，她热爱本职工作，刻苦钻研业务，开展调查研究，深入了解和掌握自治区经济作物发展状况。长期深入一线开展工作，每年有 200 多天深入农业生产第一线，引进、试验示范、推广农业科技成果并解决农业生产中存在的问题，具有过硬的业务素质和服务技能。

## 152. 宁波市农业技术推广总站

**姓　　名：**王飞

**业绩摘要：**引进推广测土配方施肥、农田地力提升、耕地质量监测评价等多项重大农业技术，制定地方标准 3 项。2016 年起集成推广水稻化肥减量增效技术，技术普及率大于 60％，项目区增效 115 元/亩以上，其中配方肥研发和推广领先全省。研发触摸屏施肥专家系统，创新农技推广途径；开展农企合作推广配方肥，促进技术应用到田间；坚持联户联基地活动，常年农技培训或田间指导 100 期次以上。主持或参加省、市重大重点农业项目，组织实施农业部测土配方施肥项目、浙江省标准农田地力调查和土壤培肥项目等。获省农业丰收奖 5 项、省市科技进步奖 3 项、工作奖励 8 项，2016 年获宁波市巾帼科技人才奖。获聘宁波市土肥首席专家、宁波市农合联第一届技术专家。

## 153. 沛县经济作物栽培技术指导站

**姓　　名：**倪栋

**业绩摘要：**长期从事蔬菜技术推广，主持实施"江苏现代农业（蔬菜）产业技术体系""食用菌基质循环利用技术"等省体系和三新工程项目 7 项，推广"蔬果水肥一体化技术"超 3 万亩、"食用菌基质循环利用技术"超 10 万平方米、"食用菌新品种及栽培技术"超 1 亿袋、"设施蔬菜主要障碍防治"和"秸秆生物反应堆技术"超 4 万亩，"蔬菜种苗繁育技术"超 20 万亩，促进单产提高 8％、年总产增加超 20 万吨、总效益增加超 4 亿元。参编《蔬菜高效栽培模式 40 例》国家大宗蔬菜体系丛书等 3 套，在《长江蔬菜》等发表论文 10 多篇，申请发明专利 3 项。获 2017 年"中国轻工业联合会科学技术进步奖"三等奖、"徐州市科技进步奖"三等奖，"省园艺推广先进个人"等荣誉称号。

## 154. 平度市蓼兰镇农业服务中心

**姓　　名：**曲常迅

**业绩摘要：**建成 20 个粮油高产万亩示范片，创出小麦、玉米、花生实打亩产分别为

807.87 千克、1 180 千克、649.7 千克的青岛市高产纪录；推广小麦宽幅精播技术 20 多万亩，集成推广"小麦宽幅精播＋玉米三行一带"高产栽培模式 10 多万亩；培训新型农民 15 000 多人次；认证无公害、绿色、有机农产品 27 个，培育"蓼兰小麦""平度大花生"2 个国家地标农产品。建成青岛市首家涉农院士专家工作站，培育的"青丰一号"等小麦良种年创经济效益 4 亿元以上。获得青岛市级以上科技成果奖 11 项、各类荣誉 22 项，发表论文 11 篇。2018 年获评"全省最美基层农技员"和"感动青岛道德模范"。其团队获评"全国五星乡镇农技推广机构"。

## 155. 平利县茶业局

**姓　　名：**刘涛

**业绩摘要：**主持"平利名优茶生产关键技术集成与推广"项目，2017 年 2 月获省政府科技成果三等奖，2016 年 4 月获市政府科技成果一等奖；主持"无性系优良茶树品种龙井 43 引进示范推广"项目，2015 年 2 月获省政府获技术推广成果三等奖；主持"引进浙农 117 茶树品种制作女娲银峰名茶关键技术研究与应用项目"，2018 年 11 月通过省级科技成果验收，已颁证书；编撰 24.5 万字《安康富硒茶叶生产配套技术》一书于 2016 年 6 月正式出版；发表论文 7 篇；2016 年申请发明专利两件已进入实审阶段；2018 年 12 月被安康市科技局表彰为"优秀科技特派员"，2019 年 2 月被省科技厅表彰为"优秀科技特派员"。

## 156. 平罗县黄渠桥农业服务中心

**姓　　名：**王新林

**业绩摘要：**参加工作 35 年来，主持和参与完成了以麦套辣椒、甘蓝为主的立体复合种植技术研究；推广幼龄枸杞早丰产栽培技术，早熟菜用型地膜马铃薯栽培技术，菜豆、豇豆、茄子、黄瓜、菠菜等蔬菜制种技术；筛选适沙耐盐碱抗逆性辣椒、番茄、西瓜、甜瓜等品种 20 多个；参与移动式大棚钢屋架结构设计研究；推广水肥一体化系统施肥器设计应用；参与完成设施环境控制技术、早春塑料大棚香菇栽培技术等 42 项农业重点项目，参与建设各类农作物新品种、新技术示范园区 108 个，示范面积 6.4 万亩，展示示范新品种 268 个，新技术 88 项。推广蔬菜集约化育苗技术，滴管水肥一体化灌溉施肥技术，蔬菜制种技术、测土配方施肥等新技术 280 万亩，初步统计，累计为农民新增效益约 35 000 万元。

## 157. 齐齐哈尔市农业技术推广中心

**姓　　名：**刘颖

**业绩摘要：**常年深入科研生产推广第一线，开展病虫监测预警、绿色防控、疫情阻截与科技服务工作。推广实施了以促进地方经济发展为核心的 30 余项重点攻关与推广项目，累计推广 21 769.5 万亩次，增加产值 478 929.5 万元，效益显著。2017—2018 年援建新疆五类艰苦边远地区，从事一线科技扶贫工作且业绩突出，主持完成的粮药套种高效立体栽培模式成为青河县调优结构、产业富民一大亮点，为当地农业发展争取到援疆资金 671.42 万元。获得全国农牧渔业丰收一等奖、省政府科技进步二、三等奖等科技成果奖励 30 余项。因业绩突出，被评为国务院特殊津贴专家、省优秀援疆科技人才、新疆维吾尔自治区三区人才服务科技人员和省重大病虫防控突出贡献科技人员。

## 158. 祁东县农业农村局经济作物站

**姓　　名：**谭国顺

**业绩摘要：**2016—2018 年连续 3 年在湖南有吉食品公司官家嘴黄花菜基地全面推广"六大技术"（"灯＋色板"、高效绿色化学防控、地膜覆盖控制病虫草害、施用复合微生物肥料、鲜菜直接烘干、良种改良等技术），基地面积 1 180 亩，黄花菜病虫害防治效果达 90％以上，防治次数由往年的 6～8 次减少到 4～5 次，节省病虫害防治费用开支（按 2 次计算），亩均 120 元，平均亩产 280 千克（干菜），比周边非项目区亩均增产 50 千克（干菜），亩均增收 2 167 元，带动周边农户自觉使用高效绿色化学农药和生物有机肥料，黄花菜整体质量达到了省级、国家级出口食品农产品质量安全示范创建标准，产生了良好的经济、社会、生态效益。

## 159. 祁门县大坦乡农业综合服务站

**姓　　名：**饶志松

**业绩摘要：**2014 年调大坦乡农综站工作，一方面优化茶农茶叶种植、采摘、制茶技术，引进本县茶叶龙头企业＋茶农发展模式和茶叶早生品种 200 万株；另一方面结合全省农技推广补助项目，狠抓示范户带动作用，引进烟草、菊花、覆盆子等经济作物和中药材种植技术，主动承担市、县农委水稻氮磷钾利用率对比、茶叶有机肥对比等多个实验。拓宽当地农户收益渠道，改善产业结构较单一现象。2016 年 8 月作为第六批选派增补干部到贫困村任第一书记后，开展扶贫工作更是恪尽职守求实奉献。整合单位及社会各界帮扶力量，争取扶贫资金数百万，建设覆盆子菊花种植基地、村茶厂、光伏发电站及基础设施等，最终于 2017 年年底完成脱贫任务。

## 160. 祁门县新安镇农业综合服务站

**姓　　名：**金建忠

**业绩摘要：**该同志始终奋战在基层农业生产一线，能创造性地开展工作，勤恳踏实，具有强烈的事业心和责任感，在新安镇农业技术推广工作中起到骨干和表率作用，主持或参与当地粮油、茶叶等作物的农技推广与科研工作，为农业增产增效、提质增效、节本增效做出了突出贡献。其主要工作业绩如下：①茶叶工作：主持开展低产茶园改造、无公害茶园及高效茶园建设示范基地工作；组织推广名优红茶的采制技术，实施生态茶业富民工程。②扎实开展农技包村联户技术指导工作。③组织开展新型职业农民培训工作。④组织实施测土配方施肥项目。⑤组织开展本镇的重大动物疫病防控工作，连续3年名列全县前列。⑥结合工作实际，积极印发技术资料，发表专业论文4篇。

## 161. 祁县乡镇农业技术推广站

**姓　　名：** 史文生

**业绩摘要：** 史文生从事农业和植保工作30年，先后获省、市科技进步奖、省农村技术承包奖多项，多次被评为山西省先进工作者、晋中市先进个人。从2012年担任高级农艺师以来，又获得省农村技术承包奖1项、市农村技术承包奖2项，2013年、2017年被评为山西省先进工作者。在国家、省级专业刊物上发表论文10余篇，参与编写《祁县耕地地力评价与利用》收录于《现代植保　绿色农药》一书。多年扎根农村深入基层调查研究，先后引进多项苹果、梨、蔬菜绿色防控新技术，推广生物覆盖、农药减量技术和新农药"施纳宁""地洁"使用等多项实用技术。建立绿色防控示范区8个，带动辐射面积28万亩，推广普及率50%以上，项目区增产或增收10%以上。

## 162. 淇县农业农村局北阳镇农技推广区域站

**姓　　名：** 徐滋森

**业绩摘要：** 参与淇县测土配方施肥、粮食高产创建、小麦"一喷三防"、国家玉米产业技术体系等工作，参与鹤壁市整建制粮食高产创建集成技术与研究推广并荣获河南省农业技术推广奖一等奖，参与编写论著《鹤壁市耕地地力评价》《河南省四季植保与农事》，发表论文《小麦施肥指标体系研究及应用》《浅谈红薯种植与施肥》《河南淇县农作物病虫害防治综合示范区农药品种试验》《小麦高产配套种植技术探讨》等，整理技术宣传资料10余套80万余字，参与制定《整建制乡夏玉米高产创建技术规范》《整建制乡小麦高产创建技术规范》《鹤壁粮食高产创建农民专业合作组织服务规范》等技术规范，多次荣获省、市、县级先进个人、优秀共产党员等称号。

## 163. 潜山市黄铺镇农业技术推广站

**姓　　名：** 张焰明

**业绩摘要：** 张焰明坚守乡村30年，通过试验示范，推广应用了测土配方施肥等20余项农业主推技术，使黄铺镇水稻等作物产量、品质、效益得到大幅提升，水稻核心示范区经上级农业部门多年测产验收，亩产都超过700千克，每年为全镇农业生产节本增效1000万元以上；认真开展包村联户工作，历年考核名列前茅；扎实开展产业扶贫，助力脱贫攻坚；创新工作方式方法，率先建立农技服务大厅，深入开展星级创建活动，潜山市黄铺镇农业技术推广站被认定为安徽省四星、全国五星乡镇农技推广机构。近些年，张焰明荣获省政府粮食生产先进个人、农业部丰收计划三等奖、市科技进步二等奖各1次，省级科研成果 2 项，参与培育瓜蒌新品种 1 个；2014 年、2018 年分别被评为潜山市和安徽省农民满意的农技员。

## 164. 黔西南州植保植检站

**姓　名：**李思梅

**业绩摘要：**参加工作以来，从事小麦新品种选育推广和农技推广工作，获得省、部级技术推广成果奖 3 次，获得州级成果奖 5 次，其中 2017 年获州政府科技成果转化奖 2 次，获省农委显著贡献农业科技人员表彰 1 次。组织黔西南州病虫监测防控和植保、检疫、农药监管工作，获得 2014—2018 年单位和个人先进表彰。参加国家小麦体系示范及国家双减示范工作，全面完成任务指标。是 2015 年、2018 年州科技特派员；起草普安红茶、四球茶地理标志申请并获认证通过，枇杷病虫无害化控制标准获得省级认证发布；成果获国家新型实用技术专利认证 1 项。

## 165. 黔西县洪水镇农业服务中心

**姓　名：**何元明

**业绩摘要：**何元明自 1999 年 11 月参加工作以来连续在洪水镇农业服务中心工作 20 年，主要从事农业科学技术推广工作。20 年来，组织实施农业部科技入户、粮油绿色高产高效创建、省测土配方施肥、省油菜绿色增产增效、省油菜产业体系建设洪水镇项目区科研与技术推广项目 5 项，取得显著的成果。参与实施的优质油菜丰产综合配套技术推广项目获得全国农牧渔丰收奖一等奖 1 次，地市级表彰 1 次，县级表彰 1 次，在 1999 年至 2019 年工作期间先后连续多年年终考核时被评为优秀等次。在省级以上科技期刊发表论文 3 篇，为洪水镇农业的发展做出了一定贡献。

## 166. 青海省大通县农业技术推广中心东峡区域站

**姓　名：**雷延洪

**业绩摘要：**自 1990 年青海省农林学校毕业参加工作以来，在农技推广工作中，能够规范操作，竭尽全力完成了单位安排的各项工作，圆满完成各项任务，取得了一定的成绩，为大通县的农业发展做出自己应有的贡献。在农技推广工作中共获得部级二等奖 1 次、发明专利 1 项、省级丰收三等奖 1 次、省级科技成果证书 5 个、市级科技成果证书两个；参加编写出版著作 3 本，制定技术规范 3 份，核心期刊发表论文 4 篇；被评为省级先进个人 1 次，县局级先进个人 1 次，农技推广工作中优秀指导员两次。并在 2005 年度、2007 年度、2014 年度和 2018 年度单位考核为优秀。

## 167. 青海省大通县农业技术推广中心长宁区域站

**姓　名：**祁生兰

**业绩摘要：**祁生兰 21 年来，一直在农业生产一线从事农业技术推广工作，长期深入田间地头进行技术指导。发表论文20篇，参与编辑《农业实用技术》；参与编辑由中国农业大学出版社出版的《农民田间学校培训方法"图片集"模拟教学》；获得省市科技成果奖12项、品种合格证2项、地方标准2项、专利3项；获得2011—2013年度全国农牧渔业丰收奖、春小麦新品种通麦2号选育、示范及推广项目三等奖；2008年、2014年获青海省优秀科技特派员称号；在推广实施农技推广体系改革与建设示范县项目中被评为三等奖两次、优秀奖两次；2004年、2018年被评为优秀共产党员；2005年、2006年、2008年、2009年被评为先进工作者。

## 168. 青海省海东市互助土族自治县农业技术推广中心

**姓　　名：** 任利平

**业绩摘要：** 从事农技推广工作28年来，积极倡导科学、公共、绿色植保理念，尤其在高毒高残留农药的替代及病虫害绿色防控技术方面，积极选择课题，开展相关试验研究及示范推广工作，率先在全省禁用了"甲拌磷"。试验推广的春油菜病虫害全程绿色防控技术模式，应用面积达到油菜种植面积的90％以上。主持参与了"春油菜重大病虫害监测与绿色防控技术推广""农区鼠害监测及综合防治技术示范推广""春油菜病虫害综合防控体系的构建与应用"等重大攻关项目及农作物病虫害监测与防控项目10多项。主持制定多项技术规程、技术模式等。为进一步提高病虫害防治效果、减轻农药残留、保护生态环境、保障农业生产健康发展做出了贡献。

## 169. 青海省海东市互助县林川乡农村社会经济服务中心

**姓　　名：** 谢国梅

**业绩摘要：** 自1999年7月参加工作在乡镇从事农技推广服务工作20年来，始终坚持全心全意为人民服务的宗旨，扎根基层，脚踏实地、无私奉献，积极倡导科学、公共、绿色发展理念，开展了全膜覆盖栽培技术推广、蔬菜丰产栽培示范、蔬菜病虫害绿色防治示范、农区鼠情监测及综合防控技术示范推广、油菜绿色高产高效创建示范、春油菜重大虫害监测及绿色防控技术推广等一系列的技术探索和推广工作，主持制定多项技术规程、技术模式，为进一步推动县域农业发展、保障农业生产健康发展做出了积极的贡献。曾多次被党委、政府授予先进工作者荣誉称号，连续4年被评为"基层农技推广补助项目优秀技术指导员"，先后发表论文10余篇，申请实用新型专利1个。

## 170. 清原满族自治县英额门镇农业站

**姓　　名：** 潘宜元

**业绩摘要：** 潘宜元同志参加工作20多年来，一直从事农业技术推广工作，20年来为当地药材发展做出贡献，中药材种植总量由最初的2 000亩，发展到现在的30 000亩，由最初的300农户发展到现在3 000户药材种植户。①能够准确分析药材市场走势，及时指导农民。②具有丰富的实践种植技术，不保守，将技术通过培训宣传出去。③有远景目标，一年重点做几个村的农民工作。④认真为农民服务，帮助解决生产中的一些问题。⑤使贫困地区走上了致富之路，橡子沟村 2015 年仍为贫困村，2018 年全村通过发展药材摘掉了贫困村的帽子，目前全镇有近 500 多户贫困户通过发展药材产业摆脱了贫困，仅药材一项实现产值 1.5 亿元，人均增收 5 000 元。

## 171. 清镇市蔬菜工作办公室

**姓　　名：**李景明

**业绩摘要：**自调入农业部门工作 29 年以来，先后主持和参与为服务区引进、推广"保供蔬菜周年高效技术示范及推广""贵州省蔬菜现代产业技术体系"等重大项目 7 项。参与引进、推广"国家大宗蔬菜产业技术体系建设""贵州高原蔬菜高产优质反季节栽培技术的集成和示范推广"等重大科技专项 5 项。荣获贵阳市科技进步三等奖 1 次（排名 4）省丰收一等奖 2 次（排名 1、3），发明实用新型专利 1 个（排名 2）；制定贵州省地方标准 1 个（排名 8）。2018 年被评为万名农业专家服务"三农"行动省级优秀专家和贵州省"脱贫攻坚群英谱"，2019 年入选贵阳市第五批市管专家，作为第一作者发表论文 13 篇。

## 172. 琼海市农业技术推广服务中心

**姓　　名：**冯清拔

**业绩摘要：**冯清拔同志在基层从事推广服务工作 33 年，且常年有 70％以上的时间在一线从事技术推广服务。他通过 33 年的努力，为琼海市的农业技术推广工作做出了重大贡献，其中 2009 年 3 月参与的"珍珠番石榴高产栽培技术大面积应用推广"项目获得琼海市人民政府授予的科学技术成果转化奖二等奖；2011 年 4 月参与的"湘椒 49 号（福湘秀丽）引进示范及大面积推广"项目获得琼海市人民政府授予的科学技术成果转化奖特等奖；2014 年 12 月参与的"柠檬高产栽培技术研究与应用"项目获得琼海市人民政府授予的科学技术进步奖二等奖；2016 年 12 月参与的"海南省冬季瓜菜农药减量主要技术应用与推广"项目获得农业部全国农牧渔业丰收奖二等奖。

## 173. 琼海市塔洋镇农业服务中心

**姓　　名：**陈光能

**业绩摘要：**陈光能在基层从事推广服务工作 31 年，且常年有 90％以上的时间在塔洋镇农业系统第一线从事农业技术推广服务，为塔洋镇的农业技术推广工作做出了重大贡献。主要成就有：荣获 2005 年琼海市科技成果转化一等奖；荣获 2008 年琼海市科技成果转化二等奖；荣获 2010 年琼海市科技成果转化特等奖；荣获 2012 年琼海市科技成果转化二等奖；荣获 2013 年琼海市科技成果转化一等奖；参与琼海市塔洋镇农业服务中心实施的"柠檬高产栽培技术研究与应用"项目，荣获 2014 年琼海市科技进步二等奖；荣获

2014—2016 年全国农牧渔业丰收奖农业技术推广成果奖。其引进推广的农业技术复制性、推广性强，普及应用率高，取得了显著的推广成效。

## 174. 全国农业技术推广服务中心

姓　　名：吕修涛

业绩摘要：2001 年以来，坚持面向基层、面向群众，突出技术支持、科技兴粮，始终奋战在粮食作物技术推广一线，着力保障国家粮食安全。组织苗情调查、专家会商、巡回指导等科技入户活动，组织制定生产技术意见，做好三夏生产、秋冬种、安全越冬等技术指导，开展试验示范、技术培训、现场观摩等技术推广活动，参加抗冻补救、抗震救灾、抗旱保苗等抗灾稳粮行动，参与粮食综合生产能力增强、高产创建等重大活动，实施高产技术推广、科技成果转化、公益性行业科研等重点项目，不断提高技术入户率和到位率。2017 年，到张家口市康保县开展环京津产业扶贫挂职，组织成立了产业扶贫专家组，发展肉羊肉鸡、荞麦生产和休闲观光农业，为贫困户脱贫提供技术支撑。

## 175. 荣成市俚岛镇农业技术推广站

姓　　名：刘彦军

业绩摘要：刘彦军同志自 1996 年莱阳农学院毕业后一直从事乡镇基层农技推广工作，23 年来累计推广小麦、花生、玉米等粮油新品种 10 多万亩，推广种植新技术 20 多项，无偿为农户提供技术服务 3 万多人次，带动农业结构调整 3 万多亩，农业安全生产工作连续多年全市考评第一名，取得经济和社会效益 6 000 多万元，为农业高质量发展和农民增收致富提供强有力的技术支撑，赢得上级业务主管部门和基层群众好评。2017 年获得山东省农牧渔业丰收奖、2018 年 10 月被山东省农业厅授予"最美基层农技员"荣誉称号。

## 176. 芮城县农机发展中心古魏农机站

姓　　名：张锋

业绩摘要：主要参与了牧草生产机械化、保护性耕作、玉米机械化收获、深松整地、玉米丰产方机收秸秆还田、玉米生产全程机械化、小麦玉米生产全程机械化、果园机械化等新技术的推广应用，引进、推广了高地隙植保机、粮食烘干机、无人植保机、激光平地仪、静电喷雾系统等先进农机具，促进了主要作物生产全程机械化的推广应用。参与了芮城县研发的 9JS－140、9JS－160 型牧草收获机、凯丰 4YZ－2、4YZ－3 型自走式玉米收获机、高地隙喷杆喷药机、手扶式施肥播种机的研制、试验、改进、推广工作。2009 年，获得运城市农机推广工作先进工作者称号。2014 年，获全国农机科普先进工作者称号。获得高地隙喷杆喷药机、手扶式施肥播种两用机专利证书。

## 177. 三江侗族自治县茶叶产业化管理办公室

**姓 名：**罗汉林

**业绩摘要：**参加工作以来，主持引进优良农作物新品种、新技术 31 个，主持有机茶叶生产研究与示范、农业部标准园创建等项目实施。推广绿色、有机生产栽培技术，三江春、三江红茶叶生产技术。主持国家茶叶产业体系三江示范县工作，主持的三江现代农业（核心）示范区 2017 年被评为区五星级现代农业（核心）示范区。参与实施的项目成果荣获广西科技进步二等奖 1 次、被柳州市科技局登记在科技成果公报两次、荣获自治区区划成果三等奖 1 次。在省（部）级期刊发表学术论文 5 篇。因工作积极，成绩显著，荣获区农业厅、柳州市农业局表彰奖励 11 次。2010 年被授予"三江县第五批拔尖人才"荣誉称号。被评为中共柳州市第十次、十二次党员代表大会代表。

## 178. 三江侗族自治县老堡乡农业技术推广站

**姓 名：**吴春群

**业绩摘要：**吴春群自 2000 年从广西大学农学院毕业后，19 年来，一直在乡镇农业技术推广站工作，多次获得自治区级先进个人称号。主持引进水稻品种中浙优系列、茶叶新品种浙农 117、台茶 12 号、稻田免耕抛秧技术、茶园覆草技术等新品种、新技术 18 项。主持稻草还田＋放养绿萍＋免耕抛秧稻田养鱼综合技术、再生稻不同催芽肥施用量对产量的影响试验示范项目、老堡乡农产品产地土壤重金属监测及土壤综合治理试验示范项目、三江原生茶群体种不同内含物成分对品质的影响试验、三江县原生茶调查项目、茶园绿色防控集成技术应用研究与示范项目、三江县布央茶产业核心示范区创建项目，编写《柳州茶》三江茶叶方面的内容。

## 179. 三门峡市陕州区农业技术推广站张湾区域站

**姓 名：**张自由

**业绩摘要：**近年来，针对陕州区土壤富钾、干旱、土壤适耕期短等实际情况，通过对作物产量、品质和经济效益分析评价，在西李村乡、观音堂镇、张湾乡等引进推广了双低油菜"陕油 0913"及其机播机收配套技术、优质早熟西瓜"逾辉"及节水节肥管理技术、鲜食红薯烟薯 25、济薯 26、龙薯 9 号等新品种及高产栽培技术，小麦、玉米高产栽培技术，得到了农户和市场的认可。通过指导合作社和种植大户建立优质绿色高效示范田、组织农户观摩学习培训、引导发展生产托管、一二三产业融合，推进了标准化规模化现代农业发展。应用面积不断增加，取得了显著的经济、社会和生态效益，仅油菜、西瓜累计增加经济收入 6 579.3 万元，为乡村振兴、脱贫攻坚发挥重要作用。

## 180. 山东省果茶技术推广站

**姓 名：**崔秀峰

**业绩摘要：**在果品生产发展的不同时期，推广 10 余项重大关键技术，取得了显著的经济、社会和生态效益。参与起草编写《山东省果业振兴规划》《山东省果品产业提质增效转型升级实施方案》等 10 余个省级层面规划文件；主持或参与实施 20 余项科研项目，共获科研成果奖 13 项，其中，国家科技进步三等奖 1 项、省、部级科技进步一等奖 3 项、二等奖 3 项、三等奖 3 项、全国和省农牧渔业丰收奖 3 项；主持或参与制定省级地方标准 20 余项、省级农业地方技术规程 39 项；组织各类培训班 120 多期，培训果农 30 000 多人次；主编或参编著作 8 部，发表论文 20 余篇，共计 80 多万字；2011 年享受政府津贴，2012 年被表彰为山东省科技兴农先进个人，并记三等功。

## 181. 山东省莱阳市龙旺庄街道办事处农业技术推广站

**姓　　名：** 位国臣

**业绩摘要：** ①创新农技推广方式。围绕龙大、鲁花等农业产业化龙头企业，建立"农技人员＋企业＋基地＋农民"推广模式，农民年增加收入 1 600 万元。②建立起"农技人员＋科技示范户＋农民技术员＋辐射农户"的推广模式，培育农业科技示范户 60 个，技术员 36 个，辐射带动农户 1 200 户，引进推广农业新品种 60 余个、新技术 40 余项，建立省级农业标准化基地 1 个，市级标准化基地 2 个。③推进农业结构调整，发展蔬菜基地 16 000 亩，冬暖大棚 580 个，建立现代化苹果基地 3 600 亩，莱阳梨基地 4 500 余亩，桃子基地 2 500 亩，增加农民收入 5 000 万元。④2018 年被山东省农业厅授予"最美基层农技员"称号。

## 182. 山东省农业技术推广总站

**姓　　名：** 高瑞杰

**业绩摘要：** 近年来，针对农业持续发展的需要，坚持立足土肥水业务和农业技术推广工作，创新思路、深入研究、注重推广，示范引领了一批相关土肥水和粮油蔬菜推广等重大关键技术，受到了同行认可，在行业中具有较大影响。分别获得山东省科技进步一、二、三等奖、全国农牧渔业丰收奖二等奖、省农牧渔业丰收奖一等奖等 8 项，获发明、实用新型等专利 5 项，主编著作 7 部、参编 10 余部，发表论文 20 余篇，制定省级地方标准 2 项。先后获得全省粮食生产突出贡献农业科技人员，农业部 2015 年度、2016 年度农业技术推广通联先进工作者，3 次"农业厅优秀党务工作者"和 2015 年度省直机关"优秀工会之友"等荣誉称号。

## 183. 山东省植物保护总站

**姓　　名：** 刘存辉

**业绩摘要：** 集成推广高温覆膜、天敌、性诱剂等病虫害绿色防控技术，近两年示范 20 多万亩，示范区农药减少 20％以上，亩增收 1 000 元以上，解决了韭菜等蔬菜药残超标和病虫防控难题。2018 年全省绿色防控覆盖率比 2015 年提高 10 个百分点，农药用量连续 3 年负增长。探索合作机制，创新技术推广模式，打造绿色防控示范园。扶持服务组织 100 多家，带动 3 300 多家，全省统防统治日作业能力达 520 万亩。首创开放日活动，构建良种良法展示网络，全省品种实现 3 次更新换代。参加科技专项 3 项，制定标准 2 项、规程 33 项。获国家科技奖一、二等奖各 1 项，山东科技奖二等奖 1 项，神农奖三等奖 1 项，全国丰收奖一等奖 2 项。获全国粮食生产先进工作者称号。记三等功 3 次。

## 184. 山西省农业技术推广总站

姓　　名：王海滨

业绩摘要：参加工作 28 年来，一直从事农业技术推广工作，参与和主持了本单位多项重大农业生产、技术推广项目的实施。主要有：①"双千万"农业工程项目的实施。②山西省二代日光温室的设计、建设及技术推广工作。③基层农技推广体系建设项目的组织实施工作。④省、部级粮油高产创建工作的组织实施工作。⑤主持了山西省油料新品种、新技术的引进、试验、示范推广工作。⑥组织开展了山西省杂粮全产业链开发建设工作。⑦组织开展了山西省谷子渗水地膜技术推广工作。⑧组织开展了山西省胡麻垄膜沟播技术的推广工作。⑨主持开展了基层农技人员、科技示范户的技术培训、生产指导工作。

## 185. 山西省土壤肥料工作站

姓　　名：刘宁莉

业绩摘要：①主推水肥一体化技术。在夏县、翼城等 30 多个县示范推广 35 万亩。②推广少耕穴灌聚肥节水集成创新技术。主要在大同、朔州、忻州等市推广。③推广秸秆还田技术。在长治、临汾、运城等市县推广。④推广土壤墒情监测技术。在 21 个国家墒情监测点进行。⑤推广肥料生产新技术。被 11 个企业聘为生产技术服务指导员。⑥大力培育新型农业经营主体。实施千园万村减肥增效＋功能农业示范项目。⑦创新推广方式方法和服务机制，探索"农产学研推"结合的服务方式。⑧积极参加技术扶贫。在武乡、隰县、万荣、偏关、繁峙等 5 个贫困县，入村入企技术服务。于 2011 年和 2016 年获得农牧渔业丰收奖奖励。

## 186. 山西省植物保护植物检疫总站

姓　　名：张东霞

业绩摘要：从事农技推广工作 21 年，引进推广多项先进适用植保技术，6 项被农业农村厅列为省级年度主推技术在全省推广，其中"果树蜜蜂授粉配套技术"推广面积 650 万亩次，经济效益 27.8 亿元。2008 年起做客山西农村广播，每年讲授病虫害防治技术 10 余期；作为 12316 "三农"热线专家，每年受理电话咨询 300 余个，制作网络节目 40 余期；每年开展基层农技培训 30 余场次、培训 3 500 多人。实地指导建立试验示范基地 58 个，培育社会化服务组织 46 个，培养科技示范户 2 129 个。获省部级科研及推广一等奖 5 项，主持制定省地方标准 11 项，在国家级核心期刊发表论文 18 篇。被评聘为省委联系高级专家、省学术技术带头人、省"三八"红旗手等。

## 187. 陕西省富县蔬菜发展办公室

姓　　名：陈晓波

业绩摘要：①编写 25 种技术资料，培训菜农 8 000 多人次。②引进推广了津优 30 黄瓜、金鹏 8 号番茄等 18 个新品种，推广了秸秆生物反应堆、番茄黄化曲叶病毒病防治等 6 项新技术，累计推广 12 万亩。③有 7 项科研成果获得省、市、县 10 项奖励，其中市级以上 5 项。14 次受到省、市、县表彰奖励，其中市级以上 7 次。④示范推广集成创新技术 5 项，其中主持完成的日光温室土壤绿色修复技术集成与推广获"富县科技成果"一等奖、"延安市科学技术成果"二等奖，被确定为"陕西省科技成果"，被市科技局作为科技成果转化项目在全市推广。推广 18 560 亩，净增 4 242.4 万千克，净增产值 12 727.3 万元。⑤在省级以上期刊发表论文 8 篇。

## 188. 陕西省商洛市植保植检站

姓　　名：文家富

业绩摘要：文家富同志从事植保技术研究与推广工作 26 年来，主持组织实施了多项农业科技推广项目，获省科技成果奖 9 项、市科技成果奖 8 项，发表论文 50 多篇，获省、市优秀学术论文奖 11 篇，现承担省级农业科技项目 3 项。近 5 年来，获陕西省科学技术二等奖 1 项（排名 1）三等奖 2 项（排名 1、2）省农技推广成果二等奖 1 项（排名 1），获商洛市科学技术奖 4 项（排名 1、1、2、3），申报国家发明专利 2 项，在农业科技成果的转化与应用方面贡献突出，多次受到全国农技中心和省农业厅表彰奖励，荣获享受政府特殊津贴、陕西省"三五人才"、陕西省最美科技工作者，商洛市优秀科技工作者、有突出贡献拔尖人才、优秀人才服务团员和爱岗敬业道德模范荣誉称号。

## 189. 上海市崇明区蔬菜科学技术推广站

姓　　名：陈泉生

业绩摘要：30 多年来，坚持正确的政治方向，树立科学技术是第一生产力思想，大胆探索，勇于创新，把惠农政策和先进科学技术推向菜农，实现农业增效、农民增收和农村稳定，无重大技术事故发生。2011—2017 年连续 7 年深入四川灾后重建、云南贫困山区开展技术扶贫。研究金丝瓜常温条件下贮藏技术体系等 5 项技术国内领先；主持实施部、市科研项目 20 多项，获得市科技进步奖两项，发表学术论文 10 多篇，新增经济效益 6.9 亿元；制定市级花椰菜、金瓜两项地方标准；建立 50 个以上蔬菜规模化示范基地 1.2 万多亩；实施蔬菜绿色高质高效、土壤生态保育、病虫害绿色综防、秸秆无害化处理等四新技术，实现蔬菜绿色认证 70％以上。

## 190. 上海市农业技术推广服务中心

姓　　名：范红伟

业绩摘要：20 多年来，范红伟同志致力于西瓜甜瓜等经济作物栽培技术研究、创新与示范推广，为稳步推进上海郊区种植业结构优化调整，增加农民收入发挥了重要作用。主持实施优质经济作物高产高效生产技术研究和集成示范、园艺经济作物生产科技入户等上海市重大农业科技项目，作为上海市西瓜甜瓜产业技术体系建设首席专家，在西瓜甜瓜全产业链中的一些重点领域和关键环节实现了重要突破，取得了"十大自育品种、十项关键技术"等标志性创新成果；制定了《西瓜生产技术规范　第 1 部分　春季大棚栽培》等上海市地方标准 5 个，主编出版《园艺作物新品种与高效生态技术》等专著 6 部；先后获得全国农牧渔业丰收奖一、二、三等奖、上海市科学技术进步三等奖多项奖励。

## 191. 射洪县农业服务中心

姓　　名：杨超

业绩摘要：2016 年在东岳等乡镇建设 5 000 亩小麦药剂拌种示范，2017 年推广 32 万亩，2018 年推广应用 35 万亩。采取专业化统防统治大力推广集成绿色防控技术。2016—2018 年，病虫发生面积 225 万亩，防治 850 万亩次，挽回粮食损失 10 万吨。推广羊肚菌等名优特食用菌新品种，创品牌拓市场，科学配方，因地制宜、科学管理，创新室外脱袋、室外生料等栽培模式，提质增效。2016 年，驻村帮扶贫困村，市场＋专业合作社＋农户，创新推广 1 000 亩，2017 年推广 4 000 亩，2018 年推广 1 万亩，破解秸秆焚烧环境污染难题，实现纯增收 2 万元/亩，增收 3 亿元。产业化生产食用菌，助力脱贫攻坚，成效显著，被省委省政府表扬为"优秀农技员"。

## 192. 深州市农业技术推广高古庄区域站

姓　　名：尚平染

业绩摘要：25 年来，参与或主持了重大农业科技示范推广项目 21 项，先后荣获丰收奖及省科技进步奖 13 项次，公开发表论文论著 20 余篇（部）。2011 年获河北省农技推广先进工作者称号；2004 年、2005 年度被衡水市人民政府评为农业信息化先进个人；2011—2017 年先后 5 次被深州市人民政府授予嘉奖。2014—2016 年连续 3 年主持完成了地下水超采调整种植结构和冬小麦节水稳产配套技术项目，2015—2016 年连续被评为市级优秀；2017—2018 年主持完成了季节性休耕项目，2017 年被评为市级优秀，获衡水市通报表彰。2015—2017 年连续 3 年主持完成了河北省渤海粮仓科技示范工程项目。

## 193. 施甸县农业局水长农业技术推广站

姓　　名：杨希华

业绩摘要：参加工作扎根基层从事农业技术推广研究，先后获科技成果奖 6 项，发表论文 2 篇。曾主持和承担农业推广应用项目和课题 20 多项,参与水稻两用核不育系品种的筛选试验,筛选出 21 个组合;探索出最佳播期和敏感期,解决了海南冬繁存在的产量低、种子质量不稳定等问题;承担水稻两用核不育系繁殖面积 1.3 万亩,生产种子 538 万千克,能满足全国 60% 水稻两用核不育系制种需求;百亩方亩产 643.14 千克,千亩片亩产达 493.3 千克,创全国两用核不育系繁殖产量最高纪录,得到了袁隆平院士的肯定。狠抓增粮科技措施,助力脱贫攻坚,推广烟后大麦 4.1 万亩,亩产 486.5 千克,推广豌豆 10 万亩,亩产值 4 400 元,增幅 20% 以上。

## 194. 十堰市农业生态环境保护站

**姓　　名:**李涛

**业绩摘要:**引进推广 6 项重大农业技术,推广普及率 80%、350 万亩,促进项目区增产 15%;编写印发技术手册 25 万册,完成发明专利 3 项、制定省、市地方标准 19 项,培育湖北省林木良种 1 个。创新农业面源污染治理"产业治污"模式,建立"吸纳＋激发＋运转"三大机制,吸纳社会资本参与,激发生态农业建设内在潜力,保证了公益技术落地运转。创办国家示范样板 5 个,服务企业 450 余家、农户 7.9 万户,认证绿色有机食品 1 120 余个,产量 3.9 万吨,提升了十堰特色农业标准化开发水平。参与重大科技专项 15 个(中央投资 2.25 亿元),获农业部农牧渔业丰收三等奖 2 项、市科技进步奖 6 项,其成果通过国家水专项办技术审查,被农业部多个重大项目采用。

## 195. 石门县农业农村局

**姓　　名:**董世平

**业绩摘要:**参加工作后一直在基层从事柑橘技术推广工作,工作成绩突出,获多项成果奖和奖励,2018 年被县政府授予"十佳为民先进个人"。业务上创新进取,独立解决生产疑难问题 120 多次;常年深入村组进行技术培训和指导,每年开培训会 100 余场,培训橘农 1.5 万人次,现场指导橘农 120 多次,接受技术咨询 3 000 多人次,实施推广了柑橘大实蝇绿色防控、"两让一控"密改稀、施肥枪改良型水肥一体化管理、柑橘容器大苗繁育等实用技术 13.8 万亩,增产增收 24 362.6 万元;指导、服务柑橘专业合作社 12 家,1家成为国家级示范社;扶贫攻坚工作中,指导帮扶对象发展果蔬种植,无偿支助 3 000 余元,助力帮扶对象实现持久性脱贫致富。

## 196. 石门县秀坪园艺场

**姓　　名:**杜洪波

**业绩摘要:**参加工作 20 年来,杜洪波一直沉在乡镇从事试验示范与农技推广和新型职业农民培育。先后承担了省级引智项目"柑橘省力化栽培技术推广"、国家农业部"农业技术试验示范项目—柑橘老果园改造技术试点推广示范""石门县化肥减量增效万亩示范片""石门县创建国家级柑橘有机肥替代化肥推广示范县"和"柑橘化肥农药减施增效集成研究与示范"等农技推广项目，推广面积 5 万亩，新增纯收益 750 万元。经常深入村组橘园开展技术培训与指导，每年开培训会 20 余场，培训橘农 3 000 人次。石门县秀坪园艺场 2014 年度被评为"石门县柑橘产业新型职业农民培训先进单位"，杜洪波 2017 年被石门县人民政府"嘉奖"，被石门县脱贫攻坚指挥部评为"百名帮扶成效突出干部"。

## 197. 石阡县石固仡佬族侗族乡农业服务中心

**姓 名：**刘昌文

**业绩摘要：**2003—2005 年参与铜仁市"双低"优质油菜保优高产栽培及产业化开发，取得了显著的经济效益和社会效益。2008 年 2 月被铜仁市农业局评为 2007 年度全区农业先进工作者。2011 年 3 月被贵州省农业委员会评为贵州省农业丰收奖黔东北幼龄茶园以间促管技术推广一等奖。2011—2012 年参加石阡县粮食增产工程和粮油高产创建工作获省农委先进单位（第二名）表彰。2013 年 1 月被铜仁市农业委员会作为优秀基层农业工作者通报表扬。2013 年至 2015 年参加实施石阡苔茶标准化生产应用项目，2016 年 12 月 12 日获铜仁市政府科学技术成果转化二等奖。

## 198. 石嘴山市农业技术推广服务中心

**姓 名：**王惠军

**业绩摘要：**参加工作以来，一直在农业生产一线从事农业技术推广工作，长期在县区开展农作物新品种、新技术引进试验示范推广、农民技术培训及农业技术指导服务工作。29 年来主持引进瓜菜新品种 60 类 320 个进行试验筛选，选育出宁夏首个脱水甜椒新品种—宁椒一号；推广节能日光温室综合配套技术、蔬菜集约化育苗技术及露地蔬菜集成配套栽培技术。主持参与承担农业部、自治区、市农业科技示范推广项目 20 多项，获全国农牧渔业丰收奖 4 项；自治区科技进步奖 5 项；市科技进步奖 7 项；获国家知识产权局实用新型专利及外观设计专利授权 3 项。制定地方标准 17 项，在全国农业核心期刊发表学术论文 35 篇。多次获得农业部、科技部、共青团中央、区、市、部门表彰奖励。

## 199. 四川省阿坝州茂县南新镇农技中心

**姓 名：**张跃勋

**业绩摘要：**茂县南新特色水果协会会长、茂县南新镇农技中心主任，一直从事果树新品种选育和栽培技术研究与推广工作，具有丰富的果树栽培管理经验，主持或承担阿坝州特色果树新品种示范、四川省富民强县—羌脆李绿色高效栽培技术集成与示范、四川省农业技术人才建设队伍建设项目—四川省专家服务基地等项目 5 项，曾获阿坝州十大杰出青年、全国科普惠农兴村带头人、全国农村专业技术协会先进工作者等各种荣誉 15 项。发表论文 4 篇，获得授权专利 1 项，获得全国农牧渔业丰收奖 1 项。

## 200. 松原市宁江区农业技术推广中心

姓　　名：王振

业绩摘要：思想积极要求进步，坚持学习党的各项规章制度，参加工作 24 年来，一直工作在农业生产第一线，主持或参与建设了测土施肥、秸秆综合利用、黑土地保护、基层农技推广体系改革与建设等 18 个农业技术推广项目，依托项目探索出了"十百千"农技推广新机制（即每年建设 10 个科技示范基地，培训 100 个农技指导员，培植 1 000 个科技示范户），扶持培育了 56 个农民专业合作社，引进推广了薄皮甜瓜双膜复拱栽培、秸秆翻压还田（2018 年推广面积达到了 12 万亩）、秸秆覆盖还田（2018 年推广面积达到 13.5 万亩）、玉米水肥一体化滴灌（2019 年宁江区推广面积达到 8.5 万亩）等多项技术，通过推广秸秆还田技术解决了秸秆过量焚烧污染环境等问题。

## 201. 绥化市北林区五营乡农牧业技术综合服务中心

姓　　名：李春利

业绩摘要：27 年来，始终在农业一线从事农业技术推广工作，主持绥化市北林区五营乡镇科技园区建设、科技培训、技术指导、咨询等工作，引进和推广农业新技术 35 项；主持制定本乡镇农业科学种田方案和田间管理意见；2011—2018 年获全国农牧渔业丰收奖三等奖 1 项，黑龙江省农业丰收计划一等奖 3 项、二等奖 3 项，市科技进步一等奖 1 项。出版论著 1 本、发表论文 5 篇。被评为黑龙江省县域农业优秀人才。

## 202. 绥化市农业技术推广中心

姓　　名：李占军

业绩摘要：1984 年 7 月参加工作至今，连续从事农业技术推广工作 35 年，推广研究员，享受国务院和省政府特殊津贴，市优秀专家、市人大代表、农林委委员。对党忠诚，坚持把工作放在首位，主持引进、示范推广重大集成创新技术 5 000 万亩次以上，增产粮食超亿斤，主持项目可复制、可推广。主持推广绿色食品生产技术操作规程，绿色食品认证面积占耕地面积比重达到 40％以上，在全省具有独特性和引领性。每年培训农技骨干、新型职业农民等上千人次，是全省农技推广知名专家。获省、部级科技奖 5 项，地厅级科技奖 61 项次，县处级科技奖 7 项，主编专著 1 部，核心期刊发表论文 16 篇，获奖论文 17 篇，制定地方标准 5 个。荣获国家、省、市各类荣誉 34 项。

## 203. 绥江县会仪镇农业农村和集体经济发展中心

姓　　名：蒋仕香

业绩摘要：蒋仕香共荣获上级表彰奖励 19 项，其中省厅级 4 项、地级 7 项。想农户所想、急农户所急，尽力解决农业生产中的技术问题，近 3 年编制了多个有操作性的产业项目方案。强化农技培训，提高农户科技素质，培养种植能手百余人。农技推广成效显著，杂交玉米良种良法推广取得良好社会经济效益，面积从 1997 年的 6 000 余亩增加到 2008 年的 13 800 亩，覆盖率 98.6%。累计推广 12 万余亩，20 年间使玉米单产上了两个台阶，1997 年亩产 281 千克，2018 年达 1.1 万余亩单产 375 千克；冬季农业开发、马铃薯栽培、魔芋高产栽培技术等取得良好经济效益；推进半边红李子持续稳定发展，面积达 2.5 万亩，2018 年产值 4 300 万余元。

## 204. 塔城地区农业技术推广中心

**姓　　名：**韩顺涛

**业绩摘要：**2016 年、2018 年在自治区贫困县裕民县一线开展科技扶贫工作，业绩突出考核评定为优秀。工作以来每年有近 9 个月时间在田间从事病虫测报和防治工作。近年推广应用病虫害防控和农作物高产栽培重大技术 5 项，减少农户开支、挽回粮食损失，取得巨大的经济效益和社会效益。工作以来发布有害生物预警病虫情报 306 期，平均准确率达到 85% 以上，发布病虫动态 425 期，填报各类植保报表 21 200 余期，为塔城地区病虫害防治做出应有的贡献。2010—2018 年获全国农牧渔业丰收奖 2 项、省级科技进步奖 3 项、地市级科技进步奖 2 项、发明专利授权 3 个，其他表彰奖励 7 个；发表技术文章 24 篇，培训农户及专业技术人员 5 500 人次。

## 205. 泰顺县筱村镇农业公共服务中心

**姓　　名：**吴振我

**业绩摘要：**吴振我在基层从事农技推广工作 31 年来，承担部级、省级、市级、县级推广项目 65 余项，在生态循环农业、新品种展示、高产创建、农业公共服务、统防统治等方面取得成效。吴振我先后 16 次荣获省、市、县农业丰收奖；40 多次获得全国、省、市、县的表彰，2017 年获全国"十佳"农技推广标兵、全国最美农技员、2016 年全国农业先进个人、浙江省优秀共产党员等荣誉称号。参加实施山区万亩单季稻病虫害统防统治及集成技术推广应用等项目引进推广，形成可看、可推广的创新示范典型。常年在基层生产一线，推广了多项农业关键技术，在各级专家的指导下，在新技术试验、示范、推广工作中，对提高农业生产率和经济效益做出重大贡献。

## 206. 泰州市姜堰区农业技术推广中心

**姓　　名：**朱德进

**业绩摘要：**1988 年毕业于南京农业大学土壤农化专业，30 多年来，一直在基层一线从事农业技术推广工作，先后引进推广重大农业技术 3 项："稻麦轮作秸秆全量还田钾肥高效利用与替代技术""耕地质量提升集成技术""香菇栽培集成技术"。近年来参与实施重大农业科研、推广项目 4 项："钾肥高效利用与替代技术研究""江苏单季粳稻区水稻化肥减施潜力及肥药协同增效技术"'苏皖麦区小麦化肥农药减施增效技术集成研究与示范"
"测土配方施肥补贴项目"。获各类奖励 8 项；获个人荣誉 15 项；获国家实用新型专利授
权 5 项；发表论文 16 篇；参加《主要作物钾肥高效施用技术规程》撰稿。牵头实施的化
肥减量增效试验示范及观摩被多家媒体报道。

## 207. 泰州市作物栽培技术指导站

**姓　　名：** 袁志章

**业绩摘要：** 袁志章同志长期从事农技推广，素质过硬，业务水平高，获同行和农民广
泛认可，先后获评全国粮食生产突出贡献农业科技人员、省和市有突出贡献中青年专家、
省 333 人才、市十大杰出青年等。承担国务院春季农业生产现场会讲解，获领导高度肯
定。在新品种推广、稻麦周年和小麦栽培等方面成绩突出，获省、部级科技奖 8 项、出版
专著 1 部、发表论文 41 篇。引进推广多个优质高产新品种，主持制定稻麦周年、专用小
麦和机插稻等 12 项地方标准，编制出版技术明白图 1 份，助推泰州成功创建全省首个
"吨粮市"。精心制作大量通俗易懂的技术 PPT 和短视频，广泛传播，促进技术普及，为
泰州粮食和小麦单产多年列全省第一做出积极贡献。

## 208. 汤头沟农业技术推广综合区域站

**姓　　名：** 赵利

**业绩摘要：** 参加完成 6 个种养殖科技成果项目，并得到有效应用；2011 年至今共获
得省、市、县荣誉奖 16 个。被承德市政府聘为"2013—2016 年、2018—2021 年承德市动
物疫情解析预警专家"；2016 年被全国农技推广中心推荐为农技推广骨干人才；2017 年获
得"全国五星级乡镇农技推广机构"荣誉称号；2018 年被中央电视台《农广天地》栏目
组聘请为农技推广专家，协助拍摄了《跑山的黑猪 吃花的牛》节目；2017 年在国家级刊
物发表论文 2 篇。2015—2018 年创建种养殖实验示范基地 4 个，培育新型农业经营示范
主体和科技示范户 325 个；创建了基层站新型职业农民教育培训机构；发展区域有效扶贫
产业，技术助力精准脱贫。

## 209. 唐山市丰南区胥各庄农业技术推广区域综合站

**姓　　名：** 李品云

**业绩摘要：** 在基层从事农技推广服务工作 25 年，其中在乡镇属农技推广机构工作 17
年。引进推广重大农业技术多项，其中 2 项技术形成了可复制可推广的技术规范，普及程
度高，项目区增产增收效果显著，取得县级以上科技成果 3 项、技术推广奖励 3 项，工作
奖励 7 项，获得了省"最美农技员"等多项荣誉称号。示范推广重大集成创新技术效益显
著，累计实现经济效益 65 473.7 万元，促进了主导产业发展。区域站服务机制创新，把
区域站建成了职能发挥作用的"五台"，其经验在相关期刊发表，提升区域站发挥职能作
用成效，培育社会化服务组织和促进特色产业发展业绩突出。参与编撰出版著作 1 部、制

定唐山市地方标准 3 项、在期刊发表文章 6 篇。积极参与扶贫工作。

## 210. 桃源县农业农村局

**姓　　名：刘茂秋**

**业绩摘要：** 近 30 年，获科技成果奖 12 项，发表论文 24 篇，出版专著 9 部，编写省级规程 43 个；获省级荣誉 6 项、市级荣誉 22 项、县级荣誉 15 项。3 年来，在桃源县全面推广超级稻，引进重大技术 3 项。每年举办各类培训班 20 期，发放技术资料 2 万份。3 年累计推广超级稻 137.1 万亩，增加效益 5.65 亿元。重点推广了机械插秧、适度增蔸增苗、平衡施肥、绿色防控、节氮抗倒等关键技术，取得了良好的经济效益、社会效益和生态效益。每年提出粮油主推品种、主推技术。主持农业部超级稻示范县推广项目、"种三产四"丰产工程、"三一工程"等。与中科院地理所合作开展硒资源调查，开展富硒技术集成研究与推广，带动桃源县富硒产业及现代农业发展。

## 211. 滕州市姜屯镇农业技术推广站

**姓　　名：张玉丽**

**业绩摘要：** 一直在基层从事农技推广工作，承担省、市各级品种展示、品种鉴定、肥效、药效实验 14 个，大力推广小麦宽幅播种、氮肥后移、玉米"一增四改"、马铃薯、大葱病虫害绿色防控等技术 16 项，推广小麦、玉米、马铃薯、大葱新品种 60 多个。连续 10 多年被滕州市农业局、滕州市农广校聘为"阳光工程""新型职业农民培训"、基层农技推广补助项目技术指导员和专业讲师。经常走村入户，深入田间地头，针对农业生产的关键环节和关键技术，对科技示范户进行面对面、手把手的指导，每年举办各类田间课堂、技术讲座、培训班、观摩会 40 多次，培训新型职业农民 2 000 多人次，新型农业经营主体 60 多个。

## 212. 滕州市农业技术指导站

**姓　　名：王延玲**

**业绩摘要：** 一直从事农业新技术研发和推广工作，每年预测预报重大病虫害 50 余种，准确率 95% 以上，达到国内领先水平。在应对突发、暴发病虫害方面措施到位，二点委夜蛾全省大暴发时，滕州仅有 0.5 万亩受害。王延玲带领全站人员不畏严寒酷暑进行试验，掌握了小麦水肥一体化节本增效技术。每年展示小麦、玉米新品种 20 余种，为指导全市粮食生产提供科学依据。推广小麦宽幅精播、玉米一增四改、玉米精量播种、秸秆还田、小麦一喷三防等技术利用率达 90% 以上。多年来，承担粮食高产创建项目、粮丰工程项目等，均保质完成预定目标。科研项目获省科学技术奖三等奖 1 项，枣庄科技进步一等奖 1 项。多次被国家、省、市评为先进个人，被评为枣庄市有突出贡献的中青年专家。

## 213. 天水市秦州区农业技术推广站

**姓　　名：**肖亚东

**业绩摘要：**2007—2019 年先后负责实施了测土配方施肥补贴资金、全膜双垄集雨沟播技术示范推广、农业部耕地保护与质量提升、旱作农业、基层农技推广体系改革与建设补助、耕地休耕试点、粮食功能区划定等项目工作。2010—2016 年期间先后获得中国锌肥研究与推广杰出贡献三等奖、全省测土配方施肥工作先进个人、全省农田节水技术推广先进工作者、全省耕地质量建设与管理工作先进个人、秦州区科技特派员试点工作先进个人等荣誉称号及奖励。先后获科技进步奖二等奖 1 项、市二等奖 3 项、三等奖 2 项、区级一等奖 1 项；省农牧渔业丰收一等奖 1 项；在省级刊物发表学术论文 3 篇；主编完成《天水市秦州区耕地质量评价丛书》。

## 214. 天水市秦州区玉泉镇农业综合服务中心

**姓　　名：**张合理

**业绩摘要：**一直从事农业技术试验、示范和推广，促进农民增收，农业增效。累计引进良种小麦 4 个、航天辣椒新品种 3 个、马铃薯新品种 3 个、玉米新品种 6 个，推广面积达 24 万亩。指导群众开展作物病虫害防治达 35 万亩。培训农民 2 300 人次/年。被 3 家农业合作社聘请为技术指导员。主持或参与的项目获天水市科技进步二等奖 1 项、三等奖 3 项、1 项通过区级验收。省部级期刊发表论文 2 篇，曾被秦州区评为科技特派员先进个人及创先争优"好党员"。年度多次考核为优秀。担任省列"2017 年农业组织创新与产业融合发展项目"技术指导员，烟铺樱桃电商销售模式助农增收 450 余万元。担任玉泉镇李官湾村扶贫工作队员期间，2018 年该村被农业部命名为"中国美丽休闲乡村"。

## 215. 铁岭县镇西堡镇农业技术综合服务站

**姓　　名：**王福民

**业绩摘要：**33 年来，王福民一直从事农业技术推广工作，培训农民累计 2 000 多人次；落实玉米丰收计划累计 20 万亩、玉米绿色高质高效创建 4 万亩、黑土地保护项目 3 万亩、玉米配方施肥 80 万亩、玉米螟绿色防控累计 48 万亩、科技补助项目示范户累计 270 户、辐射带动农户累计 2 700 户、推广了绿色西瓜甜瓜栽培累计 7 万亩，完成农产品速效检测样品累计 4 250 个。在扶贫工作中，帮助"空壳村"引进中草药栽培 107 亩，精准扶贫工作，包扶扶贫户 2 户。多次受到省、市、县的表彰。1997 年冬麦北移铁岭品种筛选试验开发获铁岭市政府科学进步一等奖，王福民 2011 年获得辽宁省政府颁发的科技进步一等奖、2011 年被评为铁岭市政府先进科技示范户。

## 216. 通海县秀山街道农业综合服务中心

**姓　　名：**许艳斌

**业绩摘要：**扎根农业生产第一线乡镇基层农技推广工作 22 年，获全国最美农技员、云南省农技推广大使等称号。躬耕田亩践行天下必肥，匠心工作推广 N 项技术，锐意进取建立 N 项模式，开拓创新助力乡村振兴。先后获科技进步奖及相关奖励 25 项次，其中地厅级以上科技进步奖 1 项、农技推广奖 5 项，获国家知识产权局技术发明专利 1 项，实用新型专利授权 4 项，商标权 6 项。迎来农业部基层农技推广项目考核组、时任全国人大农业农村委员会主任委员全国政协原常委、经济委员会副主任陈锡文一行，时任广东省副省长原农业部种植业司司长叶贞琴一行，中国农业大学、南开大学实践团队师生等现场调研和高度赞誉，为现代农业绿色发展、产业扶贫攻坚，助力乡村振兴做出突出贡献。

## 217. 通榆县包拉温都乡农业技术推广站

**姓　　名：**徐治平

**业绩摘要：**①开展培训及田间指导。②引进新品种、新技术。1998 年引进"玉米大垄双行覆膜技术"，增产 30％以上；2002 年建设 2 公顷的综合性农业园区，纯收益 4.26 万元，起到引领示范作用；2010 年引进"打瓜覆膜技术"，2011 年推广面积达 100 多公顷；2013 年发动群众统防统治，防控蝗虫面积近 2 000 公顷，避免了农民的损失；2015 年引进了"绿豆覆膜滴灌技术"，产量高达 2 250 千克/公顷，2016 年推广 400 多公顷，农民获得纯收益700 万元以上；2017 年引进了"黄菇娘及其种植技术"，为通榆县包拉温都乡的庭院经济发展及脱贫攻坚做出贡献；2018 年引进"玉米秸秆还田隔沟裸带滴灌技术"，比常规种植增产 52.94％。

## 218. 桐城市双港镇农业技术推广站

**姓　　名：**吴文彬

**业绩摘要：**吴文彬扎根基层 30 个春秋，牢固树立为"三农"服务的思想，不怕吃苦，乐于奉献，获首届"安徽省农民满意农技员"提名奖，"安庆市农民满意农技员"荣誉称号。2009—2018 年推广应用水稻减灾避灾技术 6 万亩，增产 1 000 万千克，增收 2 000 多万元；2008—2015 年主持实施农业部水稻高产创建示范片项目，示范面积 8 万多亩，增粮 1 万多吨；2016—2018 年主持实施农业部水稻绿色高产高效项目，示范面积 3.9 万亩，累计节本增效 1 038 万元；2009—2018 年水稻病虫害绿色防控技术示范应用，示范面积 10 万亩，共节本增效 2 200 万元。吴文彬有 30 多项新技术得到推广应用，经济、社会、生态效益显著。

## 219. 铜仁市农业科教信息站

**姓　　名：**黄义君

**业绩摘要：**黄义君为农服务 30 年，甘洒热血写春秋，工作兢兢业业、勤勤恳恳、任劳任怨。他积极投身到农业生产第一线，先后引进和推广新品种 15 个、新技术 6 项。主持并开展农业信息体系建设与服务、科教项目实施，着力提升农村劳动力素质，努力破解"谁来种地"的问题，推动基层农技改革与建设等工作。他坚定理想信念，恪守道德规范，认真履行职责，作风正派，顾全大局，模范遵守国家法律法规和各项规章制度。曾荣获"全国农业科技年活动先进工作者"、地区农业工作先进工作者、优秀共产党员、贵州省农业丰收二等奖、贵州省 2018 年职业教育成果一等奖等荣誉，在国家级学术刊物上发表论文 3 篇。

## 220. 威海市文登区宋村镇农业综合服务中心

姓　　名：李海燕

业绩摘要：大学毕业 28 年来，李海燕一直在农业生产的第一线，奔走于田间地头，做好新品种、新技术、新模式的试验、示范、推广和技术指导、农民培训工作。作为一名基层农业工作者，她任劳任怨，始终将推广农业新技术，促进农业增效，农民增收为己任，不断认真学习，钻研业务，并将知识运用到农技推广实践中去。她先后示范推广农业新技术 50 多项，累计推广面积达到 50 多万亩；新品种 30 多个，累计推广面积达到 100 多万亩；举办各类培训班，累计培训 2 万人次以上；先后在国家级、省地级专业刊物上发表各类论文 20 余篇；先后获得第五、六届威海市优秀乡镇农业技术人员、威海市农业系统先进工作者、全省"最美基层农技员"等荣誉称号。

## 221. 微山县农业农村局

姓　　名：王茜

业绩摘要：①2016 年至今续任山东省科协精准扶贫专家，联系湖区贫困村 9 个、贫困户 50 户，当选微山县优秀共产党员，被中共济宁市委评为"优秀群众代表"。济宁市第十二次、第十三次党代表。②依托武汉市农科院、华中农大等，引进莲藕龙虾生态共养重大技术、水生蔬菜绿色高产栽培及加工技术、山东省农业技术规程目录主推技术等 14 项重点推广，面积 12 万亩。和山东省农科院共同起草了藕虾共养山东省地方标准。③突出南四湖优势特色，作为国家特色蔬菜体系济宁试验站成员在水生经济植物领域集成创新，为南水北调、省级自然保护区生态保护恢复做出引领性样板，年新增收益 1.8 亿元，获省市丰收奖科技奖等 7 项，获第九届山东省青年科技奖。

## 222. 卫辉市种子技术推广服务站（区域服务总站）

姓　　名：刘广亮

业绩摘要：作为卫辉市基层区域站的负责人，具体实施农业试验基地建设、农技人员下乡服务、培训、信息化及农业科技扶贫等工作。近年来，引进绿色高效农业主推技术 10 项以上，并形成可复制、可推广的技术规范，普及率达到 95% 以上；引进推广强筋小麦保优节本增效栽培技术、夏玉米籽粒直收等集成创新技术，获得显著的经济效益、社会效益和生态效益；获地（市）级（含）以上科技成果和工作奖励 6 次；在创新农技推广方法和服务机制创新、农业社会化服务组织培育、特色农业发展等方面业绩非常突出；常年在一线从事农业科技扶贫工作，做大量的入户培训和农业科技扶贫讲座、培训，2018 年度获河南省科技助力精准扶贫工作先进个人称号。

## 223. 渭南市临渭区葡萄研究所

**姓　　名：**王录俊

**业绩摘要：**28 年来，坚持工作在农业生产第一线从事技术推广工作，引进红地球葡萄，通过抓点示范，培训指导，编发资料等，使全区葡萄种植面积由起初的 20 亩示范园带动发展到 28 万亩，年产值达 25 亿元，使全区 10 万户 30 余万农民脱贫致富；研发创新的葡萄"Y"形架及"三带"整枝技术，全省累计推广超 40 万亩；引进推广葡萄避雨栽培技术，推广面积超 25 万亩，增收节支总额 20 余亿元；制定省、市葡萄技术标准 5 项（主持 4 项）；申报登记科技成果 6 项；发表科研论文 9 篇；编写葡萄栽培实用技术规范及培训教材 5 部。获市科学技术一、二、三等奖 8 项（主持 4 项）；获省科学技术三等奖 1 项（主持），省果业创新奖 1 项，省农业科技创新创业大赛三等奖 1 项。

## 224. 无为县襄安镇农业服务中心

**姓　　名：**陈先国

**业绩摘要：**工作以来，共引进粮、棉、油等优良新品种 100 多个，推广面积 50 多万亩，为农民增收 0.5 亿多元，共培训农民 2 000 余人次，接受农民咨询、田间指导上万次，培育 500 余种植专业户。主持完成了省星火计划"蔺草引种与推广"等项目，2012年始，连续 7 年在本镇主持创建了部级水稻万亩高产示范片。近几年，在本镇指导建立了标准化蓝莓种植基地 2 000 多亩、菊花 400 多亩，育秧工厂 4 个，推广稻—渔、稻—鸭综合种养模式面积 2 000 多亩。指导培育农民专业合作社、家庭农场等新型经营主体 159个，指导建立特色种养业扶贫示范基地 8 个。2016 年获"安徽省农民满意农技员"，2017年获"全国农业先进工作者""中国好人"等称号。

## 225. 无锡市农业技术推广总站

**姓　　名：**李育娟

**业绩摘要：**长期服务粮食生产一线，在重大农业技术推广、科技成果转化和农技推广与服务创新等方面业绩突出。①引进示范优质食味粳稻清洁高效生产技术等重大农业技术 5 项，普及率达 50%、增收 10% 以上；集成推广高产优质高效技术 6 套，累计新增纯收益 10.55 亿元；示范推广氮肥减量施用等 3 项节能减排技术，推动全市化肥、农药使用量下降了 4.09% 和 6.10%。②创新农技推广与服务方式，率先开展市级粮食高产增效创建竞赛活动，建立市级苗情、农情监测标准和体系，拓展技术服务途径，提高推广成效。③主持省级以上重大科技专项 10 项，获地市级以上成果奖 11 项、工作奖励 10 项，发表论文（著）40 余篇（部）、制定标准 7 项。

## 226. 五峰牛庄农业服务中心

**姓　　名：**鄢仁甫

**业绩摘要：**1996 年分配到贫困县五峰牛庄农业服务中心工作已 23 年。牛庄素称"宜昌的西藏"，是五峰最偏远、海拔最高、环境最艰苦、基础条件最薄弱的乡。2005 年机构改革后，仍坚守在农技推广岗位，2009 年至今任技术指导员，培育示范户 500 余户；牛庄农业服务中心 2015 年来为一人站所，鄢仁甫采集土样 800 余个，推广测土配方施肥技术 1.8 万余亩、配方肥 600 余吨、秸秆还田技术 1 万余亩、腐熟剂 120 余吨；推广小型沼气池 1 080 口、太阳能热水器 324 台、生物质能炉 1 250 个；玉米新品种试验示范 30 个品种，示范样板 1 000 亩，培训 6 000 余农民；引进脱毒米拉原种繁殖优质原种；起草《五峰牛庄独活综合标准体系》，推广高山独活标准化种植技术。

## 227. 武汉市黄陂区农业技术推广服务中心

**姓　　名：**汤志兵

**业绩摘要：**1982—1988 年主持全区农作物栽培测报，1994—1998 年主持全区水稻旱抛技术，累计推广 100 多万亩。2001—2004 年主持全区无公害鲜食花生推广工作，累计推广 15 万余亩，主持编写了《无公害鲜食花生技术规程》，被武汉市技术质量监督局于 2003 年在全市发布。2002—2006 年主持武汉市黄陂区鲜食玉米技术推广，推广 5 万亩，参与编写了《无公害鲜食玉米》栽培技术规程，2003 年被湖北省质量技术监督局在湖北省发布。2003 年获得农业部鲜食玉米丰收计划三等奖第四名。2007—2012 年主持全区水稻轻简栽培技术推广。2010 年主持编写了《水稻无公害直播技术规程》，被武汉市技术监督局于 2010 年发布。

## 228. 武乡县监漳区域农业技术推广站

**姓　　名：**王步奇

**业绩摘要：**27 年来，王步奇扎根农技一线，积极参与新型职业农民培育、基层农技推广补助等农业科技项目；引进新技术 15 项，普及率 90% 以上；引进新品种 20 个推广面积达 45 万亩，良种率 100%，特别是以晋谷 21 号为主的"晋皇羊肥"小米，受到了广大农户的一致好评；推广玉米一增四改集成技术、谷子渗水地膜穴播等集成技术，增收 6 000 余万元；开展技术培训 80 余场次，培育科技示范户 105 个，实训农民 1.2 万人次；用活用实"互联网＋农技推广"服务，探索出一套适合本地发展的农技推广新模式。她先后在国家、省级杂志发表论文 30 余篇，获成果奖 8 项，并荣获"长治市第一批享受特殊津贴及相关待遇的拔尖人才""长治市学术技术带头人"称号。

## 229. 西安市阎良区农业技术推广中心

姓　名：郭智勇

业绩摘要：在近年的农技推广工作中，郭智勇筛选推荐不同栽培类型甜瓜品种 12 个，推广瓜菜生产重大农业技术 4 项，集成创新绿色甜瓜高效模式技术 1 套，经过多年的推广，使 4 家合作社产品达到绿色食品标准，示范基地化学农药使用量减少 30％以上，有机肥和生物农药使用量增加 50％以上，取得了显著的经济效益，社会效益和生态效益。"早熟高产优质厚皮甜瓜新品种西蜜 3 号选育与示范"获得 2012 年陕西省科学技术二等奖。"深冬茄子嫁接技术和甜瓜双根嫁接技术"获西安市经济技术创新优秀成果奖。开展技术培训 35 场次，培训农民技术员 1 800 人次。帮扶指导培育职业农民 30 人，开展产业扶贫培训 12 期，培训贫困户 220 人次，进行产业帮扶 8 户贫困户脱贫。

## 230. 西平县师灵农技推广区域站

姓　名：商海峰

业绩摘要：引进推广重大农业技术 3 项：引进小麦优质高效栽培技术；小麦花生一体化栽培技术；小麦玉米一体化栽培技术；小麦测土配方施肥技术；引进西平小麦国家农产品地理标志质量控制技术规范；获得市级以上科技成果和工作奖励各 3 项：《驻马店农业可持续发展规划》2016 年获中国农业资源与区划学会科技二等奖，《设施蔬菜安全优质高效栽培技术集成与推广应用》2014 年获得省推广一等奖，制定市级地方标准 1 项；被评为 2019 年全市农业农村工作先进工作者、2015 年全市首届"优秀农技推广员"、2011 年全省农产品质量安全先进工作者。参与省部级重大科技专项 4 个：2010 年河南省粮油高产创建项目；2012 年国家粮食丰产科技工程项目。

## 231. 西峡县回车农技推广区域站

姓　名：郭秀照

业绩摘要：该同志 30 多年来一直工作在种子技术推广服务一线。先后主持和参与农业科技研究、示范推广项目 28 项（其中：2016—2018 年引进试验、示范推广优质水稻提质增效栽培、测土配方施肥及肥料科学利用等 5 项重大农业技术），参与河南省重大科技攻关豫南稻区籼改粳技术研究与产业化项目，主持参与制定南阳市水稻标准技术规范 4 项，参与南阳市第一个自有水稻品种宛粳 096 示范推广工作。获得市、县科技成果奖 11 项；试验示范推广农作物新品种 204 个，示范推广新技术 32 项；先后荣获省农村科普工作先进个人、省十大科技致富带头人、南阳市学术技术带头人、南阳市劳动模范、南阳市粮食生产先进工作者等荣誉称号 34 个，入选中国好人榜。

## 232. 咸丰县农业技术推广中心

姓　　名：郭发吉

**业绩摘要**：35 年来坚持扎根基层，在粮油生产技术方面有较高造诣，创造性地指导生产实践、完善技术体系、攻克技术难关、高质量完成推广项目。编写乡土教材，培训新型职业农民万余人。实施粮油绿色高产高效示范项目 30 多个。制定全县粮油发展规划、农技推广计划、生产指导意见、防灾减灾技术。创新"油菜树"栽培技术，亩均产 250 千克，2013 年创下亩产 415.25 千克的历史记录。获得省、州、县科技进步奖 8 项，20 多次受到各级组织表彰，发表科技论文 30 余篇；参与农业部《中国水稻品种评价》等 3 部专著编写及 7 个《恩施州富硒粮油作物生产技术规程》地方标准的制定等。被遴选为全国万名骨干农技员及"湖北省贫困地区专业技术奉献岗位"人选。

## 233. 湘潭县射埠镇农技农机畜牧水产推广服务中心

姓　　名：邓述东

**业绩摘要**：27 年坚守在农业一线，先后培育出富硒稻和富硒五彩稻（国内首创）。研发的水稻降镉技术 2016 年获国家发明专利。2015 年探索出再生稻高产栽培方法，两季亩产稻谷 2 200 斤，实现 1 亩田种 1 次收两次养活 3 个人的目标，在湘潭县推广。2016 年研究出纯稻草露天种菇技术，种 1 亩消化 20 亩稻草，亩产蘑菇 5 000 斤，使稻草循环利用变废为宝，在全省 5 市示范推广。2018 年创建了一亩田脱贫和集资助弱扶贫模式，在湘潭县、湘乡市两地个人扶贫 56 户；创建校农合作教学模式，培养小孩爱农强农意识。目前正在挖掘土地最大产值潜能，实现简易模式亩产值达 10 万元的目标。袁隆平院士为邓述东 9 次题词赞赏，全国各大媒体多次报道过他的事迹。

## 234. 湘西土家族苗族自治州粮油作物技术服务站

姓　　名：李大恒

**业绩摘要**：李大恒同志工作 34 年来，长期深入基层开展农业科技试验、示范样板和大面积推广工作。主持和参与农业科技项目 30 余项，累计实施粮油新品种、新技术项目 1 020 余万亩，新增粮食 150 余万吨，为农民增收 50.3 亿元。为全州粮食自给、农民增收和脱贫奔小康做出了贡献。27 次获得部、省、州农业科技奖励，其中湖南省科学技术进步奖 1 次，全国农业丰收奖 5 次；18 次获政府嘉奖，3 次获记二等功奖励。2010 年荣获"全国先进工作者"称号，2015 年获湖南省政府特殊津贴，2017 年纳入"湘西特聘专家"支持计划，被评为湘西州 132 人才工程第一层次人选和州管有突出贡献的中青年专家。中共湖南省第九次、第十次党代会代表。

## 235. 襄阳市樊城区牛首镇农业技术推广服务中心

姓　　名：陈富华

**业绩摘要**：①累计推广新品种新技术 310 万亩，增收 1.5 亿元，获湖北省丰收计划二等奖。②2010—2017 年承担了 11 个省级小麦和水稻高产创建项目，被襄阳市政府授予先进工作者称号。③每年挽回病虫害经济损失 500 万元以上，累计挽回损失 1.3 亿元，被襄阳市政府授予"十佳植保卫士"称号。④推广测土配方施肥 70 万亩，配方施肥覆盖率达 96％。⑤与华中农大联合开展小麦孢囊线虫病的防治研究，与市植保站联合开展小麦条锈病冬繁区（鄂西北）结合治理技术研究，获襄阳市科技进步二等奖 2 次。⑥推广稻虾共作 3 200 亩，增收 570 万元。⑦2017 年获全省最美农技员称号，2014 年获全省最美农技指导员称号，获市、区、镇表彰 20 多次。

## 236. 祥云县茶桑工作站

**姓　　名：**杨琼臻

**业绩摘要：**从事农技推广 38 年，担任站长 26 年，曾长期吃住在农村，在田间地头进村串户从事农技推广工作，将"论文写在祥云大地上，业绩装进农民荷包里"，亲手将蚕桑培植成祥云县农业农村骨干支柱产业。先后获省政府科学技术奖三等奖 3 次，农业部丰收奖二等奖 1 次，省农技推广奖一等奖 1 次、二等奖 3 次、三等奖 2 次，获州科学技术奖三等奖 1 次，获县科学技术奖一等奖 1 次；获省政府全省农业科技先进工作者和省突出贡献优秀专业技术人才、全国农业科技创新先进个人、省农业技术推广先进个人、省首届百名农技推广大使、州白族自治州农业科技名人、祥云县有突出贡献科技工作者、祥云县科技名人等奖励（称号）；曾当选州党代表、州政协委员、县人大代表、县人大常委会委员。

## 237. 萧县圣泉乡农业技术推广服务站

**姓　　名：**张凯

**业绩摘要：**①主持开展试验项目 48 项，示范项目 10 项，累计推广面积 2.8 万亩。②举办科技培训 56 期，培训人数 5 800 次。③推广测土配方施肥面积 3.2 万亩，有机肥替代化肥面积 0.45 万亩，"水肥一体化"面积 0.32 万亩，亩减少化肥用量 25～30 斤，亩节省成本 40 余元，实现了化肥零增长。④推广专业统防统治面积 5.6 万亩次，绿色防控面积 1.2 万亩次，每季病虫害防治次数减少 1～2 次，用药量减少 10％，亩节省成本 20 余元，实现农药零增长。⑤负责全乡特色种养业产业，到户项目覆盖率、主体带动率、培训率均达到 100％，4 个贫困村主导产业全部达标，其中 3 个贫困村产业达到"一村一品"标准。⑥撰写论文 12 篇。

## 238. 辛集市植保植检站

**姓　　名：**陈哲

**业绩摘要：**22 年来一直在一线从事农业推广工作，引进推广重大农业技术多项，示范推广重大集成创新技术，创新农业推广方式方法，取得显著效益。获省农业技术推广二等奖、省农业厅丰收奖二等奖、农业部科技进步三等奖、中华农业科技一等奖等科技成果奖 10 项；在《中国植保导刊》《植物保护》《基层农技推广》《河北农业科学》等刊物发表论文 30 篇；参与编著《二点委夜蛾》《设施蔬菜栽培技术与经营管理》等专著 7 部；获省"333 人才工程"第三层次人选，辛集市青年科技进步工作者，省、市工作先进个人，辛集市人民政府嘉奖，记三等功等荣誉 15 项。

## 239. 忻州市土壤肥料工作站

**姓　　名：** 马文彪

**业绩摘要：** 马文彪同志热爱祖国，拥护中国共产党，具有高尚的职业道德和社会公德。从事土肥技术推广工作 30 余载，精通业务、吃苦耐劳，长期深入农业生产第一线，大力推广土肥新技术。在全市中低产田改造、高标准农田建设、化肥减量增效、测土配方施肥、有机旱作农业、水肥一体化、脱贫攻坚等各项业务工作中做出显著成绩。为服务区域农业增效、农民增收做出突出贡献，得到服务区域农业部门和农民群众的广泛认可。受到上级表彰奖励 30 次，撰写并发表论文 30 余篇、论著 4 本，获得科技成果、专利、地方标志 18 项次。1992 年获忻州地区首届"优秀青年科技工作者"称号；2011 年被忻州市科协授予"优秀科普工作者"。

## 240. 新安县农业技术推广中心磁涧镇区域站

**姓　　名：** 赵健飞

**业绩摘要：** ①科技扶贫。②引进推广新品种新技术 106 项，重大技术 7 项，实现增产增收。③2013 年、2016 年农业部丰收奖三等奖 2 个，2006 年、2014 年河南省丰收奖、农技推广奖一、二等奖各 1 个。出版图书：主编 1 部、副主编 2 部，论文 10 篇。④创新方式方法和机制，培育壮大新型农业经营主体和社会化服务组织，打造优质农产品基地，大粒樱桃等特色产业效益显著。《农田餐桌 新安寻味之旅》《软籽石榴的财富密码》在央视 7 套播出。⑤示范推广重大创新集成技术项目 28 个，部、省、市级各 14、5、8 个。⑥2016—2018 年参加河南省谷子品质提升有机栽培科技专项，作为第二作者制定省级《谷子有机栽培技术规程》。

## 241. 新乡市农业技术推广站

**姓　　名：** 李好中

**业绩摘要：** 引进、示范、推广农作物良种 90 余个，新技术 20 余项，通过田间指导、接听电话、微信等形式，累计示范推广面积 1 500 多万亩。培育新型粮食生产主体 10 余家，积极探索优质专用小麦绿色高效"4＋5"生产模式。主持实施省部级试验示范 18 项、市级 10 项，参与 25 项。集成粮食作物绿色高质高效栽培技术，制（修）订技术规程 8 个。新乡市农业技术扶贫专家。2018 年示范推广的水稻种养共作技术，辐射带动贫困户 65 户，辐射面积 600 亩。项目区增效 32.4 万元，贫困户增效 11.2 万元。起草技术文件 30 余份、农技宣传信息 138 期等。获得地市级科技奖励 6 项，工作奖励 9 次，发表文章 20 余篇。

## 242. 新源县农业农村局畜牧兽医工作站

姓　　名：张凤莲

业绩摘要：工作以来主要从事动物防疫、品种改良、科技培训。12 年来累计防疫注射各类牲畜 4.6 万余头只（牛、羊、猪、禽），黄牛改良人工授精 3 800 余头、诊断治疗牲畜病例 1 700 余例，为农牧民减少经济损失近 20 万元，得到了农牧民的认可和好评。自 2008 年开始至今，编写畜牧产业规划，提出可行性建设方案，指导动物防疫、品种改良等工作，撰写实施方案 7 项。编制主要规划文本 2 个、申请项目 2 个、评估报告 1 个。自 2009 年至今，在县农广校举办的"阳光工程"以及"科技之冬"培训活动中，举办初、中级专业技术人员、乡村干部培训班 237 期，培训 11 698 人次，授课时数达 4 368 个学时。培训农牧民、养殖大户 228 期，培训 11 480 人次。

## 243. 新源县农业农村局畜牧兽医工作站

姓　　名：王海军

业绩摘要：2009 年获伊犁哈萨克自治州科技成果奖，2010 年获自治州畜牧先进工作者、2011 年获县科技工作先进个人、城乡统筹工作先进个人、农业农村工作先进个人 2012 年获县农业农村工作先进个人、畜牧业先进个人，2013 年获州先进工作者和伊犁州科学技术进步一等奖。2015 年获较少民族项目工作先进个人，2016 年获"一种草原牧场可移动式犊牛喂养装置"发明专利授权。发表 6 篇科研论文，编写 1 本新型职业农民畜牧养殖技术手册。2017 年年底被评为自治区级访惠聚优先进个人。新源县农业农村局畜牧兽医工作站 2018 年被哈萨克自治州评为"2018 年五个 100"工作队。

## 244. 信丰县大阿植保植检站

姓　　名：刘玉生

业绩摘要：工作以来，在基层一线从事农技推广工作，具有丰富的农业新技术、新品种推广经验、较强的项目实施能力。主持参与了江西省南方水稻黑条矮缩病的发生及防控关键技术研究与示范推广等 18 个项目，并取得显著成果。分别荣获全国农牧渔业丰收奖成果奖三等奖、赣州市科技进步奖二等奖；2001 年获赣州市"劳动模范"称号，2005 年被江西省委、省政府授予"全省粮食生产标兵"。并一直致力于本地特色作物水半夏、甜玉米高效栽培技术和标准化种植技术的研究与应用推广，作为主要起草人先后制定了水半夏 DB36/T 529-2007 等 3 个地方标准。主编或参与编写了 7 本技术培训教材，进村入户授课 210 余次，培训人员 12 500 人次。

## 245. 邢台市农业技术推广站

**姓　　名：**杜运生

**业绩摘要：**几年来，先后参加了20多项重点农业技术研究和推广项目，共获得省、市级科技进步或科技成果奖19项。其中，主持的春播覆膜油葵栽培技术研究及应用项目获全国农牧渔业丰收三等奖、省科技成果奖；主持的春播油葵栽培技术推广项目获邢台市科技进步奖二等奖；参与其他项目获得农业部中华农业科技三等奖1项，河北省科技进步四等奖1项；邢台市科技进步一等奖1项，邢台市科技进步二等奖两项，邢台市科技进步三等奖3项。河北省科学技术厅科技成果3项，省农业厅科技成果二、三等奖各1项。由于工作成绩突出，获得上级和有关部门的先进个人奖励证书10多个，获嘉奖两次，获得4个年度的优秀共产党员称号，曾入选"邢台市跨世纪优秀青年科技人才队伍"。

## 246. 兴国县植保植检站

**姓　　名：**何兴财

**业绩摘要：**热爱祖国，拥护中国共产党。遵纪守法，具有高尚的职业道德和社会公德。从事农业技术推广工作30年。为了农业增效、农民增产增收，恪尽职守，深入稻田、菜地、果园，开展技术推广服务，主要引进推广的重大农业技术项目有稻瘿蚊综合防治技术10万亩、吡虫啉使用技术16万亩、巴氏钝绥螨控制柑橘害螨技术5万亩、农作物病虫害统防统治与绿色防控集成技术、柑橘黄龙病综合防控集成技术100多万亩。近3年共挽回稻谷损失近20万吨，蔬菜瓜果损失近3千吨。没有出现过技术事故或连带责任。所带领的单位获得省、市、县30多项先进荣誉，个人先后获得3次全国农牧渔业丰收奖二等奖，8次省厅以上先进个人荣誉称号等近20多项奖励，发表农业技术论文10余篇。

## 247. 兴义市植保植检站

**姓　　名：**杨家伟

**业绩摘要：**参加工作以来，主持或参与选育经贵州省农作物品种审定委员会审定通过的农作物新品种7个；主持完成国家科技部科技型中小企业技术创新基金项目"优质高产杂交玉米新品种金都玉2号中试及推广"1项；主持或参与完成的贵州省科技厅、黔西南州科技局科技成果重点推广计划项目10余项；主持或参与完成贵州省农业农村厅后补助项目3项；2017年获黔西南州科学技术成果转化二等奖1项，2013—2014年度获黔西南州科技进步三等奖和科技成果转化三等奖各1项；2018年获全省植保系统2014—2018年度先进工作者称号，获植物新品种保护权证书1项，获国家新型实用专利认证3项，核心期刊《种子》杂志发表论文10余篇。

## 248. 秀山土家族苗族自治县农业技术服务中心

**姓　　名：**肖晓华

**业绩摘要：**2005—2006 年获市农牧渔业丰收奖二等奖 2 项、2006 年全国农作物病虫害防治工作先进工作者、2009 年重庆市粮油生产先进个人、2010 年全国植保信息及农药机械推广先进个人、2010 年全国科技抗灾促春管保春耕指导服务活动先进个人、2010 年全国农作物重大病虫害数字化监测预警先进工作者、2011 年市粮食生产突出贡献农业科技人员等荣誉。2014 年享受国务院特殊津贴。2015 年获市职工优秀技术创新成果二等奖。2015 年 5 月获"重庆好人"称号。发表论文 100 余篇。2014 年出版《农作物病虫害测报防治的理论与实践》，2016 年获农业部农牧渔业丰收奖三等奖 1 项。

## 249. 徐州市铜山区汉王镇农业技术推广服务中心

**姓　　名：**吴淑芳

**业绩摘要：**负责完成省农技推广项目"年宵花卉期精准控制技术""玉米生产全程机械化"等技术 4 项。主持区、镇重点农业项目"汉王现代循环农业科技示范园"等 14 项。引进优质粮食、蔬菜、花卉、林果品种总计 66 个，负责实施粮食高产创建项目 2 次，推广有机蔬菜栽培技术等 15 项。成立汉泉植保专业合作社，发表了《有关休闲农业旅游的发展探究》等论文 9 篇，获得 2015 年省农业丰收奖二等奖第二名次，2018 年省级农业丰收奖二等奖第三名次，2015 年获"全市园艺工作先进个人"和市"农业产业化先进个人"、2014 年度江苏农村经济杂志社"农业科普宣传工作先进个人"等荣誉。经济效益 1.5 亿元以上。2018 年 12 月赴陇县进行为期 1 年的科技扶贫。

## 250. 延边朝鲜族自治州农业技术推广总站

**姓　　名：**崔东成

**业绩摘要：**①参加"延薯 4 号"和"延农 11 号"的应用与推广，分别获得全国农牧渔业丰收三等奖；主持"大豆吉农 28 新品种推广"项目获得吉林省农业技术推广二等奖；主持"延边州水稻抗冷高产栽培技术推广"项目获吉林省农业技术推广三等奖；参加"优质高产大豆新品种吉农 38 推广"项目获得吉林省农业技术推广二等奖。参加"大豆分子育种技术研究与种质资源创新和新品种选育"获得吉林省科学技术一等奖。②获得吉林省第十三批有突出贡献的中青年专业技术人才称号；延边州优秀中青年专业技术人才称号；2015 年当选延边州"五一"劳动模范；获吉林省农技推广先进个人称号。③2014 年主持编写了《现代农业生产实用技术》并出版发行。

## 251. 盐城市亭湖区南洋镇农业综合服务中心

**姓　　名：**董建国

**业绩摘要：**22 年的基层农技推广工作，已经将他打造成一个职业农技人、更是农民的贴心人。能独立完成农业技术试验方案设计、田间实施、观察记载和统计分析，具有一定的新技术试验、示范、推广能力。多次主持或作为主要完成人参加农作物较大面积优质稻麦基地、现代农业园区、农业科技综合展示基地等的规划、设计、实施和技术指导。先后示范多项配套栽培技术，在盐城市得到大面积推广运用。2018 年被市农委评为全市农业结构调整先进个人。2014 年《盐城水稻高产增效技术集成与推广》项目获江苏省农业技术推广奖三等奖；2017 年"五位一体"新型职业农民培育新模式在农技推广中的应用项目获江苏省第八届农业技术推广奖二等奖。

## 252. 扬州市江都区小纪镇蔬菜园区管理办公室

**姓　　名：**董兴华

**业绩摘要：**在乡镇从事农业技术应用推广工作 32 年。①参与各类推广项目：2016—2019 年参与基层推广和省科技入户项目、扬州市区"菜篮子"项目、基层推广示范项目、省级农业科技综合示范基地（产业技术体系）项目、农民培育培训讲师等项目的推广工作，并获得江苏省科技入户项目一等奖，市区"菜篮子"先进个人等奖项。②引进推广各类集成农业新技术 10 余项：推广应用 5 000 余亩，吸引周边 3 000 余人现场学习，取得效益 500 余万元。③刊物上发表文章：在《中国蔬菜》发表《慈姑—泥鳅高效立体种养生产技术》《早熟辣椒新品种扬椒 1766 的选育》，在《江苏农业》发表《杂交籼稻 K 优 818 特征特性及高产栽培技术》。

## 253. 阳高县友宰农业技术推广中心站

**姓　　名：**李福祥

**业绩摘要：**围绕全县杏果特色支柱产业发展做出特殊贡献：①建基地、扩规模、创品牌。初建杏果基地 900 亩，逐步在全县拓展大接杏面积 4 万亩。注册"大咀天"杏果品牌，已成为县域公共品牌。②编规范、引品种、解难题。编制《杏果规范》一书，引进大接杏、红堤葡萄、香梨、寒富苹果等新品种。解决杏树食心虫防治、杏果冻害、设施杏果等技术难题。③优服务、富农民、得认可。每年 2/3 以上时间服务在田间地头，培训农民 1.4 万人次，带动基地以及全县 8 145 户贫困户，依托杏果产业实现稳定脱贫。由于业绩突出，得到各级组织认可。曾获得"省级农村拔尖乡土人才""农村科技推广带头人""年度双百优新农村建设带头人"称号。

## 254. 阳新县农业技术推广服务中心农产品质量安全监督管理办公室

**姓　　名：**万晟杰

**业绩摘要：**县乡基层工作 32 年，主要从事农业技术推广工作。近 5 年来，引进推广集丰、优、抗于一体的农作物新品种 32 个，研究推广绿色高产高效农业新模式 16 个，推广面积 150.3 万亩，创造直接间接经济效益 5.29 亿元；完成农业新技术试验示范 18 个，撰写技术总结和论文 10 多万字；组织、主持、实施农业重大项目 15 个，每个 3～5 年，创造直接间接经济效益 1.52 亿元，农业生态环境明显改善；培植种粮大户、科技示范户 2 300 多户，户均年种植纯收入 3 万余元；主持制定阳新县农业抗灾救灾技术方案，挽救灾民经济损失 1.1 亿元；科技培训专技人员和新型职业农民 3 万余人次；获省科技进步三等奖 1 个、部级先进个人奖 1 个、地市级先进个人奖 1 个。

## 255. 阳新县特产局

**姓　　名：**何中坚

**业绩摘要：**①大力推广农业实用技术，先后主持新品种试验示范 30 个，共推广农作物优质杂交良种 16 万余千克，为农民增收 1 400 余万元。②强力推进"三品一标"农业品牌开发与监管，开发农业品牌 65 个，"三品"基地面积达 35 万亩，年均增收 2 亿元以上。③强化农产品质量安全与监管，2017 年成功创建了"省级农产品质量安全县"。④主持并完成阳新县第一次全国农业污染源等普查工作，获国务院嘉奖。⑤积极发展特色产业，主持编制了《阳新县特色产业发展规划（2018—2020 年）》，2018 年新发展茶叶、水果、苎麻等特色产业 5.2 万亩，带动贫困户 1.7 万户。2017 年被湖北省人民政府批准为享受政府专项津贴人员。

## 256. 叶县农技中心

**姓　　名：**赵军铭

**业绩摘要：**参加工作 33 年来，一直从事农业技术推广工作。以服务生产为宗旨，在农业生产的各个关键环节搞调查、提建议、拟方案、开展技术培训等。共推广农业实用新技术 36 项，推广面积 1 200 万亩，增产粮食 6 亿千克；示范、推广新品种 23 个，推广面积 800 万亩，增产粮食 4 亿千克；开展农业技术培训 200 余期，培训农民 20 余万人，送科技下乡 100 余次，发放农业技术资料 50 余万份，开展技术咨询万余次，受咨询农民 50 余万人。有效地提高了广大农民的科学种田水平，为叶县农业增产、农民增收做出了积极贡献。1997 年被评为河南省夏粮生产先进工作者。

## 257. 仪陇县农业技术推广站

**姓　　名：**王华

**业绩摘要：**"说一千道一万，不如亲自去示范"这是王华参加工作以来的座右铭，无论是在乡镇，还是在县站，每一个示范现场和每一项新技术的推广他都身体力行，亲自做给农民看，领着群众干，搞出高标准、高质量、高规格的市县示范现场 15 处，3 年来累计推广新品种 30 余个，新技术 55 万亩以上，联系科技示范户 83 户，举办粮油菜药等高产栽培技术专题培训会 10 场次，印发资料 3.5 万余份，培训 3.2 万人次，成了群众口中的"庄稼王"、同事心中的"工作狂"、领导眼中的"实干郎"，为全县粮食种植面积稳定在 115 万亩，总产量达到 43 万吨，连续获得"四川省粮食丰收杯"做出了积极贡献。个人多次荣获市县表彰奖励，始终保持着一个优秀共产党员的本色。

## 258. 宜都市陆城街道办事处农业公共服务中心

**姓　　名：**毛玉珍

**业绩摘要：**①参与专业规划、技术方案的制定工作。②主持参与国家重大科技项目。③创造性地将常规性技术与引进新技术相结合，探索出了适合宽皮柑橘栽培区域提升品质增加效益的"十个一"栽培技术措施，在全省率先实施精品果园建设。④被陆城街道办事处确定为农业生产安全专业委员会成员；被宜都市陆城街道办事处三江蔬菜协会聘为专家。⑤撰写多篇调研报告。参与制定区域科技发展规划，提出合理化建议被政府采纳。⑥开展科技培训全面组织柑橘大实蝇防治工作。⑦获科技成果奖 1 个。⑧制定地方标准 2 个和 1 个技术规程。⑨撰写科技论文。⑩撰写科普文章。⑪参与拍摄电视专题片。⑫获得多项奖励。

## 259. 弋阳县农业技术推广中心

**姓　　名：**刘凯

**业绩摘要：**刘凯 1990 年参加工作，已连续从事基层农业技术推广工作 30 年，且常年有 2/3 以上工作时间在生产一线从事技术推广。其业务精通，理论基础扎实，具有丰富的生产实践经验。推广应用了小蚕片叶立体培育、测土配方施肥、水稻高产创建、大禾谷种植、耕地保护与质量提升等技术。从无技术事故或连带责任。获 1994 年全国农牧渔业丰收二等奖，2001 年省农业科教人员突出贡献二等奖，2000 年度、2005—2006 年度、2009—2010 年度江西省农牧渔业技术改进奖三等奖，2014—2016 年全国农牧渔业丰收奖三等奖。获评 2017 年全县科技扶贫先进个人和 2018 年全县产业扶贫先进个人。还多次获得了部、省、市、县奖励。

## 260. 鹰潭市农业农村粮食局

**姓　　名：**杨智勇

**业绩摘要：**杨智勇同志在工作上有较强的综合协调能力，专业理论知识丰富，实践能力强。20 多年来一直从事粮油生产和管理工作，在发展鹰潭市粮油生产中，积极推广良种良法，多年来，深入基层，在全市推广水稻直播、抛秧、抗倒伏、全程机械化、工厂化育秧、绿色防控、新品种展示、测土配方施肥、多播 1 斤种合理密植等水稻新品种新技术方面做了大量的具体推广工作，实现粮食总产连续 15 年增产。承担了现代农业标准粮田、整建制粮食高产创建、有机质提升、新品种区域示范等农业项目的实施和管理工作。多次获得全国、全省、全市粮食生产工作先进个人，水稻轻型节本高效栽培技术研究应用获得 2008 年度鹰潭市科学技术二等奖。

## 261. 应城市农业试验站

**姓　　名：**刘红菊

**业绩摘要：**刘红菊参加工作以来，一直从事农业技术推广应用工作，先后从事了棉花生产、农作物病虫草害的预测预报和防治、农民科技教育培训、农业试验示范等工作，主持和参与了杂交棉制种和中国/联合国粮农组织亚洲社区水稻病虫综合防治、阳光工程、新型职业农民培育、基层农技推广体系建设与改革等多个项目的实施和推广应用，并获得省市科技进步奖 2 项。参与编写了《现代糯稻生产技术》《粮油作物高产栽培技术》《农民手机应用》《农作物病虫害专业化统防统治彩色图谱》等新型职业农民培育系列教材，并担任主编、副主编、编者。多次被评为省市先进工作者，孝感市第四、五次党代表，应城市第九届人大代表，应城市青年学术技术带头人、专业技术拔尖人才。

## 262. 永清县农业局农业技术推广站

**姓　　名：**金海峰

**业绩摘要：**金海峰，永清县农业局技术站副站长，农业技术推广研究员。1988 年 7 月参加工作，一直在永清县农业局工作，从事农业技术推广工作 32 年。廊坊市第四届、第五届政协委员。廊坊市第四批、第五批市管优秀专家。在推广工作中金海峰取得国家发明专利两项，实用新型专利 3 项，河北省农技推广三等奖 1 项，廊坊市科技进步奖两项，主编《农村新能源实用技术》1 书，发表论文 3 篇，推广农业技术 10 余项，取得了很好的经济效益和社会效益。

## 263. 余庆县龙溪镇农业综合服务中心

**姓　　名：**田洪刚

**业绩摘要：**推广两杂良种等农业实用技术，面积达 80 余万亩。推广旱育稀植等面积达 50 余万亩。推广水稻机械化插秧技术面积达 0.5 万亩/年，优质稻高效栽培技术推广面积达 1.2 万亩/年以上，水稻旱育稀植技术推广面积达 1.4 万亩/年以上。培育了一批家庭农场创新新的农业经营模式，指导农业龙头企业建立有机水稻生产基地 15 公顷。参与由贵州省科技厅、贵州省农科院主持实施的优质稻技术集成研究应用产业示范，获全国农牧渔业丰收奖二等奖 1 项、三等奖 1 项；贵州省农业丰收奖二等奖 1 项、三等奖 5 项；遵义市农技推广奖一等奖 2 项、二等奖 6 项；余庆县科技进步奖四等奖 1 项。在省级以上期刊以第一作者发表论文 6 篇。获得市县政府及业务部门表彰 17 次。

## 264. 榆树市农业技术推广服务中心

**姓　　名：**何亚荣

**业绩摘要：**何亚荣 1993 年在吉林农业大学加入中国共产党，思想积极进步。1994 年毕业，25 年来一直在农业技术推广一线工作。多年来，先后推广水稻简塑盘育苗抛摆秧栽培技术、耐密玉米综合高产栽培技术、玉米保护性耕作等 40 项新技术，为农民增收增效达 20 余亿元以上，先后筛选出 70 余个玉米品种和 40 余个水稻品种。每年为农民解决实际生产难题 2 000～3 000 个，每天通过 12582 接听全省农民电话十几到几十个，每年培训农民上万人次。2018 年榆树市遭到 62 年不遇特大春旱，从 5 月 16 日到 6 月 20 日，每隔 5 天制定 1 项抗旱技术措施，为政府指导农业当好参谋，并在榆树电视台连续播出，每天下乡指导，为榆树市大旱之年夺丰收做出重要贡献。

## 265. 榆树市新立镇农业技术推广站

**姓　　名：**刘国生

**业绩摘要：**2006 年度、2009 年度、2011 年度、2012 年度被吉林省农业委员会评为农技推广、农药推广先进个人；2015 年度被吉林省农业技术推广总站评为农技推广、植保工作先进个人；2012—2013 年度主持长春市农业技术推广项目：旱黄瓜高产栽培技术推广，获得二等奖；2014—2015 年度主持长春市农业技术推广项目：珠葱、白菜轮作高产栽培技术，获得三等奖；2015—2016 年度主持长春市农业技术推广项目：设施番茄高产栽培新技术推广，获得三等奖；2016—2017 年度主持长春市农业技术推广项目：黑土地保护米豆轮作综合技术推广项目，获得二等奖，2016—2017 年度参与完成榆树市土壤改良与水土保持技术示范，获得三等奖。

## 266. 禹城市农业技术推广站

**姓　　名：**杨友庆

**业绩摘要：**自工作以来，杨友庆严格按照共产党员的标准要求自己，在基层农技推广战线上一干就是 30 多年。连续 7 年被聘为全国基层农技推广补助项目技术指导员。2017—2018 年连续两年被省科协聘为精准扶贫专家，参与技术扶贫工作。引进示范推广多项新品种、新技术，为新技术的推广应用奠定了坚实的基础。2018 年全市小麦配方施肥与规范化播种技术推广面积达到 48.2 万亩，占总播种面积的 66%；水肥一体化面积达到 3.16 万亩，75% 以上的大棚蔬菜安装应用了水肥一体化技术设施；实施大豆轮作栽培 5.6 万亩；70 余万亩小麦全部实施了"一喷三防"技术，带来了良好的经济、社会和生态效益，多次荣获上级单位的表彰奖励。

## 267. 玉田县亮甲店农业技术推广区域综合站

**姓　　名：**马志

**业绩摘要：**35 年来，引进推广重大农业新技术和科技创新 40 项（其中近 3 年 9 项），经济、社会和生态效益显著。取得国内领先科研成果 2 项，选育新品种 1 个，获专利 1 项，制定地方标准 1 个，获科技成果奖 39 项次。其中，国家科技进步奖二等奖、部级推广一等奖各 1 项，省科技进步奖 4 项，省山区创业奖 1 项，省农技成果奖和丰收奖 3 项，市科技成果奖 16 项。出版著作 2 部，发表科技论文科普文章 23 篇。获荣誉奖励 36 次，2010 年获全国科技抗灾促春管保春耕服务活动先进个人，2017 年获省"最美农技员"，2010 年、2011 年获省农技推广系统先进工作者，2001 年、2004 年获市农业系统先进工作者，2016 年获第一届农管家杯农民最喜爱的农技专家等荣誉。

## 268. 岳普湖县农业农村局

姓　　名：布再奶甫

业绩摘要：①积极投身"菜篮子"，努力提高菜农收益。2014 年至今积极参与岳普湖镇城郊"菜篮子"工程，负责岳普湖镇 202 座拱棚和 24 座温室技术指导，通过多年努力，2018 年蔬菜种植科技示范户亩均年收入已达两万元。②"小技术"显身手，引进实用科技促增收。2015 年通过引进温室辣椒剪茎再生技术，实现秋冬茬温室辣椒产量潜力进一步提升，种植收益进一步增加，极大地激发了菜农种菜致富的积极性，岳普湖镇 3 村菜农自发制作"感谢好公仆　党的好干部"旌旗以示感谢。③依托"天赐金芋"品牌，助力特色产业发展。④积极探索研究设施种植，为产业结构调整提供技术储备。⑤做好育苗服务，大力发展庭院经济。

## 269. 云南省农业技术推广总站

姓　　名：吴叔康

业绩摘要：吴叔康作为一名科技工作者，35 年来，长期致力于解决农业生产中存在的实际问题，他走遍了全省 80 多个县的村村寨寨，凭着丰富的理论知识和多年的实践经验，从粮食生产发展的思路和先进栽培技术的应用等方面提出了许多建议并被采纳。2006 年以来，组织实施高产创建、水稻精确定量栽培、水稻高产高效栽培、"水稻＋"绿色高效模式等多项重大技术均取得了显著的社会和经济效益。先后获省科技进步三等奖 1 项、二等奖 2 项、一等奖 1 项；2010 年获中国植保学会科学研究类一等奖；2011 年获国务院全国粮食生产有突出贡献农业科技人员荣誉。多年来，他始终爱岗敬业，默默奉献，赢得农民群众的广泛赞誉和各级农技人员的普遍认可。

## 270. 云县大寨镇农业综合服务中心

姓　　名：陈载雪

业绩摘要：陈载雪同志自 2003 年从事基层农业技术推广工作以来，致力于农业科技推广和科技扶贫工作，带领农业科技人员深入农业生产第一线，做了大量农业实用技术推广工作，取得了一定成绩。近年来，①为大寨镇引进推广了水稻精确定量栽培技术、小型玉米播种机等重大农业技术和农业实用机械，降低了劳动力成本，提高了农业生产效率。②集成和推广了"五统一"和"一增二改"的山区玉米丰产栽培集成技术，破解了制约山区玉米增产的瓶颈，促进了玉米产业的发展。取得了较好的经济、社会和生态效益。③创新了基层农业技术推广方式方法和服务机制，完善了推广服务网络，强化为农服务。为大寨镇粮食增产、农民增收、农业增效、农村发展做出了较大贡献。

## 271. 郧西县关防乡农业服务中心

**姓　　名：** 孙英明

**业绩摘要：** 孙英明同志2006年开始主持乡镇农技推广服务工作，先后多年被市、县农业局评为农业工作先进个人、服务蔬菜产业先进工作者，被郧西县人民政府评为服务蚕桑生产先进工作者。近年来他以脱贫攻坚为己任，把关防乡近5000亩水稻做成绿色生态冷水稻，大力推广水稻全程地膜覆盖湿润栽培技术，改高山水稻一年一熟为"稻—油"一年两熟，大幅度提高单位面积产能效益，个人被县委县政府评为包联贫困户脱贫工作优秀包户干部。该同志30年来一直坚守在基层农技推广一线，为"三农"工作默默奉献。由于从事基层农技推广工作成绩突出，2017年被省农业厅授予"最美农技员"称号。

## 272. 枣阳市农业技术推广中心

**姓　　名：** 陈斌

**业绩摘要：** 2016年，引进籼粳杂交新品种甬优4949，超高产攻关通过验收。2008年，引进抗稻瘟病水稻新品种广两优35，获全国农牧渔业丰收奖三等奖。2003年，引进湖北省第一个优质强筋小麦新品种鄂麦23，获湖北省科技进步奖二等奖。2010—2015年主持水稻绿色高产高效生产技术集成与示范推广，获全国农牧渔业丰收奖一等奖。2012—2017年主持水稻免耕直播低碳丰产栽培技术集成与示范推广，获湖北省科技进步奖二等奖。2009—2011年主持小麦大面积增产关键技术研究与应用，获湖北省科技进步奖二等奖。2013年始，帮扶8个植保专业合作社，2个为湖北省级二十强，2个为襄阳市级十强。

## 273. 昭通市水果技术推广站

**姓　　名：** 蔡兆翔

**业绩摘要：** 37年来坚持农技推广一线，先后主持、参与苹果技术研究和推广新技术30余项，选育品种2个，编专著1部，《技术手册》2部。主笔编制地方标准6项。他组织农民新植苹果、改造老果园，帮助公司改进技术、制定标准、规范运作、树立品牌，使公司实现了科研、推广、生产、销售一体化的产业化经营。近5年，累建示范样板20多万亩，累推新技术180多万亩次。每年亲自培训果农千余人，建立了基层科技队伍。其中2016—2018年建示范样板19.5万亩，带动121.7万亩次果园提质增效，3年新增产44.7万吨，新增产值26.99亿元。促进了特色产业发展，带动贫困户3.2万人增收致富。先后获省市科技、推广各种奖励30多项。

## 274. 肇源县农业技术推广中心

**姓　　名：**张德军

**业绩摘要：**为服务区引进推广重大农业技术 4 项，集成创新技术 4 项，取得显著效益，并形成 8 个可推广技术规范；积极同农业科研院校合作，促进成果转化，获省部级奖励 3 项；加强对新型农业经营主体技术指导，带动农民增产增收；积极参与科技园区建设，发挥示范引领；创新推广手段；积极参与"12316"服务热线；积极参加科技扶贫工作；在化验室工作期间，潜心钻研，创新工作，获全国土壤肥料检测工作先进个人；接任检测站站长后，勇挑重担，并成功通过省级资质双认证，为肇源县成功创建国家级农产品质量安全县奠定基础。自 2009 年以来，获地市级以上科技奖励 32 项，县级以上荣誉 19 次，发表论文 12 篇，参编著作 5 部，编书 1 部。

## 275. 柘城县牛城农业技术推广区域站

**姓　　名：**皇雅领

**业绩摘要：**皇雅领同志驻惠济乡周店村帮扶队员，热爱祖国，拥护中国共产党。具有良好的职业道德和过硬的业务素质，长期开展农业技术培训和指导工作，为全县农技推广做出了突出贡献。参加工作 27 年以来，始终忙碌在农技推广一线，在全县范围内引进推广应用农业新技术、示范推广农业集成创新技术 20 余项，累计推广面积近百万亩，实现农民增收近亿元。多次参与国家级重大科技专项，充分发挥科技示范对农业生产的辐射带动作用。通过创新农技推广方式，组织农业技术培训 200 余场次，培育壮大新型经营主体100 多个。获省、部级科技成果奖 2 项，撰写著作及发表论文 20 余篇（部）。连续 5 年被评为单位先进个人，2016 年度被评为全省土肥先进个人。

## 276. 浙江省苍南县农业技术推广站

**姓　　名：**林辉

**业绩摘要：**1989 年从事农技推广工作至今，爱岗敬业，吃苦耐劳，坚持扎根"三农"第一线，积极做好农业新技术的示范推广，示范推广粮食、蔬菜等农作物新品种 30 多个、新技术 10 多项，累计推广面积 80 多万亩次，增加农民收入 4 亿多元，为苍南农业增效、农民增收做出积极贡献。18 项科技成果获部、省、市、县科技进步奖和农业丰收奖，其中 2 项获全国农牧渔业丰收奖成果奖一等奖；制定或参与省、县农业技术规程 11 项，发表论文 30 多篇；20 多次获国家、省、市、县先进工作者，先后获"温州市十佳农技人员""浙江省农业科技成果转化推广奖""全国粮食生产先进工作者"等荣誉，2011 年被国务院授予"全国粮食生产突出贡献科技人员"称号。

## 277. 浙江省慈溪市坎墩街道农业技术服务中心

**姓　　名：**王旭强

**业绩摘要：**从事乡镇农技推广 37 年，爱党爱国爱农，每年 2/3 时间蹲在农田农户处，向农民学习，为农民服务，积极推广新技术新品种，为现代农业发展和农民增收做出了积极贡献，被农民誉为最接地气农技员。累计推广新品种 27 项，年增产值上亿元。推广农业技术 40 余项，讲课 50 余场次，培训 2 500 人以上。创建农业园帮助大学生成为农创客，《人民日报》《浙江日报》头版头条报道。建成省级助残扶贫基地、星创天地等一批有影响基地。主持参与农业项目 20 余个，发表论文专著等 50 余篇（部）。获丰收奖、发明专利授权等 30 余项，其中获全国丰收奖 2 次，先进个人 28 次，获省农技推广贡献奖、十大农技推广人员等称号，2017 年被推荐为农业部"最美农技员"候选人。

## 278. 浙江省耕地质量与肥料管理总站

**姓　　名：**陈红金

**业绩摘要：**始终坚持服务"三农"初心，以服务现代农业为中心，常年深入基层开展服务，培训技术骨干 2 500 余人次；主持或参与 16 项省、部级重点科研项目研究推广，获省（部）科技进步奖 7 项，发表论文 19 篇，专著 4 部。近年来，牵头组织推广了测土配方施肥、耕地地力培肥、有机肥替代化肥、化肥减量增效等一批省部级重点项目，创新基层推广机制，培育创建服务组织，实现全省测土配方施肥年推广 3 200 万亩以上，累计实施地力培肥 2 900 多万亩、商品有机肥应用 2 520 万亩，为浙江省土肥技术普及做出了突出贡献。为其中 13 个县推广茶叶测土配方施肥、地力培肥、有机肥安全利用等技术 266.29 万亩，新增经济效益 8.13 亿元，取得显著经济、社会、生态效益。

## 279. 浙江省丽水市遂昌县农业农村局

**姓　　名：**朱金星

**业绩摘要：**对党忠诚、信念坚定、热爱"三农"事业，连续在基层一线农技推广工作 34 年，其中 22 年田间病虫监测，恪尽职守，积极作为，为减少农作物病虫害因灾损失做出重要贡献。省农业学术和技术带头人，市突出贡献专家，县首席农技推广专家。获全国农业先进工作者、全国科普先进工作者，浙江省农业科技先进工作者，省、市两级优秀科技特派员等荣誉；近年推广重大农业技术 10 多项，其中参与农作物重要病虫鉴别与治理原创科普系列彩版图书项目获国家科技进步二等奖和中华农业科技奖科普奖；负责丽水农作物病虫绿色防控集成技术示范推广项目在遂昌县实施，获省农业丰收一等奖；主持遂昌山区茶园害虫绿色防控技术研究应用推广项目，获科技成果登记。

## 280. 浙江省农业技术推广中心

**姓　　名：**俞燎远

**业绩摘要：**26 年来，研究与推广工夫红茶生产技术，香茶创新工艺技术，茶叶优质高效栽培技术，茶树优良品种应用技术，名优茶生产技术等 10 余项重大集成创新技术，先进度高，引领性强。通过制定茶叶生产技术标准，编著茶叶标准化手册和技术模式图，使复杂的技术图片化和通俗化，茶农容易接受。组织举办技术培训班，参与授课 100 余次，培训茶业专技人员和茶农超万人，技术普及应用率高，经济、社会、生态效益显著。主持或参与成果获省级以上奖励 18 项，其中全国农牧渔业丰收奖 8 项，中华农业科技奖 1 项，省科学技术奖 3 项，省农业科技奖 5 项。主编或参与编写茶叶专著 17 本，制定标准 10 项，专利 2 项，发表论文 54 篇，为茶叶技术推广和产业发展做出了贡献。

## 281. 浙江省衢州市柯城区万田乡农业技术推广站

**姓　　名：** 徐建国

**业绩摘要：** 35 年来，一直在基层一线从事农业技术推广工作。具有扎实的专业基础理论和丰富的生产实践经验，有较高的技术培训和解决实际问题的能力，是柯城区主要技术骨干。结合万田乡城郊特色和种植传统，总结提炼 4 个高效模式，先后 4 次得到省农业技术推广基金会项目资金扶持。2018 年度发展休闲观光农业，主持种植了 600 亩彩色水稻"小猪佩奇"和"南孔爷爷　衢州有礼"，被央视、省卫视和衢州台多次报道，得到各级领导肯定，经济和社会效益初步显现。狠抓精品橘园建设，主持创建了市级精品园 2 个，区级精品园 5 个，种植柑橘新品种 370 亩，建设施大棚 105 亩。2017 年度主持完成了农业"机器换人"示范乡镇创建工作，徐建国和单位多次受到表彰。

## 282. 浙江省文成县农业农村局农业科学研究所

**姓　　名：** 蒋加勇

**业绩摘要：** 蒋加勇作为县农科所所长，国家大宗蔬菜产业技术体系温州综合试验站技术骨干，精通果蔬业务。1991 年工作以来，常年在一线从事农技示范推广服务工作，始终以一个农业科技工作者的敬业精神，为促进农业节本、增产、增效和农民增收做出了应有的贡献，入选浙江省第二批农业技术带头人培养人员。主持或主要参与的项目有 46 项科技成果获省、市、县奖项，其中获得省农业科技成果转化推广奖 1 项、省农业丰收奖二等奖 1 项、三等奖 5 项等。52 次获全国、省、市、县个人荣誉，被授予第一次全国污染源普查国家级先进个人、省农业技术推广贡献奖、温州市优秀科技工作者等荣誉。57 篇论文在国家、省级核心科技刊物上公开发表；制定推广地方标准 8 项，主持其中 2 项。

## 283. 镇康县南伞镇农业综合服务中心

**姓　　名：** 罗冬梅

**业绩摘要：** 罗冬梅自参加工作以来，一直奋战在基层一线，她工作认真、尽职尽责，任劳任怨，为边疆"三农"工作做出积极贡献。①大力引进推广玉米新品种、新技术。②推广测土配方施肥。③推广农业机械化耕作。④组建蔬菜种植协会，发展大棚蔬菜种植。⑤狠抓产业发展助推脱贫攻坚。2016 年被县委评为优秀共产党员，2018 年被县委县政府评为科普工作先进个人，2018 年被县委县政府评为镇康县先进妇女工作者。

## 284. 镇宁布依族苗族自治县植保植检站

**姓　　名：**程蕾

**业绩摘要：**参加工作至今25年，每年2/3以上的时间在生产一线从事技术推广，近3年发表论文7篇。2013年至今组织和指导精品水果、蔬菜、中药材、食用菌等方面的农民专业合作社29家。参与拟定《贵州省镇宁自治县农业特色主导产业发展规划》，组织申报地理标志登记保护品种2个。参与《樱桃病虫无害化治理技术规程》制定和主持镇宁蜂糖李、镇宁樱桃地理标志产品2个省级地方标准的制定。首次提出施用"纯天然植物生长调节剂0.136％赤·吲乙·芸苔（碧护），提高生姜抗病虫水平"。参与发明专利1项。获贵州省农业丰收奖4项，获省"千"层次创新型人才、省万名专家服务"三农"优秀农业辅导员、安顺市管专家、中青年优秀专业技术人才等多项荣誉。

## 285. 竹山县麻家渡镇农业技术推广服务中心

**姓　　名：**刘斌

**业绩摘要：**①注重社会化服务组织及市场经营主体的培植、培育。先后培植各类农业主体38个，培育社会化服务组织4家，培植科技示范户90户，开展技术培训5 000多人次。②参与重大农业科技项目，实施技术创新。参与完成国际农发基金竹山县特色产业开发项目，主导完成低山丘陵无性系茶苗地膜覆盖栽培技术，应用率100％，累计节约成本342万元，增收1 600万元。实施水稻测土配方施肥技术，推广3.3万亩，应用率100％，亩平增产31.7千克，新增纯效益1 860万元。参与完成油菜345绿色高产高效栽培模式，推广应用1.6万亩，应用率91.6％，实现总经济效益1 130万元。

## 286. 秭归县水田坝乡公共服务中心

**姓　　名：**向锋

**业绩摘要：**①围绕打造四季鲜橙基地抓品种改良，在水田坝乡建设早红基地0.5万亩，纽荷尔、林娜基地3.5万亩，伦晚、红肉基地1.3万亩，实现早中晚熟搭配，产值由品改前的0.7亿元增加到4.3亿元。②推广"配方施肥、生草栽培、大枝修剪、花期复剪、绿色防控、综合保果、覆膜增糖晚熟采收、机械运输"等新型实用技术10多项，推广应用单轨运输机、肥水一体化系统、微耕机等新型农机具2 000多条（台），节本增效1 000万元；并建立柑橘黄龙病、溃疡病、大实蝇监测点3个，固定观测，确保产业安全。③参与实施省、市、县科技推广项目5个，获得市成果推广二等奖1个，获得省"最美农技员"称号；发表论文10多篇，培训柑农1万多人次。

# （四）其他服务主体

## 1. 安陆市旺鑫生态农业有限公司

姓　　名：刘晓虹

业绩摘要：安陆市旺鑫生态农业有限公司，是以建设区域生态循环示范小区为重点的绿色、循环型生态农业公司。2016年，由安陆籍刘晓红女士创办，通过高起点规划、高标准建设、高效率推进，打造集农业科普教育、新特品种展示、休闲观光体验、绿色高效生产、化肥减量示范、秸秆综合利用、职业农民培育等多种主题功能于一体的现代农业展示基地。农业农村部科教司司长廖西元、副司长李波，农村社会发展促进司司长李伟国先后到公司调研考察，充分肯定了现代农业发展成效。《湖北日报》《孝感日报》多次报道了该公司现代农业技术推广典型事迹。公司先后被评为孝感市农业产业化重点龙头企业、全国农技推广试验示范基地、湖北省农业绿色生态系统恢复和提升应用示范基地。

## 2. 北京龙湾巧嫂果品产销专业合作社

姓　　名：张亚利

业绩摘要：张亚利是近年活跃在京郊农业的致富带头人，是远近闻名的农技推广明星，曾获"北京市最有突出贡献的实用人才""全国农业劳动模范""全国十佳农民"等殊荣。累计引进推广测土配方施肥、土壤培肥、生物防治、五彩豆等农业新技术、新品种35项，覆盖周边5个乡镇17个自然村，解决了500余人就业问题，实施或协助实施技术推广项目20个，组织社员开展农业技术培训98场，培训1.5万多人次，辐射带动1 000余户村民。开设"纸上种菜"等现代农业系列课程，展示农业废弃物循环处理、休闲农业景观设计等先进技术和理念，使合作社成为市农业科普基地和中小学生学农教育基地，每年接待参观学习10万人次，对农业技术推广具有示范带动作用。

## 3. 昌吉市农之鑫农机专业合作社

姓　　名：马建飞

业绩摘要：合作社目前社员200多户，流转土地10万余亩，大型进口采棉机12台，番茄采收机 4 台，大中型拖拉机 35 台套，配套各型农机具 95 台套，卫星导航无人驾驶系统 16 套、飞防设备 2 架；拥有年加工能力 3 万吨的机采棉加工生产线 1 条，建有全疆最大的农机综合服务中心；目前，拥有精准农业示范基地 8 万亩，开展农用无人机综合应用示范喷防 1.02 万亩，在高产攻关示范项目区推广实施一穴一粒精量播种，累计面积 3.5 万亩，推广棉花超宽膜播种 3 万亩；农机化示范基地面积 20 万亩；实施机采棉 14.5 万亩，建成 3 000 亩连片棉花全程机械化高产攻关示范田，重点实施精量播种、2.05 米宽膜种植、机械化采收等技术。

## 4. 福建省云霄县矾山果蔬专业合作社

**姓　　名：** 何银河

**业绩摘要：** 1993 年 6 月以来，何银河就在云霄县马铺乡从事优质淮山新品种研发标准化种植技术推广市场销售，特别是 2007 年成立云霄县矾山果蔬专业合作社，通过统一淮山产品生产、销售标准，与福建省农科院、闽南师范大学开展院企科技合作，引种成功中国台湾等地优良品种 32 个，研究推广山药浅槽定向栽培等技术，在福建省示范推广 1.3 万亩，并辐射浙江、广东等省，推广 1.5 万亩，亩产由 500 千克提至 1 200 千克，价格也由每千克 2 元增至 5 元；产品分获中国地理标志产品注册商标和无公害农产品认证，注册的"矾山"牌商标获福建省著名商标称号；该种植基地被列入"全国一村一品专业示范村示范点"该合作社也先后获评为国家级和省、市级专业合作社示范社。

## 5. 菏泽市定陶区种子公司

**姓　　名：** 王勇

**业绩摘要：** 为服务区推广小麦、玉米种子包衣技术；小麦高产栽培氮肥后移技术；夏玉米"一增四改"高产栽培技术；近 3 年重点推广了玉米大豆间作高产栽培技术，并形成可复制、可推广的技术规范。示范推广了小麦、玉米"全环节"绿色高效栽培技术，并取得显著的经济效益、社会效益和生态效益。成立综合性农业服务组织，购置无人机、新型自走式喷灌机、大型深松、深耕拖拉机、翻转犁等，采取托管方式创新服务为农业做出突出贡献。引进各类作物新品种 260 多个，建示范田 240 多处，高产示范方 70 多处，筛选出新品种 60 多个。推广小麦、玉米、棉花良种 8 540 万千克，面积 1 500 万亩，各类作物累计增加产值 126 000 万元，取得了非常好的经济效益。

## 6. 黑龙江省兴凯湖农场

**姓　　名：** 尹显洪

**业绩摘要：** 尹显洪同志 2006 年毕业于沈阳农业大学，2016 年任黑龙江省兴凯湖农场副场长，主抓农业。组织举办了首届"稻米文化节"暨"优质稻米品鉴会"，签订种植订单 6 万亩。与北大荒区块链公司、北大荒三聚、春晟米业等企业达成合作意向，优质米种植面积实现 54 万亩。为全场种植户增收 1 200 万元。在培育兴凯湖稻米品牌等方面做出卓有成效的贡献。在紧张的工作当中，他仍然抽出时间参加培训和学习，努力提高业务水平，2010 年获得推广硕士学位，13 年的工作中，他发表了多篇学术论文，取得了多项科研成果，先后荣获黑龙江省新长征突击手、垦区新长征突击手，管理局"五四青年奖章"等荣誉，并被国务院授予国家科学技术进步二等奖。

## 7. 乐东丰源种植农民专业合作社

**姓　　名**：邢福甫

**业绩摘要**：邢福甫 2006 年大学毕业后，就开始走村串巷给村民推广农业技术。攻克创业难题，带领农民实现共同致富。"一人富不算富，大家富才是真富"。邢福甫借助培训基地平台举办免费培训班，自费印制技术手册发放，在邢福甫的带动下，佛老村种植芒果 5 000 多亩、木瓜 1 000 多亩，种植面积翻番，农民人均纯收入也有了明显提高。此外，积极参与扶贫攻坚战。推广构建"合作社＋农户"模式，尖峰镇翁毛村委会试验场村是海南省 4 个生态扶贫移民搬迁村之一。为确保搬迁户"搬得出、稳得住、能致富"，邢福甫带动村民特别是建档立卡贫困户稳步增收。建设特色水稻种植扶贫基地。保障贫困地区和贫困人口真脱贫、不返贫，2019 年 4 月被全国总工会授予全国"五一"劳动奖章。

## 8. 攀枝花市仁和区总发乡经济发展服务中心

**姓　　名**：苟怀科

**业绩摘要**：扎根基层农技 32 年，以促进农业增效、农民增收为己任，围绕区域主导产业，从事新品种新技术引进与推广，参与项目 50 余项。示范凯特、吉禄等农业部主导品种和晚熟芒果补钙、晚熟芒果轮换结果修剪、晚熟芒果套袋等新技术 5 项；培育芒果品种 2 个，其中 1 个通过省级品种审定。在仁和区总发乡示范 2.6 万亩，年产量 0.8 万吨，产值 4 500 万元。辐射仁和区芒果面积 20 万亩以上，经济效益达 3 亿元以上；为全乡培育农业经纪人 37 人，农民专业合作社 17 个，家庭农场 7 家。参与制定仁和区有机火龙果、芒果生产技术规程，为 26 度果园、箐河农业等市级龙头企业提供技术支撑，并取得有机产品和有机转换认证证书。形成技术规范 10 项以上，具有区域性和独特性，经济、社会和生态效益显著。

## 9. 祁阳新农科种养专业合作社

**姓　　名**：邓根智

**业绩摘要**：邓根智从事水稻种植及技术推广工作 11 年，通过参加各类培训学习和技术交流，掌握了科学种粮之道，他组建了合作社和农业公司，创办新型职业农民培训基地，率先推广应用新型农机具，为农民提供技术指导、农机服务，引进与推广密室育苗、再生稻栽培、机械化烘干、机械化种植与农用无人机植保等新技术，降低了育秧成本，提升了集中育秧能力，再生稻质优价高，提高了合作社经济和社会效益，组建稻谷烘干中心解决了群众稻谷晾晒、烘干难题，带动当地农民脱贫致富，在农业技术推广方面做出突出贡献，先后荣获"全国爱粮节粮之星"、永州市"十佳新型农民"、永州市"优秀农村青年创业致富带头人"、祁阳县"粮食生产标兵"等称号，被评为农业科技示范户。

## 10. 秦皇岛小江蔬菜专业合作社

姓　　名：邬大为

业绩摘要：邬大为同志于 2011 年组建小江菜社（简称），主营根茎类蔬菜的种植、收储、加工、销售等业务，解决 160 余人直接就业，带动涉农产业间接就业 5 000 余人，取得良好的经济和社会效益。建立小江菜社绿色蔬菜种植示范基地 530 余亩，按照绿色食品标准生产，实行全程质量控制，通过发挥人才和科技的作用结合本地实际，率先引进推广了蔬菜新品种、栽培新技术、水肥一体化技术、土壤熏蒸消毒技术，适用于裸地、设施蔬菜种植和栽培的新农机等。带动了周边农户，不仅实现增产增收，还实现了由产量增收型向质量增收型的转变。该同志先后获得"河北省农村青年拔尖人才""全国农村致富带头人""全国向上向善好青年"、秦皇岛市丰收奖等多项荣誉。

## 11. 山西振东健康产业集团有限公司

姓　　名：李安平

业绩摘要：2003 年至今，李安平和他带领的振东集团大力发展中药材产业，利用"政府引导＋企业技术服务和投资＋合作社组织管理＋农户操作"的模式，在全国范围内推广、发展药材种植基地近 80 万亩。在此过程中，李安平及其领导的团队取得了"苦参规范化种植""山西道地药材连翘野生抚育关键技术研究""苦参套种玉米优质高产技术研究"等多项技术研究成果，同时承担了国家中药标准化"柴胡等 9 种中药饮片标准化建设"。利用公司产业及技术优势，李安平带领集团连续承担并开展了各级各类政府中药材产业技术、管理等专项培训工作。积极推广并开展技术下乡服务。目前，振东中药材产业已经成为山西省脱贫攻坚的支柱产业和贫困农户脱贫增收的主要渠道之一。

## 12. 陕西省农牧良种场

姓　　名：温彩虹

业绩摘要：31 年坚持工作在农业生产第一线从事农业技术推广工作，常年有 2/3 以上时间工作在田间地头，开展农业科技培训和生产技术指导，推广农业技术 10 余项，近 3 年推广小麦种子标准化生产技术集成 1 项，新品种 2 个。引进推广小麦等作物优良品种 30 多个，推广面积 500 多万亩。近 10 年仅依托巨良种业公司推广提纯复壮小麦优良品种 2 000 多万千克，推广面积 200 多万亩，增产小麦 1 亿多千克，带动农民增收 2 亿多元。创新农技推广方式，引进展示小麦、玉米新品种 40 多个，开展生产示范，让作物优良品种及其高产高效栽培技术以最直观的方式展现在群众面前，全力打通"农技推广最后一公里"，实现作物优良品种与高产高效栽培技术集成推广，助力粮食生产、农工和农民收入增加。

## 13. 宿迁市宿城区蔡集镇农业经济技术服务中心

**姓　　名：孙莉**

**业绩摘要：**孙莉近年来引进推广重大项目 2 项，推广普及率达到 50％以上。承担市级试验项目 6 个，区级试验项目 7 个，提供试验数据 6 份、撰写试验小结 7 份。编写农技信息 17 期，发放病虫害宣传材料 2 000 多份。培育稻麦、园艺科技示范户 70 户，增产增收效益显著。培育省级示范家庭农场 3 家，市级示范家庭农场 2 家。因工作认真负责、推广工作成绩突出，先后被市、区、镇评选为"推广工作先进工作者""目标考核先进个人""优秀共产党员"等。2016 年被镇党委推选为中共宿迁市第五届党代表。

## 14. 杨凌珂瑞农业专业合作社联合社

**姓　　名：马新世**

**业绩摘要：**马新世，高级农技师，1990 年创办"杨凌西甜瓜蔬菜研究所"，相继培育出"陕抗""冠秦系列"等西甜瓜新品种 30 多个。2012 年完成了"甜瓜新品种高效栽培与示范"推广成果，并获得陕西省优秀成果。2013 年获得陕西省政府科技成果二等奖。2014 年，他推广有机栽培基质技术，破解了杨凌设施农业土壤生态退化难题，被评为杨凌示范区先进工作者。2016 年，马新世成立杨凌珂瑞农业合作社联合社，在杨凌建成占地 518 亩、拥有双拱双膜新式大棚 128 座的杨凌职业农民创业创新园，被评为"陕西省十佳职业农民"。2017 年被评为全国农业劳动模范。2018 年被评为优秀人大代表和 2018 年度全国农村新闻十大人物。

## 15. 镇江市润宇生物科技开发有限公司

**姓　　名：高小文**

**业绩摘要：**高小文，农业技术推广研究员，连续 43 年扎根于农作物病虫草害的预测预报与绿色防控技术研究、开发、推广工作。先后推广农业新技术 13 项，发表相关技术文章 50 余篇，多次获得市、区先进工作者和突出贡献奖励。改变化学农药大量使用给食品安全和生态环境带来的负面效应。高小文刻苦钻研先后从自然界分离出 6 种昆虫病原体，用于新型微生物农药的开发。获授权发明专利 6 项，发表论文 12 篇。用短稳杆菌 GXW15-4 创制杀虫剂取得国家三证，该生物农药被中国农药工业协会鉴定为国内外首创，获国家重点推广产品、2018 年江苏省十大金牌奖产品等 16 项荣誉。近 3 年来短稳杆菌产品在全国林、茶、果、蔬生产中无害化防治达 1 000 多万亩。

# 二、畜牧兽医

ER XUMUSHOUYI

# （一） 科研单位

## 1. 鄂尔多斯市农牧业科学研究院

**姓　　名：**斯登丹巴

**业绩摘要：**多年来一直工作在基层一线，从事畜牧业技术推广与研究工作。他积极钻研业务，吃苦耐劳，多次受到上级部门的表彰和奖励。近几年组织实施了国家、自治区和市级项目达 10 多项，推广"肉羊、绒山羊、细毛羊选育提高技术""鄂尔多斯细毛羊冬春季节高效舍饲养殖配套技术研究及示范""提高鄂尔多斯细毛羊繁殖性能"（2018 年开始推广）等技术。每年在基层工作 5 个月以上，年培训农牧民及基层技术员 600 人次以上。编写论文，推广技术，解决了牲畜冬春缺草、繁殖成活率低、春季政策性禁牧舍饲养畜等重大技术难题，解决了草原畜牧业多年来想解决而未解决的关键性技术难题。有效促进农牧业增产和农牧民增收，受到同行及上级业务部门的好评。

## 2. 黑龙江省农业科学院畜牧兽医分院

**姓　　名：**刘学峰

**业绩摘要：**刘学峰同志从事畜牧技术推广和科研工作 36 年，在牧草、奶牛、肉牛、肉羊、生猪、蛋鸡、肉鸡、养鹅技术推广方面都做出了一定贡献，在近 5 年的技术推广中转化经济效益 183 816.4 万元。曾获得国家农牧渔业丰收奖一等奖 1 项（第 2 名），省科技奖二等奖 1 项（第 6 名）、三等奖 3 项（第 1、3、4 名），地（厅）级奖项 9 项。获授权专利 3 项，制定地方标准 3 项。连续三届获市级优秀科技工作者称号；2012 年获黑龙江省第十一届劳动模范称号；2013 年获市政府特殊津贴；2017 年享受省政府特殊津贴。现任国家"十三五"牧草产业技术体系齐齐哈尔综合试验站站长，黑龙江省草原与牧草育种重点实验室主任，齐齐哈尔市"家畜遗传育种学"领军人才梯队带头人。

## 3. 湖南省畜牧兽医研究所

**姓　　名：**周望平

**业绩摘要：**紧密结合生产实际，针对产业中存在的关键技术难题积极开展畜禽养殖领域的科学研究,有效促进了养殖水平和效益的提升,其中 1 项列入了国家高技术产业化项目,1 项研究填补了国内空白;制定了 15 项湖南省养殖业地方标准并发布实施;领衔技术团队,集成了多项猪病防治技术,并在全省开展了示范推广(其中仔猪全期成活率提高了 5.27%~6.18%,累计增收 9 469.9 万元);扎根生产一线,深入养殖场(户)开展技术指导与服务(示范片产值提高 5.2%、效益提升 7.1%),突破了产业发展的难点;主动应对养殖出现的突发事件,及时提供技术指导。

## 4. 四川省畜牧科学研究院

**姓　　名:** 蒋小松

**业绩摘要:** 蒋小松,男,博士,研究员,1985 年至今,一直从事肉鸡新品种、新技术研发和推广工作。培育推广新品种 2 个、研发推广地方鸡种开发与利用、新品种培育、标准化养殖、规划设计、宏观决策等新技术 5 套,集成技术标准 12 项,授权专利 14 件,发表论文 167 篇,出版图书 6 部。新品种、新技术推广到全国 18 个省(区、市),累计推广种鸡 500 万套,生产商品肉鸡 6 亿只,配套技术推广使生产水平大幅度提高,新增社会产值 300 亿元,获经济效益 60 亿元,取得显著社会经济效益。获国家科技进步二等奖(排名第 1)等奖项 11 项,在肉鸡新品种、新技术研发和推广方面取得重大成就,为推动四川省优势特色农业发展、带动农业增效和农民增收做出了突出贡献。

# （二） 大专院校

## 1. 华中农业大学

姓　　名：何启盖

**业绩摘要：** 从事教学、科研和技术推广22年，主导和参与研制3项新产品。重点在湖北、河南、广西、贵州等地区多家规模化猪场推广了伪狂犬病和猪圆环病毒病等5种疫病防控技术，有3家种猪场获得国家颁发的"动物疫病净化示范场（或创建场）"称号，有6家种猪场和1家生物制品企业新增经济效益3.02亿元。连续举办了18届全国猪病会和2次亚洲猪病大会，推广新产品和新技术。每年为全国近200家猪场提供诊断服务、开展技术培训约20场，为贵州省黔南州培训26名实验室技术人员。获得3项国家科技进步奖和2项湖北省科技进步一等奖。参与农业农村部组织的科技扶贫。常年有1/3以上时间在一线从事技术服务，为产业发展保驾护航。

## 2. 青海大学农牧学院

姓　　名：侯生珍

**业绩摘要：** 历经10多年深入生产一线，针对制约高寒牧区放牧藏羊生产问题展开了技术研究和示范推广。在国内首次建立了高寒牧区藏母羊高效繁育和羔羊高效生产的技术体系。打破了以往藏羊季节性发情误区，实现了藏羊的均衡生产，6月龄羔羊活体重提高112％。用科技手段解决了藏羊生产与草地生态环境保护的固有矛盾，由于技术成熟度高、复制性强、政府认可，在全省所有牧业州县进行了大面积推广。2016年获青海省科技进步一等奖。

## 3. 西北农林科技大学

姓　　名：周占琴

**业绩摘要：** 1982年以来，一直从事养羊技术研发与推广工作，在一线工作37年，年均一线工作180天。引进和推广羊品种3个，将布尔山羊及其利用技术推广到25个省区，将湖羊、东福里森羊以及自己建立和研发的3种肉羊生产模式、1套羊场智能管理系统、

14 套技术规范、10 项创新和改进技术推广到西北地区；建立肉羊基地 6 处、试验站 1 处；总结出"十八字"推广方法，培训 47 130 多人次；开启了中国母本绵羊培育和肉羊提质增效计划，使基地技术覆盖 70%，产业增收 26%。完成省部级科技项目 9 项、其他推广项目 8 项，获省部级成果奖 5 项、地市级及以上工作奖 10 项；2015 年起，周占琴作为三区人才和肉羊体系专家在六盘山及陕南山区参与产业扶贫工作。

# （三） 推广单位

## 1. 安徽省铜陵市枞阳县畜牧兽医局

**姓　　名：**吴立芬

**业绩摘要：**主推三化养猪和三元杂交猪标准化养殖技术，推广枞阳黑猪等地方特色品种，全县生猪良种覆盖率达95％以上。推广生猪人工授精技术，使母猪受胎率由88％提高到95％以上，窝产仔数由9.4头提高到10.2头，全县年增收约1 000万元。开展枞阳黑猪和枞阳媒鸭遗传资源保护和开发利用，培育枞阳黑猪省级保种场，推广"巴＊枞"二元母猪和"杜巴枞"三元杂交商品猪1 000余头，年增收200万元。指导创建标准化示范场66个，培育科技示范户60个。指导150个规模养殖场（专业户）编制"双份清单"，推广污水肥料化等粪污处理模式。全县畜禽规模养殖场粪污处理设施装备配套率已达79％以上，畜禽粪污综合利用率已达80％以上。

## 2. 安岳县永清镇畜牧兽医站

**姓　　名：**袁盛兵

**业绩摘要：**30载春华秋实，几十年如一日扎根基层技术推广，指导畜牧业绿色发展，主动请缨助力脱贫，3年来，扎实开展H7N9、非洲猪瘟等重大动物疫病防控，至今辖区无重大疫病发生，畜牧业年均产值达8 000万元，农民人均畜牧业增收60元；推行"畜—沼—果（菜）""企业＋"模式，打造鑫发农等种养循环经济建设，规模养殖达45％，粪污处理设施配套率达100％，废弃物资源化利用率达90％；推广人工授精、"室外生物发酵床""雨污分流＋碗式饮水"等技术，全县推广面积达90％，直接经济效益约500万元；优良品种推广覆盖率达90％以上；作为县专家服务团成员助力脱贫攻坚，编制《林下养鸡》手册，开展培训20余期、培训农民1 800人次。

## 3. 保山市动物疫病预防控制中心

**姓　　名：**濮永华

**业绩摘要：**32年致力于牧医事业，完成牧业规划、可研等80多件，主持牧医技术示范推广 14 项，产生经济效益 18.77 亿元。近 15 年从事动物疫控和畜产品安全工作，常年有 1/3 以上时间从事一线服务，无技术事故。2005—2016 年，主持实验室能力建设获省级先进奖励，形成重要技术支撑平台；推广畜禽免疫集成技术、猪蓝耳病防控技术、云南省动物防疫整村推进模式；担负省级生猪免疫新技术研究推广任务，解决基层防疫难题。2010—2017 年，推广畜产品安全检测、人畜共患病防控、禽流感防控技术；主持消灭马传贫的工作，提前 3 年达标，其创新的工作模式获部级专家肯定。其为推广新技术做出的贡献获各级领导专家的认可，获地市级以上成果和工作奖励 33 项（省部级以上 6 项）。

## 4. 北京市畜牧总站

**姓　　名：**王晓凤

**业绩摘要：**一直致力于家畜遗传改良工作，先后主持或参与省部级科技项目 10 余项，推广了种猪性能测定技术、遗传评估技术、氟烷基因净化技术等，为种猪遗传改良做出了突出贡献。2007 年获得市委组织部优秀人才培养资助、2009 年获得吴常信动物遗传育种生产与推广成果奖 1 次，北京市农业技术推广三等奖 1 次，全国农牧渔业丰收推广成果一等奖和二等奖各 1 次；参编地方标准 9 个，主编专著 1 部，参编（译）专著 6 部，申报专利 9 项（已授权 6 项），获软件著作权 2 项，发表论文 20 余篇。2012 年、2013 年、2015 年和 2016 年获得北京市生猪产业技术体系创新团队"先进个人"；2018 年获得"北京市三八红旗奖章"和"提升产业发展百名博士奖"等荣誉称号。

## 5. 朝阳县畜牧技术推广站

**姓　　名：**苑清国

**业绩摘要：**热爱祖国，拥护中国共产党，遵纪守法；29 年来一直在一线从事技术推广服务工作，从未发生技术事故或连带责任，承担主要专项工作 24 项，引进品种 6 个，承担重大科技专项 8 项；为朝阳县引进推广可复制、可推广、普及率高的重大农业技术 4 项并形成技术规范，近 3 年有 3 项；在区域内示范推广重大集成具有独特性和引领性，并取得显著经济、社会和生态效益的创新技术 7 项；其推广服务工作得到各级认可，个人获得表彰 22 项、其单位 25 项次（农业部 2 次），获科研成果奖励 9 项，个人发表论文 15 篇。承担的基层体系建设工作连续 4 年被省局评为优秀档次，并均位列前四，倡导的农技推广方式方法等业绩突出，成立朝阳县推广联盟 1 个、建立科技合作关系 2 个、建立科技试验示范培训基地 3 个。

## 6. 朝阳县松岭门动物卫生监督所

**姓　　名：**张国兴

**业绩摘要：**1997 年 7 月，张国兴毕业于辽宁熊岳农专畜牧专业，同年 10 月参加工作，先后担任 4 个乡（镇）畜牧技术推广站站长，高级畜牧师。热爱祖国，拥护中国共产党，遵纪守法；22 年来一直在乡镇一线从事畜牧技术推广服务工作，从无发生技术事故或连带责任，承担主要专项工作 16 项，引进重大科技专项 3 项；为服务区引进推广可复制、可推广、普及率高的重大农业技术 3 项，近 3 年有 2 项；区域内示范推广重大集成具有独特性和引领性，并取得显著的经济、社会和生态效益的创新技术 3 项；推广服务工作得到各级广泛认可，个人获得表彰 10 项、单位 2 项次，完成和参与科研成果奖励 3 项，个人发表论文 5 篇，参加社会团体 2 项。

## 7. 赤城县农业农村局

**姓　　名**：张振祥

**业绩摘要**：①畜禽粪污资源化利用技术推广：2016 年以来指导规模养殖场 68 户，养殖户 80 多户按照配套建设粪污贮存、处理、利用设施。②良繁体系建设：每年改良肉牛约 1.8 万头，农民增加收入 3 000 万元；同时参加"肉牛扣棚育肥项目"，指导养殖户 6 户，育肥肉牛 800 多头，增收 100 多万元。组织实施了"母牛扩群项目"，通过项目实施，全县肉牛冷配增长 2 000 多头，母牛增加 6 000 多头。③舍饲养羊技术推广。④标准化养殖场建设。⑤完成防疫体系建设项目。⑥肉羊改良技术推广：培训配种员 64 名，培训 400 多户养殖户累计达 1 000 多人次，全县共布配送点 64 个，完成肉羊改良 3.2 万只。⑦绒山羊培育改良。

## 8. 丹江口市六里坪镇畜牧兽医服务中心

**姓　　名**：郑涛

**业绩摘要**：18 年以来一直扎根于乡镇畜牧兽医工作，理想信念坚定，对党忠诚。①单位获得"十堰市十佳畜牧兽医站"等荣誉称号。个人获得十堰市动物防疫职业技能竞赛第 1 名、湖北省动物防疫职业技能竞赛获第 3 名、工匠杯职业技能竞赛二等奖、十堰市"五一劳动奖章"、十堰市"劳动模范"、被授予"丹江口市优秀中青年拔尖人才"等荣誉称号。②创新出无按压无保定鸡翅膀采血技术，大大减少鸡采血出血应激反应，提高了工作效率。③通过理论授课与实践操作相结合，先后开展技能培训 19 次，共培训防疫员 741 人次。④3 年开展技术培训 72 场，3 560 余人次。发展规模果园养鸡散养土鸡 19.2 万余只，为农户新增收 700 余万元。⑤未发生过重大技术事故。

## 9. 都兰县热水乡畜牧兽医工作站

**姓　　名**：郭正朴

**业绩摘要**：郭正朴自参加工作以来，在畜牧兽医战线工作了 30 年，工作兢兢业业，任劳任怨，立足本职，在动物疫病防治、动物防疫检疫、农技推广宣传等方面亲力亲为，先后参与放牧羊狂蝇蛆病的防治及分子生物学研究和柴达木马标准项目建设，取得成果；参与专利发明 4 项；2012 年考取执业兽医师资格证，为全县兽医做出表率，引导大家积极向上，努力学习，考取执业兽医师资格证；在农技推广中，一直努力工作，其在中国农技推广 App 上的积分各列全县第 1 名，起到表率作用；将自己的经验与实践相结合，先后发表论文 33 篇，有力地指导了畜牧兽医实践活动；多次受到上级部门表彰，获得奖励 17 项，为都兰县畜牧业发展贡献了一份不可多得的力量。

## 10. 鄂州市太和畜牧兽医站

**姓　　名：** 吴大安

**业绩摘要：** 自参加工作以来，连续在乡镇站从事农技推广工作达 30 余年，工作时间基本上在生产一线。推广生猪"三优"、蛋鸡"124"等 8 项新技术，没有发生过重大技术事故，获市农业局生猪"三优"新技术推广项目科技成果一等奖，标准化养猪"150"模式研究与示范推广项目一等奖。2009 年 2 月 1 日，中央电视台《新闻联播》播放了鄂州市推广生猪养殖"150"模式工作经验。其主编的《无公害肉兔养殖技术》一书作为湖北省新型农民科技培训工程教材使用，《畜禽养殖粪污处理中存在的问题与建议》等 4 篇论文分别荣获省农业厅、省畜牧局、省科技厅奖励。开办讲座培训千余人次，培育养殖典范 30 余家，被聘为鄂州市新型农民培训工程技术指导老师。先后 3 次受到部级通报表扬。

## 11. 福建省连江县农业局丹阳镇畜牧畜医站

**姓　　名：** 范增锋

**业绩摘要：** ①坚持日常动物检疫工作，重大动物疫病防控成效显著，多次接受上级有关部门的检查，均得到好评。②认真钻研畜牧兽医学，积极开展诊疗和技术指导，并将实践技术整理成文，参与编写《禽畜营养与饲料利用技术》一书并出版发行。③开展 12316 农业热线和科技示范主体服务，指导养殖户（场）进行科学养殖和疫病防治，解决农户实际困难。④协助企业示范推广现代新品种新技术，引进高产蛋鸡品种，改造提升蛋鸡养殖标准化设施建设，提升企业经济效益和社会生态效益。⑤建立农产品质量安全可追溯体系，引导企业发展绿色畜禽产品。⑥狠抓养殖污染综合整治，完成猪场标准化升级改造，鸡场鸡粪无害化处理设施，全部实现了畜禽粪污资源循环利用。

## 12. 福建省龙岩市农产品质量安全检验检测中心

**姓　　名：** 邬良贤

**业绩摘要：** 学习领会习近平新时代中国特色社会主义思想，筑牢"四个意识"，坚定"四个自信"，做到"两个维护"，多次被评为优秀共产党员；促使槐猪、河田鸡、连城白鸭等 6 个地方品种列入国家畜禽遗传资源保护名录，2016 年被授予市劳动模范称号；长期组织和参加重大动物疫病防控并在全省防控绩效延伸考核中名列前茅，多次被表彰为先进工作者；在 2014 年古田"全军思想政治工作会议"和 2017 年厦门金砖会议期间的出色表现，为省、市赢得了荣誉；主持的农业部重点项目建设名列全省前茅；推广应用的技术，被评为 2016 年农业部丰收三等奖；在 CN 级杂志上发表学术论文 20 多篇，是集理论和实践于一身的实干型专家。

## 13. 福建省南平市建阳区动物疫病预防控制中心

**姓　　名：**施晞

**业绩摘要：**参加工作 30 年一直在基层从事畜牧兽医技术的教学、培训、技术推广、疫病防控等工作。2009 年开始参与建阳区全国基层农技推广体系建设补助项目，任畜牧兽医项目首席专家、2011 年 6 月—9 月到新疆技术援疆。2013 年以来参与多个省部级科研项目及《福建省奶牛生态养殖场生产技术规范》（DB35/T 1706—2017）的制定，指导两个奶牛场获农业部标准化示范场，推广"农业五新技术" 2 项，发表论文 17 篇。参加科技特派员科技扶贫和结对帮扶。获农业部万名农技推广骨干、2016 年获区第七批区管优秀人才、2018 年获南平市政府高层次人才津贴、2019 年获中共南平市委命名表彰第四批"廖俊波式好干部"称号，此外，还获得县处级以上各类表彰 7 次。

## 14. 福建省莆田市城厢区畜牧站

**姓　　名：**关毅敏

**业绩摘要：**自参加工作以来，一直从事牧医技术推广工作，为畜牧业发展和农民增收做出突出贡献。主要事迹如下：①引进崂山莎能奶山羊和陕西关中奶山羊，开展杂交改良。②开展莆田黑猪保种和推广工作。截至 2018 年，保种群生产母猪 235 头，公猪 20 头，年出栏商品黑猪 3 000 头，近 3 年推广饲养莆田黑猪约 5 000 头。③创新机制、转变畜牧业生产方式。建立以莆田温氏家禽有限公司为支柱的家禽产业链，转变"公司＋农户"为"公司＋家庭农场"的生产模式，近 3 年推广饲养灵山黑鸡、矮脚黄鸡 2 200 万羽，养殖户增收 1 300 万元。④推进畜禽标准化生产。⑤加强规模畜禽养殖标准化示范场创建工作。⑥开展技术培训工作。

## 15. 福建省尤溪县动物疫病预防控制中心

**姓　　名：**甘善化

**业绩摘要：**从事基层农技推广服务工作 36 年，主持或参与完成规模猪场疫病净化技术集成与应用获 2014—2016 年度全国农牧渔业丰收三等奖、戴云山羊高繁系的选育及关键配套技术研究获 2016 年度省科学技术进步奖三等奖、鸭传染性浆膜炎病原学及诊防技术研究与应用获 2017 年度省科学技术进步奖一等奖、禽坦布苏病毒病原学及诊防技术研究与应用和肉羊舍饲配套技术集成创新与应用分获 2018 年福建畜牧兽医科技奖一等奖和二等奖、肉羊舍饲关键技术研究与应用获 2017—2018 年神农福建农业科技奖。主持完成省农业厅乡镇畜牧兽医站房建设项目等 3 个项目建设任务。发表论文 50 多篇，荣获县级以上表彰 20 多次。

## 16. 福建圣农发展股份有限公司

**姓　　名：**罗忠宝

**业绩摘要：**罗忠宝，兽医师，硕士研究生。在圣农任职期间，主要事迹如下：①2010年获得国家发明专利1项，2017年获市专利奖一等奖。②2011年获得公司"2010年度技术革新奖"；2012年获得公司"2011年度技术创新奖"；2012年获得"2011年度福建省畜牧兽医学会先进个人"称号。③2015年1月完成省区域重大项目1项，其成果获得市科技进步奖一等奖和省神农科技一等奖；2018年8月完成省科技厅重大专项1项。2018年，成功申报"全国模范院士专家工作站"，参与发表论文6篇，获专利授权13项。④技术中心通过CNAS认可，获得认可项目72项。

## 17. 抚顺县救兵动物卫生监督所

**姓　　名：**刘景玉

**业绩摘要：**能牢记党的宗旨，践行"两学一做"，在思想上、政治上、行动上与党中央保持高度一致。创新工作思路，引进推广畜牧业技术，1年之中至少有2/3的时间奋战在畜牧兽医工作生产第一线，忠于职守，爱岗敬业，作风优良，为人正直，遵纪守法，廉洁自律，突出的工作业绩得到了有关单位的认可。推广引进国家重大农业专项技术5项、示范推广重大集成创新技术2项、基层农技推广方式方法和服务机制创新技术2项，已经形成可复制、可推广的技术规范，取得了显著的经济效益、社会效益、生态效益。获得"辽宁省畜牧业科技贡献奖"一等奖；在国家级刊物发表论文4篇；获得个人表彰12个；担任辽宁省畜牧业协会理事、辽宁省畜牧业协会蜂业分会理事。

## 18. 甘肃省蜂业技术推广总站

**姓　　名：**祁文忠

**业绩摘要：**2008—2020年，主持国家蜂产业技术体系天水综合试验站项目，建立15个示范蜂场，长期在基层示范推广高效养蜂技术，2012—2017年6年推广应用62.9万群蜜蜂，新增产值26 040.6万元。获得省级科技进步奖二等奖1项、三等奖2项，市级二等奖3项、三等奖2项，获国家畜禽遗传资源委员会畜禽新品种（配套系）1项。2015年获2013—2014年甘肃省农业技术推广先进工作者。帮助5个县申报并获得了国家蜂蜜产品地理标志。在《应用昆虫学报》等刊物以第一作者发表论文14篇，以第一发明人获得专利授权6个，合著《西北蜂业全书》等著作4部。2010—2018年共培训蜂农149期361天，培训蜂农15 490人（次）。

## 19. 甘肃省合作市卡加道乡畜牧兽医站

**姓　　名：**杨振

**业绩摘要：**杨振同志自参加工作以来一直在牧区一线从事畜牧技术推广工作，常年扎根牧区一线，具有良好的工作作风和过硬的业务素质，技术能力较强，曾多次获得省州先进工作者荣誉称号，深受广大牧民群众的欢迎和认可。多年来无发生任何技术事故和连带责任。自参加工作以来，共为牧区引进和推广重大农业技术 5 项，分别为"甘南牦牛良种繁育及健康养殖技术集成与示范""甘南牦牛选育改良及高效牧养技术集成示范""青藏高原牦牛良种繁育及改良技术""牦牛生产关键技术研究与示范""尕力巴犊牛育肥试验推广"。获得省州以上科技成果奖励 6 项（其中科技成果奖励 4 项，工作奖励 2 项）。近 3 年来获科技推广奖 1 项。

## 20. 甘肃省临洮县八里铺镇畜牧兽医站

**姓　　名：** 马鹏飞

**业绩摘要：** ①2018 年度全镇牛、羊、猪、禽存栏量分别达 0.54 万头、3.34 万只、3.25 万头、32.82 万只，出栏量分别达 0.17 万头、1.19 万只、1.46 万头、12.1 万只；引进良种肉牛 320 头，良种肉羊 350 只，冻配改良肉牛 1 000 头，奶牛 260 头，改良肉羊 0.8 万只，完成猪人工授精 980 头，繁活仔猪 1.078 万头，提升了全镇的畜禽良种化。②为解决养殖户冬季养殖饲草料不足的问题，在全镇推广指导制作袋装微贮草 1.2 万吨；指导洮珠公司制作裹包饲草 3 万多吨。③指导南屏现代农业公司年加工有机肥 5 万吨。④利用集中培训和"一对一、面对面"等方式，举办技能培训 16 期，培训 750 人次，发放资料 800 份。

## 21. 甘肃省张掖市甘州区小满镇畜牧兽医站

**姓　　名：** 陈学军

**业绩摘要：** 推广建设暖棚猪舍 1 200 间，指导建成牛羊综合养殖示范社 49 个、300 头以上肉牛养殖场 7 个，新型多功能养殖小区 9 个，青贮氨化玉米秸秆等青饲草 81.2 万吨。引进种畜 826 头（只），改良绵羊 5.69 万只，冻配母牛 3.75 万头，人工授配母猪 8 252 头，推广良种鸡 117.25 万只。累计免疫牛 30.8 万头，免疫猪 60.2 万只，免疫羊 60.36 万只，免疫禽 101.5 万羽。检疫活畜 25 768 头，上市肉品 40.25 万千克。举办科技讲座 240 场（次），共培训养殖户 14 707 人（次），培训村级防疫员 128 人（次），共治疗畜禽疾病 13 722 头（只）。主持并参与重大项目 2 项；发表论文 7 篇，获得区级及以上先进工作者称号 6 次。

## 22. 甘州区畜牧兽医工作站

**姓　　名：** 赵福堂

**业绩摘要：** 赵福堂，男，1969 年 10 月出生，高级兽医师。1992 年 7 月毕业于长春兽医大学，1998 年被选定为欧盟奶援项目技术组兽医咨询员，1999 年被农业部选派赴意大利参加培训，2007 年被甘州区人民政府授予"劳动模范"；2014 年被甘州区人民政府授予

"全区科普带头人";2015 年被张掖市选定为首批"培训名师";2016 年被张掖市委组织部授予"全市优秀科技特派员";2012 年获"张掖市科技进步二等奖",为第一完成人;2016 年 8 月被张掖市总工会等部门授予"张掖市技术标兵";2016 年 9 月被甘肃省总工会等五部门联合授予"甘肃省技术标兵";2018 年 9 月,参加全国农业行业职业技能大赛(家畜繁殖员),获得全国第一名。

## 23. 广西玉林市福绵区动物疫病预防控制中心

**姓　　名:** 王永妮

**业绩摘要:** 王永妮,女,1982 年 3 月出生,汉族,中共党员,执业兽医师、中级兽医师。毕业于广西大学动物科技学院动物医学专业,从 2002 年 9 月从事畜牧兽医工作至今,现任福绵区动物疫病预防控制中心副主任。多年来,通过努力和对畜牧兽医工作的热情,取得了官方兽医员资格、家畜繁殖员、实验室兽医化验员、执业兽医师等资格证。多次获得广西优秀检疫员、防疫先进个人、牛品种改良先进个人、玉林市先进兽医工作者、社会主义新农村建设优秀农村指导员等称号;2016 年 8 月份还当选为中共玉林市第五次、福绵区第二次代表大会代表,获 2018 年玉林市优秀人才代表等称号。同时在全国优秀畜牧兽医期刊上发表科研论文 6 篇。

## 24. 贵州省草地技术试验推广站

**姓　　名:** 张明均

**业绩摘要:** 16 年来潜心一线搞研究和推广,从新西兰等国家引进新技术 20 项,牧草新品种 52 个,培育出牧草新品种 3 个,获省成果转化奖励 2 项,省农业丰收奖 3 项,获授权发明专利和实用新型专利各 1 项,制定发布地方标准 4 项,参加出版专著 2 部,发表论文 27 篇,先后主持国家项目 12 项,参与科研项目 18 项。被聘为新时代农(市)民讲习所省级讲习员,累计推广种草 170 万余亩,培训 2 000 余人(次),涉及 68 个县 641 个乡镇 4 279 村,人工草地亩增鲜草 1 079.5 千克,增产 25.9%,改良草地亩增鲜草 660.32 千克,增产 17.36%,累计新增总经济效益 84 049.26 万元,平均户增收 17 651.1 元,推广普及率 65.54%。

## 25. 贵州省动物疫病预防控制中心

**姓　　名:** 皮泉

**业绩摘要:** 该同志政治坚定,积极响应贵州大扶贫战略,投身全省"同步小康驻村""五千行动""万名农业专家服务'三农'行动""三区"科技人才支持计划等,常年战斗在贵州最边远、贫困一线,为基层农业发展、疫病防控及脱贫攻坚做出贡献,被推荐为"第八届省优秀科技工作者",被中国兽医协会评为全国十佳"兽医扶贫先锋",被省人才办评为"省级科技专家"。致力一线科技扶贫、技术示范推广、培育技能人才和创新服务机制,实现示范推广技术见成效,行业省级"五一奖章"零突破、系统人才辈出,服务区农户就业增收、养殖业主畜禽防病增产。积极参与国家中心至基层乡村各级兽医工作，受聘乡镇兽医技术顾问，得到各级单位和基层服务对象、群众一致好评。

## 26. 汉中市汉台区畜牧兽医技术推广中心

**姓　　名：**韩永刚

**业绩摘要：**执业兽医师，汉中市"三一一"人才库专家，市首批贫困村培训师资、市明星农技员。①推广、创新与社会化服务：a. 主持推广市级二、三等奖科研成果（第二、第一完成人）两项，新增效益 0.637 亿元；推广猪瘟控制与净化项目 1 项；b. 申报专利 8 项（授权 5 项、发明专利公开 2 项）；c. 领办社会化农推服务机构 3 个，任首席兽医师，显著提高服务区域防疫水平。②技术提升与总结：省级技能竞赛个人二、三等奖各 1 个、市论文二等奖 1 个，带动基层技术人员水平显著提升；主持完成区兽医实验室达标建设（任技术负责人）；撰写流调报告 20 余篇（市级奖励 4 篇），发表学术论文 18 篇，参编著作 2 部；编订汉中市汉台区非洲猪瘟防控应急预案并颁行。

## 27. 河北省畜牧良种工作站

**姓　　名：**倪俊卿

**业绩摘要：**倪俊卿同志一直坚守在行业生产第一线，作为一名女同志，消除人们的误解，下基层，传技术，搞服务，足迹遍布河北省的 130 多个县，推广牛人工授精及品种改良技术，执着的坚守使河北省的牛改良率达到了 100%，建立起以河北省畜牧良种工作站为龙头，各市畜牧站为支撑，县改良站为依托，乡（村）配种改良站（点）为抓手的全省良繁体系建设网络，全省从业人员达 4 000 余人。荣获国家级奖项 1 项，省科技进步二等奖 2 项、三等奖 2 项，山区创业一等奖 1 项，农业部丰收奖二等奖 3 项、三等奖 1 项，省技术推广奖二等奖 1 项、三等奖 1 项，市级科技进步一等奖多项，获国家实用新型专利 3 项、软件著作权 5 项，获国家版权局作品登记 2 项，出版专著 8 部，发表文章几十篇。

## 28. 河南省饲草饲料站

**姓　　名：**王彦华

**业绩摘要：**参加工作以来，主要从事畜牧技术推广服务工作，重点推广饲草饲料、种养结合、畜禽粪污资源化利用等畜牧业绿色发展新技术、新模式。12 年来，每年有 5 个月时间深入各地授课指导服务，推广优质饲草、粪污资源化利用等新技术、新模式 18 项。撰写技术论文 99 篇，参编培训教材 14 部，完成科技成果 6 项，制定国家和省行业标准 9 项、国家发明专利 6 项，起草行业发展规划报告 9 项，为畜牧业绿色发展做出了积极贡献。畜禽粪污资源化利用工作连续 2 年得到省政府通报表彰，2018 年在农业农村部、生态环境部考核中获得"优秀"等次。20 次荣获省委省政府办公厅、省直工委、省畜牧局、省科协等单位授予的先进工作者和优秀共产党员等荣誉称号。

## 29. 湖南省耒阳市畜牧水产局

**姓　名：**郑四清

**业绩摘要：**1988 年 7 月参加工作，全额事业编制，政治过硬，业务精通。32 年如一日常年在生产一线开展服务，引进推广重大农业技术 50 项以上，形成了可复制可推广的技术规范 7 个，普及应用率高，取得了显著效益，无发生技术事故或连带责任。自 2004 年以来参加专技考核 13 次获优秀、记三等功 9 次。是耒阳市最美扶贫人和耒阳市有突出贡献科技人才，是地、县两级学科带头人，是省优秀农村实用人才，是全国农业先进个人（农人发〔2017〕1 号）。主持或主要参与制订地标 7 个，正式出版专著 1 部、参编著作 2 部，独编、参编技术资料各 1、3 本，在省级以上专业期刊上发表论文 94 篇。获衡阳市科技进步一、二等奖 6 项和"五一劳动奖章"与全国"三农"科技服务金桥奖各 1 次。

## 30. 桦甸市永吉街道畜牧兽医站（桦甸市永吉街道畜产品质量安全监管站）

**姓　名：**孙家英

**业绩摘要：**28 年扎根于基层，为畜牧业发展做出突出贡献，荣获全国"最美农技员"、省"最美农技员""吉林好人"等荣誉称号。用先进的实用技术指导生产，主持或参与完成牧业技术推广项目 6 项，创经济效益 4 230 万元。引用和推广实用技术 13 项，取得较好的经济、社会和生态效益。精通所有基层业务，创新基层农技推广方式方法和服务机制，实现技术推广网络化，保证新技术推广和使用无死角，围绕主导产业推广先进技术和优良品种。每年进行技术培训，直接指导示范户 156 户，辐射带动 1 600 户。扶持嘉源养牛专业合作社等 8 家企业。发展了地方特色产业。成功引导养殖户由散养型向适度规模经营转型，科技推广利用率达到 100%。

## 31. 会泽县田坝乡畜牧兽医站

**姓　名：**段国会

**业绩摘要：**①组织实施"云岭山羊的高效养殖技术集成与示范推广项目"，项目集成了云岭山羊本品种选育、杂交改良、同期发情、科学饲养、种草养羊、规范化圈舍建设、疫病防治等技术，并在全乡及会泽县内推广应用。②根据山羊喜欢干燥、清洁、怕潮湿的特性，设计了高床楼式山羊舍。羊舍的平面设计在于合理安排羊楼、投饲通道、运动场、清粪、门窗和各种饲养管理设备和设施。③2016 年到 2018 年，共推广黄牛冻精改良 9 462 头，按现行市场价，每头改良牛比本地黄牛多卖 1 500 元、产生经济效益 1 000 元计算，为农户新增收入 1 419.3 万元，增加经济效益 946.2 万元。

## 32. 吉安市畜牧兽医局

**姓　名：**康冬柳

**业绩摘要：**多年来在单位主抓动物防疫工作，吉安市多次被评为全省重大动物疫病防

控工作先进市，康冬柳也多次获省、市先进个人称号。近年来在有关刊物上发表文章 30
余篇，主持并参与了"重大动物疫病猪瘟、猪口蹄疫、高致病性猪蓝耳病三苗同免技术研
究与推广"等多项科技成果推广，为全市畜牧业增加收入上亿元。康冬柳实践经验丰富，
现场及实验室检测享誉甚广，被公认为全市动物疫病诊断的把关专家，还被聘为 12316
"三农"服务热线等多个兽医领域专家。每年通过畜牧兽医系统、科协、阳光工程等，为
全市养殖户和基层兽医人员授课近百次；通过上门服务、实地诊断、电话咨询、实验检测
等方式，每年至少帮上千家养殖户提供解决方案、解决实际问题，足迹遍及全市最边远
地区。

### 33. 嘉峪关市文殊镇畜牧兽医站

**姓　　名**：景照明

**业绩摘要**：30 多年来，始终坚持以为人民服务为宗旨，爱岗敬业，艰苦奋斗。全镇
畜禽免疫率保持在 100%，引进推广畜禽新品种 40 余个，畜禽良种化率达到 97% 以上，
培训农民 1 万人次以上，指导畜禽规模养殖场建设，推进畜禽粪污资源化利用，全市畜禽
规模养殖废弃物综合利用率达到 83.45%，秸秆综合利用率达到 84.35%，先后主持或参
与完成农业科技项目 20 余项，获甘肃省农牧渔业丰收三等奖 1 项、嘉峪关市科技进步二
等奖 2 项，三等奖 1 项。曾被省科学技术厅评为"星火科技先进工作者"，被省农牧厅评
为"全省兽医工作先进工作者""全省畜牧工作先进个人"等荣誉称号，为嘉峪关市畜牧
业及畜牧产业化发展发挥了巨大的推动作用。

### 34. 江西省畜牧技术推广站

**姓　　名**：吴志坚

**业绩摘要**：吴志坚一直从事畜牧技术推广工作，常年大量时间深入一线从事技术服
务，2015—2017 年专职在鄱阳县大源村担任扶贫工作队队长兼第一书记从事科技扶贫工
作。引进推广生猪清洁生产技术集成与示范、高床节水栏舍设计和蜜蜂定地饲养等技术，
获丰收奖二等奖 1 项、省农科教突出贡献奖二等奖 1 项、省农业改进奖 1 项；制定省地方
标准 2 项；获专利 1 项；参与编写出版专著 5 部；"高床节水育肥猪舍设计技术"入选农
业农村部农业主推技术（2017 年、2018 年）；累计培训基层技术人员近 10 000 人次。荣
获 2015—2016 年省派单位定点帮扶贫困村工作先进个人、2015 年全省农业工作先进个
人、2014—2017 年连续 4 年省农业厅优秀共产党员等荣誉。

### 35. 泾源县香水畜牧兽医工作站

**姓　　名**：王必强

**业绩摘要**：在基层畜牧兽医技术推广一线工作 20 年，为农民传播科技知识，帮助农
民增收致富；积极开展畜牧兽医科普服务活动，解决了养殖生产中的诸多难题，促进了畜

牧业的健康发展。人工改良优质肉牛 34 628 头，为农民多带来经济收入 3 400 多万元，举办各种培训班 120 场次，参训人员 3.3 万人次，推广泾源肉牛发展养殖模式新技术；开展畜禽防疫技术，降低动物发病率 10 个百分点，累计创造经济效益上亿元；主持泾源县安格斯肉牛养殖繁育示范与推广等项目，撰写学术论文 30 余篇，发布农业科技网络云课堂在线实用课件 7 套，通过 12316 "三农"信息平台及中国农技推广 App 推送畜牧兽医技术，扩大科普知识传播力度，被授予自治区青年拔尖人才等荣誉称号。

## 36. 井冈山市畜牧兽医局

**姓　　名：**曾昭芙

**业绩摘要：**大学毕业后 34 年来一直扎根基层、服务"三农"，遵规守纪，勤勉服务，个人及单位从未有重大技术事故及违纪违法事件发生，赢得当地群众或行业的高度认可；近 10 年获省内推广奖、省"五一"奖章等奖励达 27 次，是第四届井冈山市、吉安市党代表；先后主持引进推广了深农配套系猪产业化养殖技术、生猪标准化养殖技术、美系大约克种猪人工授精技术等多项重大畜牧业技术；累计组织培训班 300 余次，培训 10 000 人次，有力助推了全市畜牧业发展和率先脱贫摘帽；目前推广应用率达 95% 以上，结合工作实际，主持或参与了多项畜牧课题的实施及发明创新，并获得了省科技进步三等奖 1 项、吉安市科技进步奖 3 项、省农牧渔技术改进奖 4 项和专利授权 6 项的好成绩。

## 37. 科右前旗动物疫病预防控制中心

**姓　　名：**王强

**业绩摘要：**参加 2014 年全国职业兽医技能大比武，取得内蒙古兴安盟赛区全盟第一名。2017 年编写了《农牧民科学素质教育宣传读本》，宣讲、培训农牧民 10 000 多人次。科技创新推广"行为干预防控人畜共患布氏杆菌病"，使全旗每年减少因布病造成的直接经济损失 400 多万元。创新研究出了"温浴鱼石脂治疗草原人畜冻伤""宽针治疗边防巡逻军马走伤蹄叶炎"等防病推广技术。王强为上千个养畜户提供了养殖防病技术服务，诊断疑难牲畜病例上万头只（次），记载有服务农牧户姓名、电话、日志等的簿册 17 本。建立网络农技推广服务微信平台 12 个，覆盖 50 多个村。获得自治区优秀表彰 1 次，兴安盟年度表彰 7 次；科右前旗年度表彰 10 次。在核心期刊发表论文 25 篇。

## 38. 涟水县畜牧兽医站

**姓　　名：**苗珍才

**业绩摘要：**苗珍才在基层农业推广工作岗位已经 36 年，担任站长 23 年，一直从事畜禽新品种引进、养殖新技术推广和生产新模式创建等工作。工作中能扎根农村，热爱畜牧兽医事业，认真履职尽责。主持引进并推广重大农业技术 3 项，主持实施三新工程、科技入户等农业科技推广类项目 17 个，获得直接经济效益 2.438 亿元，主持实施生猪标准化养殖小区、高效设施农业等基础设施建设类项目 92 个，显著提高养殖企业的规模化、设施化和标准化水平；参加省级重大科技推广项目"发酵床养猪技术创新研究与集成推广"的实施，获得江苏省农业技术推广奖一等奖。涟水县畜牧兽医站于 2017 年被全国畜牧总站授予"全国畜牧（草原）技术推广示范站"称号。

## 39. 辽宁省农业发展服务中心

姓　　名：张大利

业绩摘要：张大利同志，1991 年参加工作，爱党爱国，长期从事蜜蜂技术推广与研究，在基层服务广大蜂农，现为辽宁蜜蜂产业首席专家。①在《中国蜂业》杂志开设"养蜂技术问答"专栏，在《蜜蜂杂志》开设"中蜂大讲堂"专栏，为全国蜂农解决实际问题。②担任辽宁 12316 金农热线特聘蜂业服务专家。③近 5 年共获得省、市级奖项 9 项：其中辽宁省科技进步二等奖 1 项、三等奖 1 项；辽宁省畜牧科技贡献奖一等奖两项、二等奖两项、三等奖 1 项；葫芦岛市科技进步二等奖 1 项、鞍山市科技进步三等奖两项。④每年为基层培训养蜂人员近千人。⑤主编《西蜂饲养技术手册》《中华蜜蜂饲养技术百问百答》，作为副主编编写《中华蜜蜂饲养技术手册》。

## 40. 辽宁省农业发展服务中心

姓　　名：于本良

业绩摘要：从事畜牧兽医技术推广工作，先后重点研究推广了动物传染病、寄生虫的综合防治、生猪健康养殖和大型规模场粪污治理等技术。主持或参与多项科研、推广项目，先后获得农业部丰收二等奖 3 项、三等奖 1 项，获得省政府科技进步奖二等奖 1 项，获得省畜牧科技贡献一等奖 3 项，实用型发明专利 1 项。编著《辽宁省畜禽寄生虫病流行区系及流行病学》，主编《畜禽寄生虫病防控技术》，发表相关论文 15 篇。在定点扶贫工作期间，创建了农民合作社，争取资金并利用研发的专利技术，形成种养结合、农产品深加工的循环农业模式，为农民真脱贫不返贫打下良好基础。于本良被评为建平县和朝阳市先进个人和优秀驻村工作队员。

## 41. 柳河县畜禽产品质量安全中心

姓　　名：王喜伟

业绩摘要：服务基层 20 年，在畜牧业技术引进与推广方面，做出了突出贡献。主持完成了吉林省畜牧业管理局畜牧业科技推广项目 3 项，引进项目 5 项，承担了省动物疫病预防控制中心 6 项试验任务，技术应用示范户 494 户，辐射带动 2 000 余户，新增效益 5 500 多万元。荣获吉林省科学技术进步奖三等奖 2 项，省政府牧业技术推广成果奖一等奖 4 项、二等奖 3 项，市科学技术进步奖三等奖 1 项。参与编写了省地方标准 1 项，获得实用新型专利 1 项，发表论文 16 篇。2016 年和 2017 年度被吉林省动物疫病预防控制中心评为先进工作者，2016 年入选第三届吉林省畜牧业协会常务理事，2018 年，深入扶贫攻坚第一线，担任驻村第一书记。

## 42. 柳州市柳江区百朋水产畜牧兽医站

**姓　　名：**计安华

**业绩摘要：**计安华作为基层一线畜牧兽医技术推广人员，扎根农村工作 20 年来，一直从事畜牧兽医、水产科技推广、技术培训、指导农户进行科学养殖工作。精通业务，工作认真负责，是单位的业务技术骨干，有过硬的业务素质和服务技能。具有高尚的职业道德和社会公德，并获得上级部门和群众的认可。主要事迹：①参与奶水牛性控冻精推广与应用项目。②从事牛品种改良技术推广应用和管理工作，严格按照母牛的发情鉴定技术进行实操和培训。③参与柳江区农民收入倍增计划万亩荷塘万亩鳅工程示范项目实施。④2017年至今被自治区组织部和广西科技厅选聘为自治区贫困村科技特派员，被评为优秀等次。⑤在贫困村实施林下养殖土鸡示范项目获成功。

## 43. 南部县王家镇畜牧兽医站

**姓　　名：**张焕全

**业绩摘要：**①建立科技宣传和技术培训长效机制，培育、扶持一批专业户和科技示范户，组建专业合作社 9 个，其中：肉牛 300 头以上的养殖场 1 个，出栏 1 000 只羊的养殖场 1 个，出栏肥猪 6 000 头以上的养殖场 1 个、2 000 头以上的 4 个，存栏蛋鸡 3 万羽以上的养殖场1个、2 万羽以上的 1 个。②推广畜牧新技术。③推广畜禽粪污处理技术。在省级核心期刊发表文章 2 篇，2016 年荣获南充市委、市政府脱贫攻坚"优秀农技员"，2016 年荣获南充市农牧业局动物疫病防控"先进工作者"，2017 年荣获南部县委、县政府脱贫摘帽"优秀人物"，2017 年王家镇畜牧兽医站荣获全国畜牧总站、技术推广"示范站"。2018 年张焕全荣获南充市农牧业局"南充市十佳农业科技服务能手"称号。

## 44. 盘州市畜牧水产产业发展中心

**姓　　名：**余昌培

**业绩摘要：**余昌培在农业生产一线从事畜牧技术推广工作 24 年，为盘州市引进推广重大农业技术 4 项（其中，近 5 年来引进推广 1 项），推广普及率达到 50％以上，促进项目区增产或增收 10％以上；获得地（市）级以上的科技成果奖励、工作奖励 10 项（其中，近 3 年来 2 项）；在创新基层农技推广方式方法、培育农业社会化服务组织、开发草食畜牧业方面业绩突出；编写本土化畜牧技术培训资料 5 万余字，培训农民 1.9 万人次；示范推广重大集成创新技术 1 项，并取得显著经济、社会和生态效益；参加实施省（部）级项目 6 个，并做出突出贡献；发表论文 9 篇，撰写产业规划、可研报告、实施方案等30 余个；获六盘水市市管专家称号、入选贵州省"千"层次创新型人才。

## 45. 祁连县畜牧兽医站

姓　　名：扎西塔

**业绩摘要**：扎西塔同志 1998 年 7 月毕业于青海省湟源牧校，在畜牧兽医一线从事牲畜兽医科技服务工作 20 年，高级兽医师，先后发表专业论文 10 余篇，获得各类荣誉 26 个，4 个专利，3 个科技证，1 个丰收奖。因工作成绩突出，2007 年被聘任为阿柔乡畜牧兽医站站长，2009 年 7 月因工作需要调任为祁连县祁连山藏羊种羊繁育场场长。该同志专业理论基础扎实，实践经验丰富，组织协调能力强、熟悉祁连县畜牧专业生产实际情况，多年来在动物疫病防治、动物产品检疫、畜牧业科技推广与实用技术培训等领域做出了突出贡献，赢得了广大农牧民群众普遍好评，为全县农业技术推广者树立了榜样，在农牧系统具有较高的群众威望。

## 46. 青岛市黄岛区动物疫病预防与控制中心

姓　　名：庄桂玉

**业绩摘要**：庄桂玉同志是青岛科技特派员、青岛科普服务专家、青岛市畜牧科技年活动先进个人、青岛市黄岛区专业技术拔尖人才。曾主持或参与部级和市区级科技成果 4 项，其中科技部成果 1 项，市区级 3 项。获得青岛科技进步二等奖 1 项，青岛科技进步奖三等奖 1 项，山东农业丰收奖三等奖 1 项，青岛农业丰收奖 8 项。出版图书 22 部。获得授权专利 20 多项，在省级以上刊物发表文章 200 余篇。

## 47. 青海省大通县桥头镇家畜病院

姓　　名：伊平昌

**业绩摘要**：自 2001 年参加畜牧兽医工作以来，按照上级部门的部署，开展了动物重大疫病免疫工作，共注射各类牲畜 6 万头（只），防疫密度 100%，抗体合格率均达到 75% 以上；完成奶牛改良 5 640 头/次；完成动物疫病检测 32 292 头/份，抗体检测 4 057 头/份，配合上级监测机构送样 2 680 头/份；完成青海锦农生态养殖有限公司动物疫病净化工作；积极开展青海省包虫病防治、宣传工作，并配合完成犬数基线调查，驱虫药品的接收、发放及宣传材料的编写工作；工作期间共发表专业学术论文 41 篇，其中 RCCSE 中国核心学术期刊 2 篇、中文核心 15 篇、外文 2 篇、省级刊物 22 篇。

## 48. 青海省动物疫病预防控制中心

姓　　名：蔡金山

**业绩摘要**：①从事疫病预防控制 34 年，参与制定全国及全省防治规划，年指导防疫 1.2 亿头（次），使得青海省包虫病防控走在全国前列，培训兽医 1 万多人次，效益近百亿元。②取得 27 项成果。获农业部丰收二等奖 1 项（2/25），省科技二等奖 1 项（1/8），三等奖 2 项（1/7、2/7），大北农科技奖 1 项（2/16）。9 项专利。18 个地标。著作 5 部。论文 110 多篇（SCI 6 篇），获奖 6 篇。③兼任全国动物防疫专家、疫病净化评估专家、青海省包虫病重点实验室副主任等职。④获"中国十大杰出兽医""中国畜牧业贡献奖杰出人物""省优秀专家""青海高原工匠""省千人计划领军人才""十二五建功立业先进个人""包虫病防治先进个人""自然科学与工程学科带头人"等荣誉。

## 49. 青海省家畜改良中心

**姓　　名：** 张晋青

**业绩摘要：** 历经乡、县、省三级畜牧兽医技术推广单位工作，先后引进重大畜牧技术 9 项，其中：近 3 年 4 项；1 项国际先进、4 项国内领先、4 项国内先进水平；作为第一完成人 2 项、第二完成人 3 项。应用率高，可复制、可推广，创新了推广和服务机制，经济效益、社会效益和生态效益显著，单项项目增收效益在 6 800 万元到 33 亿元之间。主编或参与编写标准 14 项，在核心刊物、公开刊物发表论文 20 多篇，主编或参与编写著作 7 部，获全国农牧渔业丰收奖三等奖 1 项，获得青海省科学技术成果证书 22 项（其中：第一完成人 5 项、第二完成人 7 项、第三完成人 5 项），申报批准发明专利 1 项（第一发明人）。2018 年入选国家"三区人才"支持计划派驻湟中县对口扶贫专家。

## 50. 全国畜牧总站

**姓　　名：** 王志刚

**业绩摘要：** 王志刚长期从事畜牧管理、技术推广和产业扶贫等工作，时间长达 35 年，推广畜牧技术 15 项。近 3 年来，围绕农业农村部中心工作，在河北等省推广全株玉米青贮技术，推广面积达 898.7 万亩，取得经济效益 58.65 亿元。组织实施农业农村部 2 项重大引领性技术，在新疆等地推广奶牛精准饲养提质增效集成和异位发酵床处理猪场粪污技术，推广奶牛 10 万头，猪场 1 000 家，取得经济效益 8.47 亿元。组织实施国家生猪、蛋鸡遗传改良计划，累计推广种猪 32.17 万头，蛋鸡 10 万套，取得经济效益 3.22 亿元。获国务院特殊津贴、全国农业先进个人、农业部优秀共产党员、省部级奖励 10 项，出版专著 24 部，制定国家标准 11 项、行业标准 6 项，发表论文 93 篇。

## 51. 山东省动物疫病预防与控制中心

**姓　　名：** 陈静

**业绩摘要：** ①获科技攻关和推广奖励 16 项，其中省科技进步一等奖 1 项、三等奖 3 项，中华农业科技奖科学研究成果三等奖 1 项，全国农牧渔业丰收奖二等奖 1 项，三等奖 2 项，省农牧渔业丰收奖一等奖 3 项、二等奖 2 项，三等奖 1 项，省农林水系统职工优秀创新成果一等奖 2 项。2016 年以来有 3 个项目分获全国农牧渔业丰收奖三等奖，省农牧渔业丰收奖一等奖、二等奖，全省农林水系统 2016 年、2018 年度职工优秀创新成果一等奖。目前承担省科技发展计划项目、国家"十三五"重点研发计划项目等5项。②获国家发明专利4项、实用新型专利4项，发明专利受理3项。③制（修）订行业标准、省地方标准17个。④参编专著11部，发表论文27篇。

## 52. 陕西省动物卫生与屠宰管理站

**姓　　名：**刘浩

**业绩摘要：**牵头制定多个地方标准，其参与的"冬牧70黑麦引种示范"和"秦川肉牛标准化生产技术研究集成与示范推广"分别获陕西省农业技术推广成果二等奖、一等奖，均为第五完成人，撰写的多篇论文在核心期刊刊发，参与编写4部专著出版发行，参与研发的"禽用连续注射装置"获国家专利证书，多次受到相关部门表彰奖励，担任农业部兽药GMP专家，农业农村部官方兽医师资，第七批援藏干部。改良试管凝集试验方法在布病检测应用推广。援藏期间，为西藏阿里地区引进陕北荞麦、樱桃、葡萄等农业品种，推广大棚蔬菜无土栽培、平衡施肥、膜下滴灌、低温冷害预防等技术，技术推广普及率达60％以上，设施蔬菜生产能力提高20％以上，农户增收30％以上。

## 53. 上海市奉贤区动物疫病预防控制中心

**姓　　名：**卫龙兴

**业绩摘要：**年过半百、已在基层农技推广第一线摸爬滚打了30多年的卫龙兴，身体力行、恪尽职守、任劳任怨地奋战在基层一线，先后编写各类培训资料上百万字、培训新型职业农民数千人次，孜孜不倦地为农民推广新知识、新技术；他还坚持深入生产第一线，在实践中发现问题，并主动利用自己长期积累的专业知识与实践经验开展技术攻关，先后主持和协作实施部、市、区级科研推广项目20余项，获授各类专利7项、出版技术专著6部、发表各类论文30余篇；特别是2016年以来，他先后主持实施各类科研推广项目7项、参与实施11项，多项技术成果得到了快速推广，充分发挥了基层农技推广人员的科技桥梁与纽带作用，显著提升了企业的生产能力和技术水平。

## 54. 四川省广安市前锋区观塘畜牧兽医站

**姓　　名：**何国银

**业绩摘要：**自参加工作以来，扎根基层，全身心地投入到畜牧工作中，在农技推广一线已从事农技推广25年。①狠抓动物的基础免疫，增强动物疫病防控能力。②大力推广生猪品种改良，全面提高品种质量。③实施畜禽粪污资源化利用，大力推进畜禽粪污治理。建立以"畜—沼—菜""畜—沼—果"等种养结合生态循环利用模式。④推进生猪标准化规模养殖和无公害农产品认证。开展了以兴瑞农业有限公司等养殖场为代表生猪养殖标准化示范创建。⑤加强实用技术推广应用。在农业供给侧结构性改革、动物疫病防控、畜产品质量安全、畜禽养殖污染治理、畜牧业生产发展等工作中履职尽责，取得了良好成绩。推动了畜牧工作持续、健康、稳定发展。

## 55. 四川省广元市苍溪县龙王镇畜牧兽医站

**姓　　名：** 向国华

**业绩摘要：** 向国华长期投身于畜牧业生产、重大动物疫病防控、畜禽养殖新技术等推广应用，为促进畜牧业转型升级，在助农增收及脱贫攻坚方面做出了巨大贡献。近年来，举办各类畜禽养殖技术培训 100 余场培训 6 500 人次，建设养殖小区 7 个（生猪 4 个，肉牛 3 个），建设家庭牧场 68 个，组织并完成重大动物疫病防控 90 余次，推广畜禽养殖新技术 5 项，建立标准化示范养殖场点 28 个，畜禽圈舍标准化达 90％以上，成功地将龙王镇创建成为全县肉牛、生猪养殖大镇。在《兽医导刊》上发表《猪细小病毒病的综合防治》《鸡包涵体肝炎的防治》等文章 2 篇。累计受到上级表彰 17 次（局级 8 次、县政府 8 次、市局 1 次）。2015 年被广元市农业局授予"最美乡村农技员"称号。

## 56. 肃州区畜牧兽医局

**姓　　名：** 马君峰

**业绩摘要：** 马君峰扎根畜牧技术推广一线工作 30 多年，主持参与"国家级秸秆养牛示范县建设""奶源基地建设"等国家及省、市级畜牧兽医技术研究推广项目 30 余项，有效解决了当地畜牧生产中的关键性技术难题，获得了一批具有自主知识产权的科技成果，先后获得农业部及省市级奖励 25 次，其中：获全国农牧渔业丰收奖 2 次，省科技进步奖 3 次，甘肃省农牧渔业丰收奖 3 次，酒泉市科技进步奖 11 次，获省市畜牧科技工作先进个人称号 6 次；获国家实用新型技术专利 11 项，撰写出版 16.1 万字《奶牛养殖实用新技术》丛书一套，发表专业论文 50 余篇（国家核心刊物论文 11 篇），取得了良好的经济和社会效益，得到了当地群众和各级政府部门的认可。

## 57. 孙吴县畜牧兽医局畜牧服务中心

**姓　　名：** 封延武

**业绩摘要：** 为支援边疆建设，毕业后自原分配地佳木斯改派到孙吴县。从事畜牧工作 20 多年来，先后编写市地方标准《肉鹅养殖技术规程》《孙吴县肉牛高产攻关技术》《安格斯牛饲养规程》在市县得到推广，在国家级刊物发表论文近 10 篇。与科研院所合作编制的《孙吴县牧业养殖小区建设规划》在全县推广，指导建成 30 个标准化养殖场，其中 3 个部级标准化养殖示范场，使全县标准化养殖占规模养殖的 40％以上。推广《外源生殖激素对肉羊繁殖调控技术推广应用》等 4 个科研项目，均取得了很好的经济和社会效益。推进安格斯肉牛养殖产业扶贫计划，入社贫困户和妇女人均增收 2 000 元。主持申报"中国安格斯肉牛之乡"称号，在全国叫响了孙吴县安格斯肉牛品牌。

## 58. 唐山市丰润区农业农村局

**姓　　名：** 王庆泽

**业绩摘要：** 多次主持农技推广项目，新增效益超 4 亿元，获市政府奖励 14 项，其中一等奖 3 项、二等奖 8 项、三等奖 3 项。获评 2001 年度省秸秆开发利用先进、2005 年省农村优秀实用人才、2007 年度省畜牧技术推广先进、2009 年度省疫病监测先进、2010 年度省动物防疫先进、2012 年省畜牧兽医科技推广功勋人物等奖励。2010 年获聘市专家咨询服务团专家、2017 年获市优秀科技工作者、2006 年、2008 年度市畜牧水产系统先进、2011 年、2012 年度市动物防疫先进、2007 年后三批次区拔尖人才等奖励。2012 年、2016 年度获区政府嘉奖和记三等功，两次上《河北农民报》专版，发表论文 120 余篇，获专利 2 项。

## 59. 桃源县理公港镇农业和农村经营管理服务站

**姓　　名：** 简春盛

**业绩摘要：** 近 3 年来，《湖南兽医杂志》发表论文 3 篇，到基层解决养殖生产疑难问题上千次，到养殖户场技术指导不着力推广蛋鸡无抗养殖技术和粪污发酵处理技术，使常德市范围内 276 家蛋鸡鸡场受益。到三尖农牧公司推广实行蛋鸡无抗养殖技术获得中国绿色食品发展中心"绿色食品"证书，年产"绿色食品"鸡蛋 8 千吨，由于下属三江蛋鸡合作社"公司＋农户"经营模式生产无抗鸡蛋 4.82 万吨，成为常德市龙头企业。茂盛农牧中心推广蛋鸡无抗养殖技术，年生产无抗鸡鸡蛋 2.5 千吨以上。3 年产值达 13.8 亿元，增加效益 2.53 万元，2017 年桃源县理公港镇推广山羊养殖＋水稻种植和山羊养殖＋牧草种植生态农业模式已初见成效，为该镇产业扶贫打好了基础。

## 60. 万年县畜牧兽医局

**姓　　名：** 万红伟

**业绩摘要：** 万红伟同志热爱祖国，拥护中国共产党领导，爱岗敬业，业务精通，30 年来一直长期在生产一线从事畜牧技术推广服务工作，先后参加了低成本养猪模式及配套养殖技术的推广应用、生猪良种补贴项目、南方现代草地畜牧业发展项目、蛋鸭（山麻鸭）笼养技术研究与示范、生猪清洁生产技术集成与示范等多个项目的具体实施和技术引进、推广工作，无一起技术事故和连带责任。并获全国农牧渔业丰收奖农业技术推广成果奖二等奖 1 项，省技术改进奖三等奖 1 项，县科技进步奖二等奖 1 项、四等奖 1 项，地区技术改进奖四等奖 1 项，科学技术成果证书 2 项。在万年县畜牧业技术推广工作中起到骨干和表率作用，为农业增效、农民增收做出了突出贡献。

## 61. 围场满族蒙古族自治县畜牧工作站

**姓　　名：** 王晓平

**业绩摘要：** 1999 年 6 月以来一直从事畜禽新品种引进推广、畜禽养殖标准化生产、扶贫助贫、农民科技培训等基层畜牧兽医技术推广工作。年推广优质冻精改良肉牛 7 万多头、改良奶牛 2 万多头、引进杜泊羊改良小尾寒羊 6 万多只、制作青贮饲料 20 万吨，年新增纯收益 2.78 亿元。参加全国畜牧总站德系西门塔尔乳肉兼用牛区域试验示范推广项目，用德系西门塔尔牛冻精改良 2 万头，试验数据翔实。完成生产乳粉用奶牛场建设配套技术集成与推广、坝上长尾鸡培育与利用技术研究、牛粪资源化综合利用与推广，获河北省科技成果奖 2 项、承德市科技成果奖 3 项、完成新型实用技术发明专利 1 项。获县政府嘉奖 5 次、记三等功 1 次、获河北省畜牧兽医局先进个人称号 5 次。

## 62. 闻喜县农业农村局

**姓　　名：**翟文斌

**业绩摘要：**先后在国家、省级刊物上发表论文 25 篇，2009 年被山西省科学技术协会授予"山西省畜牧业科技推广先进工作者"，2014 年被中共闻喜县委、闻喜县人民政府表彰为"农村实用人才"。共主持参与科技推广项目 7 项，其中主持实施的"养猪小区规范化生产技术推广""快大型肉鸡综合配套技术推广""肉鸡高效养殖配套技术推广""肉鸡标准化养殖技术推广"等 4 个项目获山西省农村技术承包奖二等奖，组织实施的"猪鸡集约化饲养管理配套技术推广应用"项目获山西省农村技术承包一等奖；作为项目负责人实施了山西省科技攻关项目"兽用生物制剂研究及产品开发——环保长效新型高抗药性蜂药（也可用于果林）——固态笔形杀虫杀螨剂研制"。

## 63. 梧州市畜牧站

**姓　　名：**陈炎超

**业绩摘要：**陈炎超同志从事水产畜牧基层工作 24 年，具有良好的职业道德，过硬的业务素质和服务技能。获市厅级科技进步奖二等奖 1 项、三等奖 2 项；获"广西牛品种改良工作先进工作者"称号；获广西农牧渔业丰收奖养殖业提质增收贡献奖；多次被评为市级水产畜牧系统先进个人；在国家、省级专业期刊发表有较高学术价值论文 10 余篇，获梧州市自然科学优秀学术论文二等奖 2 篇，三等奖 1 篇。积极推广畜禽规模养殖场粪污综合利用、畜禽现代生态养殖、优质水产品大面积高效养殖等先进适用技术，攻坚克难助推全市水产畜牧业转型升级和绿色发展。作为广西"十三五"贫困村科技特派员，创新科技帮扶工作机制，开发特色产业，建立示范基地，带动贫困户脱贫致富。

## 64. 武定县动物疫病预防控制中心

**姓　　名：**高峰

**业绩摘要：**武定县是云南省深度贫困县之一，高峰 25 年来一直坚持在第一线，致力于各项畜牧科技措施的推广应用，助推全县扶贫工作和畜牧业的发展。他是非洲猪瘟等重大动物疫病防控的具体承担者和中坚力量，是全县特色产业武定鸡地方标准的起草人和实施者，是肉牛冻精、生猪三元杂交改良等技术的主推者。他是科技兴牧的践行者和耕耘者，从 2001 年来共受各级表彰 15 个，其中农业部二等奖 1 个，省级奖 5 个（其中二等、三等奖各 2 个，先进个人 1 个），地州级奖 6 个，县处级奖 3 个。特别是 2016 年以来，他获云南省农业技术推广三等奖 1 个，2018 年被楚雄州农业局评为先进个人，并被楚雄州人力资源和社会保障局选拔为楚雄州中青年学术技术带头人。

## 65. 辛集市田家庄动物卫生监督分所

**姓　　名：**董国权

**业绩摘要：**参加了"肉羊高效养殖技术研究与绿色产业示范""肉鹅健康高效养殖技术研究与生态模式构建""肉鸭发酵网床生态养殖技术研究与产业示范" 3 个项目的研究。在此研究中负责疾病防控工作。3 个项目都获得了河北省科学技术成果证书，国内先进。"本草乳安"和"酵素蛋白"、有机微量元素、肉牛高效养殖技术、肉牛常见疾病防治技术等在奶牛场、养猪场、肉牛场广泛推广应用。获得过诸多奖励：被评为全国"百佳基层兽医"，河北省动物防疫员技能竞赛一等奖，第一届京津冀动物防疫职业技能竞赛二等奖，河北省动物屠宰检疫技能竞赛个人三等奖，荣获"第六届辛集市青年科技奖"，7 次获得政府嘉奖。著书 1 部，在国家级刊物上发表过 9 篇文章。

## 66. 新宁县畜牧水产技术推广服务中心

**姓　　名：**唐振伦

**业绩摘要：**①重政治学习，思想过硬，时刻以一个共产党员的身份要求自己，被推荐为市级人民群众代言人候选人。②工作认真到位，2016 年至 2018 年 3 年来新宁县畜牧水产技术推广服务中心连续承担全国基层农技推广体系建设项目及肉牛良种补贴项目的实施，作为项目组织者和实施者，致力开展技术示范与推广，重养殖基地建设，组织多级多期培训。使农民得到技术应用指导，经济效益明显，帮助农民走上脱贫致富的道路。③重网络平台建设及自身学习，建立微信、QQ 等工作平台，自己积极参加多级业务知识培训。④扶贫工作到位，根据扶贫工作要求，关心贫困户，落实中央及省市扶贫工作任务。⑤管理工作优异，单位及个人连续得奖。

## 67. 新泰市青云街道办事处兽医站

**姓　　名：**朱向福

**业绩摘要：**朱向福，男，1962 年 10 月出生，汉族，中共党员，现任新泰市青云街道办事处兽医站站长。自 1982 年参加工作以来，一直在农业生产一线从事畜牧兽医技术推广服务工作。自 2009 年开始，帮助辖区内原种猪场——山东鑫基牧业有限公司独创了"鑫基" 6S 管理模式，打造了种猪场现代化管理样板。2010 年开始，为克服国外瘦肉型猪适应性差、繁殖性能低、肉质差、不易饲养的缺点，在鑫基牧业公司主导猪品系繁育工作。经过 7 年努力，成功培育出"鑫基"大白猪新品系，累计推广品系母猪 3 万余头，示范带动出栏肉猪 50 余万头；推广"粪污资源化生产有机肥"技术，累计产生经济效益 1.5 亿元以上，为区域农业增效、农民增收做出了突出贡献。

## 68. 信丰县畜牧兽医局

**姓　　名：**吴寿生

**业绩摘要：**在畜牧兽医局工作 28 年来，一直在基层一线从事农技推广工作，具有丰富的农业新技术、新品种推广经验、较强的项目实施能力。主持、骨干参与了生猪清洁生产技术集成与示范、猪粪资源化利用集成与示范推广、全小麦饲用改良剂及其猪饲料配方的创制与应用等 18 个项目，并取得显著成果。分别荣获全国农牧渔业丰收奖成果奖二等奖 1 项、三等奖 1 项、省农牧渔业技术改进奖二等奖 1 项、实用新型专利 1 项、县级科学技术进步奖二等奖 1 项。并致力于畜禽粪污养殖蚯蚓技术的研究与应用推广，主编或参编 8 本技术培训教材，进村入户授课 500 余次，培训人员 30 000 多人次。2014 年被评为全省重大动物疫病防控先进个人，连续 3 年被评为全省农业工作先进个人。

## 69. 兴文县动物疫病预防控制中心

**姓　　名：**尹华江

**业绩摘要：**从事兽医工作 38 年，发表论文 20 篇，其中国家级 12 篇；主编教材《中兽医诊疗技术》1 部，出版专著《中兽医临证心语》1 部；多次参加中国兽医临床大会并作专题报告，荣获全国中兽医学会优秀论文一等奖 1 次，二等奖 1 次，优秀论文奖 2 次；研制防治家畜霉菌毒素中毒的中药和治疗家畜胃热食滞的中药，申报发明专利 2 项，已获国家发明专利授权 1 项。3 年来，举办各类养殖培训班 450 余场次，参训人员 3 万余人，编印发放养殖技术资料 5 万余册，为全县养殖场户创造增收效益 5 000 余万元，助力脱贫攻坚。先后荣获中国十大杰出兽医、全国十佳农技推广标兵、四川省先进工作者、四川省优秀农技员、四川十大扶贫好人、四川最美农技员等表彰奖励 50 余项。

## 70. 伊犁哈萨克自治州畜牧总站

**姓　　名：**巴登加甫·依尔廷加

**业绩摘要：**现为新疆自然科学专家，伊犁州直拔尖人才，伊犁州牛产业首席专家，国家肉牛牦牛产业技术体系伊犁综合试验站团队成员，中德牛业技术合作项目示范场——伊犁新褐种牛场和伊犁创锦犇牛牧业有限公司西门塔尔种牛场技术总监，尼勒克县牧强种畜有限公司技术顾问。2000 年获得自治区人民政府三等奖 1 项；2008—2015 年分别获得伊犁州政府科技进步奖一、二、三等奖各 1 项；2011 年、2015 年和 2016 年度被评为伊犁州畜牧系统先进个人；该畜牧总站 2016 年被评为伊犁州畜牧技术推广优秀科研组。

## 71. 宜州区畜牧站

**姓　　名：**石忠诚

**业绩摘要：**自 1998 年以来，连续 20 多年在县乡基层从事牛人授精、畜禽品种改良、生态养殖、畜禽粪污资源化利用等技术推广工作。2008 年获兽医师中级职称。曾获宜州"党委、政府办公室系统先进个人""宜州区创建中国优秀旅游城市先进个人""2010 年、2011年度水产畜牧兽医系统先进个人"称号，"2011 年获"全区助农增收先进个人"、2012 年获河池市"优秀新农村指导员""助农增收先进个人"、2013 年获宜州区"开发扶贫定点帮扶工作先进个人""2014—2015 年度科普工作先进工作者"、2017 年获宜州区优秀共产党员等称号，近几年年度考核连续优秀，2017 年、2018 年度被评为广西贫困村优秀科技特派员。

## 72. 榆林市动物疫病预防控制中心

**姓　　名：**马杰

**业绩摘要：**任职以来，主要从事畜禽养殖和疫病防控技术的推广工作。参与编写了《陕北白绒山羊健康养殖与主要疾病防治技术》专业图书；参与完成了"动物疫病渐进式控制路径（PCP）在陕北白绒山羊布鲁氏菌病防控中的应用"项目，并获得科学成果一等奖，此技术在羊布病防控实践中推广应用，明显降低了布病的感染率和发病率。普及养羊实用技术，大大提高了羊的产绒量和产羔量。参与发明了"新型畜牧业饲料供给装置"和"一种陕北白绒山羊自动控温饮水装置"，并获得实用新型专利证书；累计开展科技讲座50 余次，培训市、县、乡各级防疫员、养殖场（户）技术员 1 100 多人（次），提高了防疫人员和养殖场（户）的疫病防控和饲养管理水平。积极参与产业扶贫工作。

## 73. 云南省动物疫病预防控制中心

**姓　　名：**周建国

**业绩摘要：**热爱祖国，拥护党的领导，团结同事，乐于助人，谦虚谨慎，工作任劳任怨，刻苦钻研，开拓创新，勤于实践，专业理论扎实，科研成果丰硕，多次完成急难险重任务。荣获省委鲁甸抗震救灾先进个人（享省劳模待遇），获省部级科技奖励二等奖 3 项、三等奖 2 项，省推广奖一等奖 1 项，编著专著 2 部，发表论文多篇。主持完成生猪 321 免疫新技术研究与推广应用项目，其成果属国内首创并居国内领先水平，该项目被列入历年云南省重大动物疫病免疫方案，在全省 129 个县 1 329 个乡镇累计免疫生猪近 4 亿头。大幅提高了生猪口蹄疫、猪瘟和蓝耳病免疫密度和免疫效果。降低了劳动成本，提高了工作效率，解决了长期困扰基层的防疫难点问题，为云南省动物防疫工作做出重大贡献。

## 74. 云南省曲靖市畜禽改良工作站

**姓　　名：**高春国

**业绩摘要：**1995 年 8 月参加工作。先后在单位下属种猪场、会泽县大桥乡和畜禽改良工作站等单位从事畜禽养殖科技推广，常年均超过 1/3 的工作时间在农村从事畜牧推广和在养殖场开展技术服务工作，是云南省委联系专家和云南省科技特派员，还是曲靖市"珠源产业领军人才"培养对象。先后主持项目、课题 20 多个，撰写论文 22 篇，主、参编专著 6 部；分别受聘为多个院校和项目的培训教师，累计培训各类人员 5 000 多人次。在辖区引进和集成推广良种科技和养殖技术 10 多项，近 3 年来主要有"到户输精技术在牛冻精改良中的应用"（2016 年）"曲靖市生猪提质增效关键技术"（2017 年）等两项技术集成与推广应用经省级部门鉴定。

## 75. 云南省曲靖市麒麟区三宝街道畜牧兽医站

姓　　名：莫云贵

业绩摘要：①在乡镇从事推广工作 26 年，获云南省科技兴乡贡献奖，享受曲靖市政府特殊津贴、是麒麟区劳动模范。②发展养殖小区 21 个，万头养猪场 3 个，实现产值 1.2 亿元。③推广生猪高效繁殖技术项目，改良母猪 7.42 万窝，实现经济总效益 5 964 万元。④推行动物防疫新模式项目，推广 321 免疫新技术，建成动物疫病防治示范乡镇，增加经济效益 1 600 万元，区内 9 年没有发生重大动物疫情。⑤推广动物标识及疫病可追溯体系项目，增加经济效益 1 280 万元，开发智农溯源 App，在曲靖市推广。⑥率先实施政府购买动物防疫服务，成立三宝智农动物防疫合作社。⑦建成"高原爨鸡"繁育基地，正在申报国家遗传资源。

## 76. 张掖市草原工作站

姓　　名：权金鹏

业绩摘要：参加工作以来，长期奋战在草牧业生产一线，结合 19 项课题试验研究与技术推广，筛选出最适合张掖市玉米秸秆饲料化利用的微生物发酵剂、收获加工装备、秸秆处理方式，设计应用玉米秸秆分段青贮工艺和裹包青贮饲料防鼠墙，培育创建"转湾河"等 4 个秸秆饲料品牌，填补了秸秆饲料商品化生产的空白，产生经济效益 25 685.46 万元。引进青贮玉米、紫花苜蓿、燕麦等牧草新品种 113 个，筛选出适宜张掖市推广种植的主推牧草品种 19 个，集成推广品种配套、精量播种、杂草防除、收获期调控、全程机械化收获加工等一体化技术，引领推广种植青贮玉米、甜高粱等 83.79 万亩，初步实现了良种、良法、良机三配套，产生经济效益 17 207.63 万元。

## 77. 长春市双阳区鹿乡镇畜牧兽医站

姓　　名：王鸿雁

业绩摘要：32 年来王鸿雁一直工作在畜牧兽医的第一线。王鸿雁不断提升自己的专业技术水平，先后取得了畜牧兽医专业大专和本科毕业证书，于 2011 年晋升为高级畜牧师。王鸿雁参与了梅花鹿人工输精技术的推广项目（获得吉林省畜牧业技术推广二等奖），创立了中国梅花鹿种源保护中心暨中国双阳型梅花鹿基因库（保存梅花鹿良种精液 3 000 剂），创建了中鹿网暨互联网＋梅花鹿电商平台（获得"2016 年农业部互联网＋现代农业全国百佳实践案例"第 25 名），创建了中国梅花鹿之乡微信公众平台（关注人数 8 051 人）。作为特邀专家，王鸿雁连续多年在基层畜牧业推广体系建设和中国梅花鹿节中做牧业信息化、新技术应用的培训和讲解工作，带动近千家鹿企开启了线上推广营销渠道。

## 78. 重庆市綦江区动物卫生监督所

**姓　　名：**刘德洪

**业绩摘要：**该同志勤勤恳恳、任劳任怨、默默无闻在农业战线辛勤耕耘了 33 个春秋，具有高尚的职业道德和社会公德；长期深入农村开展养殖技术指导，每月下乡村指导不少于 10 天，共开展技术培训 440 多期 2 万多人次，获得广大养殖户的高度评价。他承担的畜牧项目 17 个获得市区县科技奖，其中渝荣 I 号猪配套系种猪生产示范与推广获 2011 年全国农牧渔业丰收计划二等奖。发表 20 多篇有价值的畜牧生产论文；主（参）编畜牧兽医图书资料 5 册，其中主编《重庆市綦江区现代农业生产技术手册》多年作为綦江区基层"三农"培训教材。多次获得市、区政府及部门的表彰奖励，2004 年荣获市政府高致病性禽流感防治先进个人，为綦江区畜牧产业发展做出了突出贡献。

## 79. 重庆市潼南区梓潼街道办事处畜牧兽医站

**姓　　名：**刘小华

**业绩摘要：**刘小华坚持以习近平新时代中国特色社会主义思想为指引，围绕"优供给、强安全、保生态"目标，积极参与课题调研，发表论文 9 篇；引导养殖场打造水土净美、养殖环境优美、产品安全味美产业，推行"畜（禽）—沼—菜（果）"等种养结合循环农业模式，研究推广猪场舍外发酵床及沼液还田管网建设，2016—2018 年共新增效益 51.04 万元；2017 年、2018 年指导本街道养殖企业推广重庆市畜禽健康养殖项目，协助其撰写实施方案，新增效益 117.6 万元；深入推广畜牧兽医新品种、新技术、新工艺、新机制的应用，积极推行"公司＋合作户"订单模式；分类抓好动物疫病防控工作，打赢 H7N9、非洲猪瘟等重大疫病防控阻击战；工作上连续多年获得表彰。

# （四） 其他服务主体

## 1. 湖北博大生物股份有限公司

姓　　名：孙国平

业绩摘要：从事基层农技推广工作 27 年。近 3 年，在山东、湖北、广东等地常年驻点，为 10 余省 5 000 多家养殖场、专业合作社提供技术服务；推广应用防治猪腹泻等绿色环保养殖技术 2 项、与生猪保健相关的现代高效养殖集成技术 1 项，培训基层业务骨干、专技人员 10 000 余人次；研发畜禽保健药品喹烯酮增效剂，推广预混剂 1 500 吨使 7 500 万头生猪受益，增加效益 7.5 亿元。在湖北黄石大王镇上街村开展精准扶贫，预计到 2020 年年底可使 200 户贫困户脱贫带动 20 000 农户致富。主持参与科技项目 4 项，获国家发明专利 3 项、实用新型专利 20 项、外观专利 4 项，发表论文 6 篇。入选国家"万人计划 2018"，获"国家科技创新创业人才 2015"等称号。

## 2. 江苏京海禽业集团有限公司

姓　　名：王宏胜

业绩摘要：王宏胜同志主持或作为技术骨干参加课题 27 项，发表论文近 30 篇，编写行业标准 1 项，拥有软件著作权 1 件，申请发明专利 2 件，获得 PCT 专利 1 件；在企业内部积极推进卓越绩效管理，使得京海集团成为江苏省首个成功获得江苏省质量奖的农牧企业；创新的京海"服务带动型"产业模式受到了农业部和行业的肯定，并在国内进行推广；因在家禽行业积极倡导无抗养殖，被授予"全国 2016 健康养殖先锋人物"称号；荣获 2018 年江苏省有突出贡献的青年专家。因业绩突出，该同志先后荣获国家科技进步二等奖、省级科技一等奖和大北农科技奖动物育种奖等 3 项，创新集成的白羽种鸡高效健康养殖配套技术，提高了我国肉鸡产业的养殖技术水平和科学研究水平。

## 3. 江西省惠大实业有限公司

姓　　名：彭志坚

业绩摘要：彭志坚一直从事农业产业经营，结合企业自身产业的优势，经常组织免费种养新技术、新模式的推广及培训，参加培训人员超 2 000 人次。通过"公司＋基地＋农户"等形式，采取"五统一"的措施，联结带动 3 000 多户农户开展种植或养殖生产，帮助农户年均增加收入 3 万～5 万元。通过多年不懈努力，帮助一大批种养从业人员提高了专业技术水平，大大增加了种养专业户的经济效益，帮助众多贫困群众实现了脱贫致富，取得了良好的经济和社会效益。该企业一直被认定为省级农业产业化龙头企业、国家高新技术企业、国家级、省、市级精准扶贫先进民营企业。彭志坚本人荣获省劳模、市劳模、全国水土保持先进个人、江西省优秀中国特色社会主义事业建设者等荣誉奖励。

### 4. 黔南州动物疫病预防控制中心

**姓　　名：**董保豫

**业绩摘要：**该同志爱岗敬业，刻苦钻研业务技能。在他的带领下，黔南州疫控系统兽医实验室的建设和综合素质排名全省前列，在全省技能比武活动中获一、二、三等奖各 1 次。在防控高致病性禽流感等重大动物疫病的战役中，确保了无区域性重大动物疫情的发生。主持实施黔南州动物疫病普查及应用、黔南州民族地区规模养羊寄生虫调查与防控技术研究等项目，应用推广创造总经济效益 3.720 6 亿元，主持实施猪瘟、猪口蹄疫、猪高致病性蓝耳病不同免疫组合效果观察等科研课题。2016 年组织制定《黔南州重大动物疫情应急处置规程》等 5 个州级地方行业标准。2018 年参与制定贵州省地方标准 DB52《瑶山鸡》。在省级以上学术刊物发表论文 26 篇。

### 5. 西宁市畜牧兽医站

**姓　　名：**张成图

**业绩摘要：**张成图现任西宁市畜牧兽医站站长、扶贫驻村第一书记，主要开展动物疫病防控、畜产品质量控制、品种改良等应用技术的研究推广及脱贫攻坚工作，主持参加科研推广项目 15 项，申请专利 16 项，制定地方标准 16 项。保障全市连续多年未发生重大动物疫情、连续 11 年未发生重大畜产品安全事件，生猪、奶牛良种率提高到 90％以上，为西宁畜牧业高质量发展、畜产品安全供给、农民增收做出重要贡献。获 2010 年全国农牧渔业丰收二等奖、2017 年青海省科技进步三等奖、2015 年西宁市科技进步三等奖。多次被评为青海省动物防疫先进个人，先后被授予青海农牧业优秀科技工作者、青海省优秀专业技术人才、青海省高端创新人才千人计划培养领军人才等称号。

### 6. 扎鲁特旗道老杜苏木白彦忙哈兽医站

**姓　　名：**朝格图

**业绩摘要：**①国家"粮改饲"试点项目，朝格图共核实登记 13 个苏木镇、以 10％比例抽查了 138 个嘎查村（分场）5 754 户种养结合户。粮改饲试点区青贮种植面积 21.5 万亩，补贴收储量 36.2 万吨。补贴资金 1 800 万元。②良种繁育推广工作，朝格图在重点苏木镇举办黄牛冷配培训班，讲理论与现场操作相结合，已培训人员达 1 050 人次。已在全旗完成黄牛冷配 11.2 万头。③2018 年朝格图在重点苏木镇举办 23 场培训，已培训人员达 2 050 人次。扎旗政府通过从旗内种羊场调剂澳洲白种公羊 200 只，开展胚胎移植 2 000 枚，羊人工授精 3 万只。未来 3 年通过人工授精、下放公羊的方式，将改良 23 万～47 万只肉羊品种，向良种化覆盖率 60% 迈进。

# 三、水 产

SAN SHUICHAN

# （一） 科研单位

## 中国水产科学研究院南海水产研究所

姓　　名：区又君

业绩摘要：长期在一线从事鱼类繁育、养殖技术的研究、示范和推广，取得显著经济社会效益。获广东省推广一等奖 2 项、二等奖 3 项，潮州市推广一等奖 1 项。①在珠海市金湾区推广重大技术 3 项，推广鲻鱼类繁养殖技术，推动东南沿海黄尾鲻产业化发展并成为南方主要养殖种类；开发和推广了四指马鲅新品种，在 2018 年金湾都市农业暨农民丰收节中被评为"金湾农乡优品"；推广鲷鱼繁养殖技术，金湾黄鳍鲷成为全国最大的连片标准化养殖基地，为申报"金湾黄鳍鲷"国家地理标志奠定基础。②1998 年开始在潮州市饶平县开展海水鱼类繁养殖技术研发、推广、示范，推动饶平县成为我国最早开展海水鱼类群众性大规模种苗生产和养殖的产业基地。

# （二） 大专院校

## 华中农业大学

姓　　名：王卫民

业绩摘要：30 多年来王卫民一直在水产增养殖品种研发与推广工作的一线，1998 年在全国率先攻克黄颡鱼人工繁殖，随后研发了黄颡鱼苗种培育与成鱼养殖成熟技术，并在全国进行了广泛推广，使这一野生鱼类成为我国重要的水产养殖种类之一，该研究成果先后获得湖北省和武汉市人民政府科技进步奖。自 2008 年起，王卫民经过 10 余年努力，选育出团头鲂"华海 1 号"新品种，2016 年通过了国家水产原良种委员会的审定，目前已在全国十几个省市进行推广；曾为湖北省科技特派员，现为武汉市科技特派员，2008 年被评为首届黄石市人民政府科技顾问团产学研科技合作先进个人，2010 年、2011 年分别获"湖北省水产发展突出贡献科技工作者"称号。

# （三） 推广单位

## 1. 宝鸡市水产工作站

姓　　名：王明祥

业绩摘要：工作 30 年来，在基层从事推广工作 25 年。1988—2001 年，连续 14 年在宝鸡市境内的水产养殖单位从事水产养殖技术推广工作。2009 年至 2019 年连续 11 年，被省、市、区政府聘为农业科技特派员。25 年来，先后组织参与实施了 10 多项渔业技术推广项目。承担的推广项目多次获得省、市科技成果奖。工作以来，发表论文 30 余篇。2016—2018 年 3 年主持推广了大宗淡水鱼池塘高效生态养殖技术推广项目，3 年累计推广面积 8 256 亩，新增纯收益 372.27 万元，总经济效益 6 116.80 万元。

## 2. 沧州市水产技术推广站

姓　　名：宋学章

业绩摘要：工作 34 年来，一直深入基层从事技术推广工作。主持及参与完成国家、省、市科研和推广项目 21 项，取得科技成果 16 项，获得奖励 11 项，其中获全国农牧渔业丰收奖 4 项，省农业技术推广合作奖 1 项，省科技进步奖 2 项，市级奖 4 项；6 项技术在全市范围内推广，累计经济效益超 5 亿元；创新"首席专家引领技术团队"的推广方法在全市推广，指导先进技术、先进模式和优良品种的推广示范，促进全市行业健康、绿色发展，为服务区农业增效、农民增收做出突出贡献；发表论文 17 篇；出版专著 2 部；制定行业标准 4 项；发明专利 2 项；多次受到表彰，其中记功 2 次。2011 年获沧州市优秀科技工作者称号，2013 年获沧州市第七批市管专业技术拔尖人才。

## 3. 丹阳市水产技术指导站

姓　　名：刘建华

业绩摘要：爱岗敬业拥护党的领导，精通水产养殖技术，常年深入基层开展技术推广服务。推广青虾、河蟹、甲鱼等生态养殖技术，编制发布 5 项养殖技术操作规程。组织实施"池塘工程化养殖系统示范与研究"项目，全省第一个在河蟹池塘里开展水槽高密度养殖，取得显著的经济和生态效益。组织实施青虾产业体系、渔业科技入户和高效设施渔业项目，致力于水产科技成果转化应用，促进水产良种覆盖和良法推行普及。2017 年长江 1 号河蟹养殖技术示范与推广项目获得江苏省农业技术推广奖二等奖，2018 年功能微生物修复技术在池塘养殖中的研究与应用项目获江苏省农业农村厅丰收奖二等奖。2016 年获省水产技术推广系统先进个人、2017 年获江苏省优秀技术指导员称号。

## 4. 福建省龙岩市水产技术推广站

**姓　　名：**林炳明

**业绩摘要：**连续从事水产技术推广 37 年，在革命老区工作 31 年，年下乡 130 多天。①2014—2018 年连续任省定贫困县科技特派员，成效显著，业绩被编入《福建省科技扶贫典型事例精选》。②2014 年起创立推行水产技术"九字工作法"，使全市工作始终走在全省前列，2019 年被省局推举在全省水产技术大会作典型发言。③2002 年开始，持续推广草鱼注射免疫技术；2011—2013 年推广标准池塘建设及高效养殖技术；2015—2018 年开发推广扁圆吻鲴增养殖技术；2016—2018 年制定推广《丘陵山坳池塘节水养殖技术规范》；均取得重大效益。④在紫金特大污染突发事件中，建议政府"破网放鱼"，减少巨大损失。⑤渔业病防、环监成效高。

## 5. 福建省宁德市蕉城区水产技术推广站

**姓　　名：**陈庆荣

**业绩摘要：**工作以来扎根基层，长期从事养殖育苗技术推广和服务，获表彰 7 项，单位获"省级水技推广示范站"。主持、参与 20 项省（市、区）科研、推广和示范试验项目；获宁德市农业科技推广奖一等奖三等奖各 1 项；主持基层水产技术推广项目。发表论文 20 多篇，独著 4 篇，第一作者 1 篇；获发明专利 3 项，第一发明人 1 项；主持、参与规范起草 4 项，第一起草人 1 项。主编《中国大黄鱼之乡》复审并获通过；参与《养殖规划》起草和技术指导，获批并实施。2016 年被聘为"大学生自主创业导师"，2018 年 1 月选派扶贫驻村第一书记，入选省、市科技特派员，2018 年 10 月被评为全国百名"最美渔技员"，为福建省水产千亿产业链大黄鱼和鲍鱼服务队成员。

## 6. 福建省松溪县水产技术推广站

**姓　　名：**黄恒章

**业绩摘要：**①2013—2018 年，推广稻渔综合种养项目，示范面积 1 200 亩。经测产，平均亩产水产品 45.4 千克、稻谷 468.5 千克的产量，平均亩利润 1 916 元。2018 年 1 月，该基地被农业部授予全国第一批国家级稻渔综合种养示范区。②2015—2017 年，推广泥鳅苗种繁育技术项目，示范面积 80 亩。作为第一起草人，完成了福建省地方标准《泥鳅苗种繁育技术规范》的起草、审定、发布等工作。③2016—2018 年，推广福建省科技计划星火项目——高品质草鱼及配套牧草生产关键技术示范及推广项目，示范面积 280 亩。项目于 2018 年 6 月完成验收。

## 7. 高邮市三垛镇农业服务中心

**姓　　名：** 张国平

**业绩摘要：** 2006—2018 年，参与高邮市基层农技推广体系改革与建设补助项目、渔业科技入户项目、水产三新工程项目：①利用深井循环系统控制罗氏沼虾池塘蓝藻技术研究与示范。②罗氏沼虾与小龙虾轮作养殖技术集成与示范。③罗氏沼虾生态（减排）养殖模式示范与推广。张国平在基层推广工作中，1991 年曾获得全国农牧渔业丰收奖一等奖，2015 年获得江苏省农业丰收奖一等奖。2016 年被三垛镇委员会评为先进工作者，2017 年稻田综合种养技术模式推广工作中，受到江苏省农业技术推广总站表彰，2017 年、2018 年连续两年被高邮市农委评为先进个人。

## 8. 贵州省遵义市湄潭县永兴镇农业服务中心

**姓　　名：** 彭先吉

**业绩摘要：** 自 1986 年参加工作至今，一直在湄潭县永兴镇农业服务中心工作，2013—2018 年从事稻鱼共生技术推广工作，6 年完成推广面积 36 100 亩，稻谷增收 173.28 万元，青田鱼增收 433.2 万元（按每亩产 6 斤青田鱼、市场价每斤 20 元计算），推广普及率 52.71%，实现增收 10.27%，为永兴镇 2018 年退出全国脱贫工作做出了贡献。

## 9. 湖北省长阳土家族自治县水产技术推广站

**姓　　名：** 汪应文

**业绩摘要：** 引入大水面渔业综合利用高效模式，推广网箱高效养殖等技术，获省科技推广一等奖，促进渔产值增长 17 800 余吨。研发大鲵仿生态养殖等新技术 4 项，带动发展工厂化流水养殖 450 亩、山塘养殖 5 千亩。推广匙吻鲟等新品种 11 个，研究网箱加州鲈高产高效养殖、山塘稻鳖/虾综合套养技术，申请大鲵繁育养专利技术 3 项，参与制定渔业技术标准 2 件。促使单位面积养殖效益提升 25%，年创利润 4 千万元，带动就业千余人。开展水产品质量安全全程可追溯系统开发等 5 项关键技术攻关。建立渔业高效技术示范基地 5 个，开展渔业科技培训 115 场次，培训专业技术人员 3 500 余人次，为渔民解决技术难题 48 起，为 8 家渔业新型主体开展技术咨询 25 次。

## 10. 怀远县水产技术推广中心

**姓　　名：** 赵林斌

**业绩摘要：** 取得省级科技成果 7 项、专利 9 项，地方标准 2 个，荣获农业部丰收奖

1 项、市县科技进奖 8 项，2018 年被评为"安徽省战略性新兴产业技术领军人才"，引领怀远甲鱼、泥鳅、黑鱼三大主导产业发展为全省前列。①推广应用稻渔种养产技术，面积 2.4 万亩，新增产值 7 200 万元。②主持研发并集成一整套甲鱼产业化养殖生产技术，示范带动本地区甲鱼产业发展，年生产甲鱼 7 000 多吨，产值 3.1 亿元。③主持研究和示范推广泥鳅标准化健康养殖技术，示范带动蚌埠市及周边地区产业规模达 1 万亩。④主持开展了黑鱼苗种繁育及无公害高效养殖技术研究与应用，建立黑鱼养殖基地 2 300 亩，年繁育黑鱼苗种 5 000 万尾，产值 1.1 亿元。

## 11. 淮安市洪泽区蒋坝镇农业技术服务站

**姓　　名：**孙军华

**业绩摘要：**①为淮安市洪泽区引进推广河蟹健康生态养殖技术等 5 项主推技术，推广普及率达到 90% 以上。②推广重大集成创新技术，并取得了显著效益。"优质蟹种培育及生态健康养殖技术示范推广"项目中，建成微孔增氧蟹种培育基地 214 亩，成蟹养殖面积 2 510 亩，总产值 1 873 万元。"洪泽湖大闸蟹高效健康养殖技术集成示范与推广"项目中，推广河蟹高效健康养殖面积 26 000 亩，亩均增收 2 000 元。"克氏原螯虾苗种繁育及高效生态养殖技术示范与推广"项目中，建成主养示范区 2 个，面积 2 324 亩，虾蟹混养示范区 1 个，面积 720 亩，推广混养面积 4 312 亩。③获得市级以上工作表彰 7 项。

## 12. 吉水县螺田农业技术推广综合站

**姓　　名：**胡宝圣

**业绩摘要：**胡宝圣同志扎根乡镇站 28 年，水产技术推广业绩十分突出，先后组织参与吉水县特种水产养殖场、吉水县农业科技示范园等国家农业科技示范项目建设及试验示范工作，指导建成吉水县水产开发中心四大家鱼省级水产良种场；连续 25 年主持"胭脂鱼、美国鮰鱼"等十几种高价值鱼类的引进、推广工作；2018 年推广稻渔综合种养基地面积 3.5 万多亩，增殖渔业 12 万多亩，引导 600 多户贫困户参与稻渔综合种养。分别编写了《吉水县渔业"十三五"规划》《吉水县稻虾综合种养技术规程》《吉水县养殖水域滩涂规划》等规范性文本。先后获得江西省农牧渔业技术改进奖，省、市、县农业推广工作先进个人，优秀共产党员等荣誉称号 42 项。

## 13. 济宁市水产技术推广站

**姓　　名：**郑伟力

**业绩摘要：**郑伟力同志热爱祖国，拥护中国共产党领导，具有高尚的职业道德和社会公德，连续从事水产技术推广工作 27 年，精通业务，服务热情，被选聘为山东省现代农业产业技术体系鱼类创新团队济宁综合试验站长。主持或参与完成了 20 余项省、市级渔业科技项目，发表论文 26 篇、获专利 4 项，获省、市级科技奖励 20 项；引进推广重大水产养殖技术 5 项；培训基层渔业技术人员和水产养殖户 5 000 余人次；指导培育科技示范基地 11 处；创建了"微山湖渔业专家服务基地"，长期为基层开展科技服务，取得了显著的经济、社会和生态效益，促进了渔业增效、渔民增收；先后获"全国河蟹产业科技创新奖""济宁市劳动模范""济宁市有突出贡献的中青年专家"等荣誉。

## 14. 江苏省渔业技术推广中心

**姓　　名**：陈焕根

**业绩摘要**：以"服务渔业、服务渔民"为己任，每年在基层工作时间 150 天以上，开展新技术、新模式、新品种试验研究与示范推广，创新推广 10 多种养殖新模式，在河蟹、青虾等特种水产品养殖技术领域取得多项技术突破，先后获省部级奖项 10 余项，发表论文 40 余篇，编写专著 10 本，获专利 15 项，深入基层，开展技术培训与现场指导，培训人数 2 万余人，塘口现场指导数千次，深受广大渔民好评，被养殖户誉为发财致富的领路人。鉴于他在渔业科技服务中的杰出表现，2008 年被评为省"科技富农标兵"三十佳，2009 年被评为省渔业科技入户先进个人，2010 年被评为江苏省海洋与渔业局系统优秀共产党员，2011 年被评为江苏省农业技术创新与推广先进个人等称号。

## 15. 江西省永修县立新农业技术推广站

**姓　　名**：吴义付

**业绩摘要**：2017—2019 年在立新乡推广多种农业新技术并为当地带来了一定的社会和经济效益。①推广稻虾养殖 1.1 万亩，实现年经济效益 2 200 万元，打造小龙虾绿色养殖标准基地，开展稻蟹、稻虾精养与粗养相结合的生态养殖，实现稻虾共作向数字农业、智慧农业方向迈进。②指导永成水产公司养殖斑鳜 600 亩，实现年产值 320.8 万元。③立新乡精养水面 3 800 亩，年产值达 1 140 万元；利用永修县丰富的淡水资源、水田资源和便利的交通，推广生态无公害种养殖技术，开展稻蟹、稻虾精养与粗养相结合的生态养殖；通过提早合理放养、科学投饵施肥和预防虾病、轮捕轮放等技术将水域中的立体生态健康养殖技术推广应用到养殖水域中。

## 16. 柳州市渔业技术推广站

**姓　　名**：文衍红

**业绩摘要**：文衍红同志从事渔业技术推广工作 26 年，热爱农技推广事业，模范履行农业技术公益服务职责，遵纪守法，成绩突出。承担实施科技推广示范项目 20 项，渔业增产增收显著；获得地市级以上科技成果奖 7 项（省部级 1 项、厅级 6 项）工作奖励 7 项（广西贫困村优秀科技特派员、柳州市"八桂先锋行"先进个人、柳州市优秀青年科技人才、柳州市拔尖人才、全国"最美渔技员"）；创新农技推广工作，特色渔业成绩显著；示范推广重大集成创新技术 11 项，经济、社会和生态效益显著；主持（参加）地级市以上重大科技专项 12 项（国家级 1 项、省部级 7 项），获国家授权发明专利 7 项，主持（参加）编制广西地方标准 3 项，为项目实施、促进科技进步做出了突出贡献。

## 17. 南宁市水产畜牧兽医技术推广站

**姓　　名：**李凌波

**业绩摘要：**李凌波同志从事技术工作 31 年，近 13 年来先后主持或参与实施省市科技项目 12 项，获得科技进步奖 4 项、技术发明奖 2 项，广西丰收奖 1 项，完成广西地方标准 2 项，取得国家发明专利授权 2 项，先后发表学术论文 10 篇。为南宁市服务区引进推广重大农业技术 6 项，累计新增产值 34 552.67 万元，取得了显著的经济、社会和生态效益。通过南宁市罗非鱼协会、龟鳖协会创新基层农技推广方式方法和服务机制，全市罗非鱼主养面积突破 5 万亩，排名广西第一，南宁市名龟养殖排名广西第一，为南宁市特色农业发展、助农增收做出了应有的贡献。积极参加省（部）级重大科技专项实施，较好地完成了项目各项任务指标，并做出了突出贡献。

## 18. 泗阳县三庄乡农业经济技术服务中心

**姓　　名：**陈瑜

**业绩摘要：**塘口一线，授人以渔。主推"蟹套鳜""蟹套沙塘鳢""虾稻共生""蟹池水草管护"等技术，搭建渔技推广平台。省科技扶贫项目"蟹套鳜生态模式开发"（第二主持人）通过成果鉴定（宿科〔2010〕77 号）。获"十二五"全省渔业科技入户"优秀技术指导员"（苏渔科〔2016〕4 号），2016 年度江苏省水产技术推广系统先进个人（苏渔技推〔2017〕2 号），第二届江苏省水产技术职业技能竞赛暨全国选拔赛获个人三等奖（苏海人〔2017〕23 号）；2017 年度全省水生动物疫病监控工作先进个人（苏海渔涵〔2018〕30 号），"宿迁市劳动模范"等荣誉称号（宿委〔2018〕43 号）。近 3 年，陈瑜被乡政府授予个人特殊贡献奖、奉献奖等。

## 19. 泰兴市黄桥镇农业技术服务中心

**姓　　名：**仇江宏

**业绩摘要：**仇江宏同志自 2002 年 11 月从事农技推广工作以来，勤勤恳恳、任劳任怨地工作，认真学习政治理论，牢固树立为农服务宗旨，以党员的标准严格要求自己，坚持四项基本原则，具有高尚的职业道德和社会公德；常年深入生产一线开展扎实有效的农技服务，每年都有 2/3 的时间在基层一线从事农技推广和服务工作，精通业务，为黄桥镇的农业增效、农民增收做出了突出贡献；德、能、勤、绩等方面得到全镇干群和上级主管部门的充分肯定和广泛认可，多次被评为优秀党员和先进工作者，黄桥镇农业技术服务中心 2017 年 7 月被全国农技推广服务中心授予"全国五星乡镇农技推广机构"。参与实施了省市下达的科技项目 5 项，取得了显著的经济效益、社会效益和生态效益。

## 20. 唐山市水产技术推广站

**姓　　名：**刘志强

**业绩摘要：**河北省"三三三人才工程"人选，河北省现代农业产业技术体系特色海产品创新团队成员，河北省农业专家咨询团专家，唐山市专家咨询团专家。承担科研推广项目 20 余项，其中 14 项获得部、省、市各级奖励，取得科技成果奖 11 项。成功引进日本对虾、南美白对虾、刺参、中国对虾"黄海系列"等新品种，开发引进了池塘生态养殖、工厂化养殖、盐田晾水池生态养殖等新技术，在唐山地区乃至全省广泛应用与推广，每年产生数亿元的经济效益。发表论文 12 篇、著作 2 部；制定地方标准 14 项；培训从业人员 5 000 多人次；获得相关部门表彰 20 余项；常年在基层为养殖企业（户）进行苗种繁育、病害防治等技术服务。为促进唐山水产业健康发展做出了贡献。

## 21. 银川市兴庆区畜牧水产技术推广中心

**姓　　名：**孙红玲

**业绩摘要：**在基层从事水产技术推广 31 年，爱岗敬业，恪尽职守。参与渔业科技推广项目 30 余项，有 12 项获奖，累计推广面积 50 万亩。在宁夏率先引进南美白对虾高效健康养殖技术，亩产达到 800 斤，亩纯收入 1.5 万元以上；主持推广稻渔综合种养技术，实现亩增效益 1 500 元。主编出版 24 万字科技专著 1 部，合著 2 部，编写培训教材 50 万字，发表论文 20 余篇；举办技术培训 500 余场次，培养实用技术人才近千人，培训农民 1 万余人次。入选农业部万名农技推广骨干（渔业）人才、银川市政府特殊津贴人员，获自治区、银川市"十佳农技推广标兵"、银川市青年科技明星、兴庆区科技特派员特别贡献奖，连续多年被评为银川市农技推广先进个人。

## 22. 玉溪市水产工作站

**姓　　名：**王宝云

**业绩摘要：**王宝云，男，汉族，1972 年 12 月生，云南江川人，本科学历，高级农艺师，现就职于玉溪市水产工作站。该同志坚持党的四项基本原则，与党中央保持一致。25 年来一直在生产第一线从事水库高产养殖技术、淡水鱼新品种、新技术、云南土著鱼类保护开发等，收集图片、整理研究数据和文字资料，拥有丰富的实践经验和解决技术疑难问题能力，深受养鱼户欢迎和好评。共获科技成果奖 25 项（次），获实用新型专利 14 项，申请发明专利 4 项，发表论文 16 篇，参与《抗浪鱼成鱼养殖技术规范》等 7 个地方规范编写，为玉溪市渔业生产的发展做出了突出贡献。曾获先进个人、"玉溪市新农村建设优秀指导员"和 2017 年云南省政府享受特殊津贴专家奖励等荣誉。

## 23. 云南省水产技术推广站

**姓　　名：**田树魁

**业绩摘要：**35 年来一直从事渔业技术工作，近 10 年来主持或参加厅级以上重大渔业技术项目 10 余项（省部级至少 3 项），主要是：引进鱼类新品种 7 个，促进养殖结构优化升级；开展土著鱼类繁育及推广养殖 5 项，推动资源保护与开发并举；推广节能减排养殖技术 3 项，助推云南渔业绿色发展；及时培训新技术 6 000 人次，提升云南渔技人员服务能力等方面成效卓著。推广应用面积累计 100 多万亩，经济、生态和社会效益突出。主编出版渔业著作 5 部，获发明专利 4 项、省部级科技成果奖 5 项，获云南省"技术创新人才"和"有突出贡献的专业技术人员"称号，云南省委联系专家。2012 年带领所在单位获农业部表彰的"全国农业科技促进年活动先进单位"。

# （四） 其他服务主体

**苏州金澄福渔业科技有限公司**

姓　　名：许爱国

业绩摘要：许爱国，18 年坚守生产一线，爱党敬业，参与课题 10 余项，发表论文 10 多篇，获得发明专利 1 项，实用新型专利 1 项。2003 年江苏省内率先攻克黄颡鱼全人工繁殖和养殖技术；2014 年引进并首家突破大口黑鲈"优鲈 1 号"规模化提早繁育技术；2017 年国内率先攻克"大口黑鲈反季节繁殖关键技术"。2017 年被遴选为苏州市相城区农业领军人才，2017 年所在公司被评为阳澄湖镇"优秀创新创业型企业"；2018 年"加州鲈鱼秋苗规模化繁育关键技术创新与应用"项目获苏州首届农村创业创新项目创意大赛初创组三等奖，被列为"苏州市首届农村创业创新十佳典型项目"，2018 年许爱国被镇政府评为"四镇"建设突出贡献奖个人，部分媒体对其事迹作了相应报道。

# 四、农机

SI NONGJI

# （一） 科研单位

## 黑龙江省农垦科学院

姓　　名：刘卫东

业绩摘要：引进推广的技术数量多、普及应用率高、引领示范作用强。为黑龙江垦区的 40 多个农场引进推广的"大型粮食处理中心技术"应用大型粮食清选机 76 台，创造了 24 131.5 万元的经济效益；"水稻机械化插秧技术"普及应用率达到 99%，服务区覆盖面积 2 106.7 万亩，创造经济效益 59 215.78 万元。近 3 年推广了两项技术："水稻调优栽培信息化技术"累计覆盖 2 302.3 万亩，实现经济效益 125 727.94 万元；"高地隙自走式植保机"应用 253 台，创造 3 137.4 万元的经济效益。常年有 130 多天在基层从事农业技术推广服务工作。在引进推广项目中总结了"三融合"推广方法，即与基层推广部门、与农技推广同行、与农户融合。

# （二） 大专院校

## 中国农业大学

姓　　名：李洪文

业绩摘要：24 年来，围绕黄土高原一熟区、黄淮海两熟区、东北垄作一熟区保护性耕作技术与机具开展研究，相关技术被 20 多个企业转化应用，推广到北方大部分地区。平均每年组织或参与相关技术培训 10 场以上；每年超过 4 个月深入一线开展技术服务。2007 年，被评为全国农业科技推广标兵。李洪文带领的"保护性耕作技术与装备"团队被评为全国农业科研杰出人才及其创新团队、教育部创新团队，获神农中华农业科技奖优秀创新团队奖（第一完成人）。李洪文获国家科学技术进步二等奖 3 项（2002 年、2009 年、2013 年），其中第一完成人 2 项；省部级一等奖 2 项（第一完成人），是农业部和多省市保护性耕作专家组组长、成员，北京市全面实施保护性耕作项目首席专家。

# （三） 推广单位

## 1. 常熟市农业机械技术推广站

**姓　　名：** 陈新环

**业绩摘要：** 33 年从事农机示范推广、培训服务等一线技术工作，主持或主要参与省级农机化项目 10 多个，主持常熟农机人员培训 10 多年，修理过各类农机具近千台。为常熟引进推广机械化育秧、秸秆还田、机插秧、小麦机播等重大农业技术做出了贡献，主编了可复制、可推广的多个生产模式、苏州市农业标准等，示范推广省农机化重大技术集成中的稻麦周年生产全程机械化技术集成等技术，取得了显著经济、社会、生态效益。大力开展农机修理工技术培训，高级工、技师人员全省领先，形成常熟职业农民农机维修自我服务机制。获"政府特殊津贴""全国技术能手""省有突出贡献中青年专家""省农业技术推广二等奖""省劳动模范""江苏工匠"等荣誉。

## 2. 滁州市农业机械化技术推广站

**姓　　名：** 储著保

**业绩摘要：** 储著保同志工作以来，主持和参与主持的多项成果、工作业绩，受到市政府、省局等单位和部门表彰。该同志带领下引进的水稻机插秧技术，经多年推广，总结出了把好"三关"（育秧关、整地关、机插关）的好经验。目前，在全省机插秧呈下滑的态势下，滁州市仍逆势上扬，插秧机数量和机插秧面积在全省均处于领先水平，全市机插秧推广工作始终走在全省前列。先后承办了两届全省机插秧大赛，连续举办了七届全市机插秧大赛。该同志还将水稻钵毯苗机插技术用于"稻虾连作"，大苗深水机插，解决了养虾田不可使用除草剂的难题。该同志引进的高畦降渍机播技术一次性完成灭茬、筑畦、施肥、播种、开沟作业。解决了秋种期间湿、烂地块小麦、油菜无法机播难题。

## 3. 分宜县湖泽镇农业综合站

**姓　　名：** 李建华

**业绩摘要：** ①推广农机化新技术。近 3 年，推广了水稻生产全程机械化技术、苎麻机械化剥麻技术、设施农业机械化等农机新技术。使农民从传统的种植业向高科技、高效益的现代种植业发展，促进了农业增产、农民增收。②创新基层农技推广方式和服务机制。建立农机服务示范户，指导农机专业合作社开展农机服务，使他们的服务效益提高了25%。组织开展新型职业农民技术培训，为普及全镇农机技术做出了贡献。③2013年获新余市"十佳农技员"称号、2012年获江西省农业厅"优秀基层农技员"称号、1996年获农业部农牧渔业丰收三等奖、1992年获新余市科技进步三等奖、1992年获省科技进步三等奖、2018年获湖泽镇扶贫工作先进个人称号。

## 4. 福建省平和县农业机械管理站

**姓　　名：林森文**

**业绩摘要**：林森文热爱祖国，拥护中国共产党领导，遵纪守法，诚实守信，忠于职守，具有高尚的职业道德和社会公德。30多年来，一心扑在农机化事业上，爱岗敬业，尽责履职，以身作则，敢于担当，不怕困难，积极作为，乐于奉献，求真务实，勤于学习，精通业务，常年深入生产一线开展服务，努力开创工作新局面。30多年来，和农机推广培训人员共同努力，坚持下乡进村开展新机具示范演示200多场次，培训各类农机驾驶（操作）人员1万多人次，推广应用各类新机具5万多台（套），早期推广应用滴灌面积5万多亩，近两年推广应用高挂式微喷灌面积2.5万多亩，积极培育农机社会化服务组织，为福建省平和县农业增效、农民增收、特色农业发展做出突出贡献。

## 5. 黑龙江省农业机械化技术推广总站

**姓　　名：刘昆**

**业绩摘要**：刘昆同志自参加农机推广工作以来，多次主持和承担重大农机化新技术的引进、试验、示范和推广，并组织项目实施，取得显著经济效益、社会效益和生态效益，多次获得省、部级科技成果奖励；积极开展学术研究，进行总结和积累，在国家和省级科技刊物发表有实用价值的学术论文多篇；积极研究、推动基层农机推广方式方法和服务机制改革与创新，开展重大农机科技专项推进，参与全省农机推广年度工作计划和长远发展规划的制定。该同志专业理论知识基础扎实，学术水平和业务能力突出，能够做到理论联系实际、农机农艺相结合，掌握并熟悉国内外农机化发展动态，工作勤恳、成绩优异，受到上级部门多次表彰和服务对象充分肯定。

## 6. 衡水市农机技术推广站

**姓　　名：王文国**

**业绩摘要**：衡水市市管优秀专家，"河北省工人先锋号"带头人，河北省12316"三农"热线咨询专家，河北省农业厅种植业标准化专家。王文国主持、参与的项目获农业部农牧渔业丰收奖二等奖1项；河北省农业技术推广奖二等奖1项，三等奖2项；河北省丰收奖一等奖 1 项；河北省农业区划科技成果一等奖 1 项、衡水市农业区划科技成果一等奖 1 项、二等奖 1 项。完成衡水市科技计划项目 1 项，农业科技计划项目 3 项。获国家专利 11 项，主持编制地方、企业标准各 1 部，发表论文 18 篇。引进推广农机深松技术、玉米联合收获、夏玉米免耕覆盖机械化播种综合配套等技术的示范应用；参与玉米深松施肥播种机、玉米小区试验收获机等的研发推广，取得显著的经济效益和社会效益。

## 7. 进贤县民和农业技术推广综合站

**姓　　名：**马成

**业绩摘要：**为服务区引进推广重大农业技术 13 项，在《南方农机》《江西农业》杂志发表论文 15 篇。2012 年被省农业厅评为"全省优秀基层农技员"称号。2013 年进贤县民和农业技术推广综合站被评为全省先进单位。2008—2012 年连续 5 年、2016 年被南昌市农业局评为"优秀农技员"称号。2018—2023 年被推选为江西省农业工程学会理事。2017—2021 年被南昌市科技局选派为科技扶贫科技特派员。2018 年被南昌市科技局评为科技扶贫"南昌市优秀科技特派员"。2018 年被农业农村部评为"全国互联网＋农技推广服务之星"。

## 8. 廊坊市农机监理所

**姓　　名：**毕文平

**业绩摘要：**自 1986 年参加工作以来，围绕"三农"，不断学习、刻苦钻研、扎根基层、笔耕不辍，在中国农业科技出版社、金盾出版社、清华大学出版社等国家级出版社出版著作 12 部；在国际、国内学术期刊发表论文 38 篇；主持主研部、省、市科研和技术推广课题 16 项，获部、省、市科技进步奖 10 项；获国家专利和发明专利 2 项；成果累计增收节支 23.6 亿元人民币，取得显著经济效益、社会效益和生态效益，为农业增效、农民增收做出突出贡献。毕文平多次获得部、省和市委市政府表彰。2002 年被评为省突出贡献专家，享受省特殊津贴。是全国农机安全监理岗位示范标兵。2019 年被河北省政府授予先进工作者（劳模）称号。

## 9. 禄丰县广通镇农业农村服务中心

**姓　　名：**段贵华

**业绩摘要：**从事农技推广工作以来，累计为当地引进适用新技术 30 项，新品种 30 个，培训农民 2 万人次；举办超级稻楚粳 27、28 号，水稻高产创建、测土配方施肥、有机质提升等项目示范推广。近 3 年来累计推广部级超级稻楚粳 27、28 高产高效示范样板 5.3 万亩，生产稻谷 3 463.55 万千克，新增稻谷 749.95 万千克，新增产值 2 099.86 万元，每亩节约成本 40.2 元，累计节约成本 213.06 万元。结合产业扶贫，积极引领清水村委会成立折耳根种植营销专业合作社，累计推广特色蔬菜折耳根种植 1 865 亩、产量

3 730 千克、产值 1 492 万元，取得了较好的经济、社会效益，为禄丰县广通镇农业产业扶贫、贫困户增收做出了重要贡献。

## 10. 农安县三盛玉镇农机技术推广站

**姓　　名：**高连吉

**业绩摘要：**高连吉 2012 年被评为县级农机监理先进工作者；推广玉米大斑病机械化控制前移技术，2017 年荣获长春市先进农业技术推广奖二等奖，同年还荣获省级优秀信息员称号。他致力于保护性耕作技术的推广，使全镇玉米保护性耕作实施面积增加到 2018 年的 6 000 多公顷，占全镇耕地总面积的 2/3；创新改进免耕播种机，解决了土壤墒情不理想情况下免耕播种出苗难的问题；2016 年 10 月，在《农业开发与装备》上发表题为"使用免耕播种机的注意事项和常见问题解决方法"的文章；到 2018 年年末，三盛玉镇已累计实施机械深松整地作业面积 361 693 亩；他经手的农机购置补贴工作始终保持零违规状况，使三盛玉镇农机事业得到了稳步健康发展。

## 11. 农业农村部农业机械化技术开发推广总站

**姓　　名：**涂志强

**业绩摘要：**全程参与了《农业机械化促进法》起草立法。全力推进农业生产全程机械化，组织实施了九大主要农作物全程机械化推进行动，针对薄弱环节开展技术遴选、试验验证、集成示范等推广活动，形成了技术要点、工艺路线和整体解决方案，为全国推广提供技术支撑并取得实效。牵头与陈学庚院士团队合作共建黄河流域棉花生产全程机械化示范基地，籽棉亩增产 30% 以上。创新开展果菜茶、饲草料生产机械化推广活动，示范带动全国农业生产全面机械化并初见成效。不断创新打造"中国农机推广田间日"活动品牌，形成具有参与、体验、互动特点的新型农机推广方式。组织编制了技术指导意见、生产模式和 10 多项行业标准，参与 10 多项法规起草。

## 12. 盘锦市大洼区农机技术推广站

**姓　　名：**张翠华

**业绩摘要：**张翠华至今从事农机推广工作 25 年，一直工作在农机技术推广第一线。推广全喂入收割机 52 台，引进半喂入水稻联合收割机并组织收割机的跨区机收工作，大面积推广水稻工厂化育秧，举办水稻生产全程机械化技术培训班 125 个，培训农户 5 000 人，发放各种宣传资料 24 000 份。大洼区推广育秧流水线 120 套，工厂化育秧大棚 1 000 栋，高速插秧机 1 000 台，插秧机保有量 3 500 台，收割机 950 台，全区机械化面积达 96%。组织完成农业部水稻全程机械化试验示范项目、辽宁省水稻钵苗机械化摆栽项目、水稻精量直播配套生产技术项目，同时加强水田激光平地技术、水稻机插测深施肥技术、高效植保和水稻秸秆还日离田技术试验推广。

## 13. 山东省农业机械技术推广站

**姓　　名：**马根众

**业绩摘要：**工作后，一直从事技术推广工作。24 次获省厅（局）嘉奖；2014 年被选拔为山东省有突出贡献的中青年专家；2016 年被授予山东省富民兴鲁劳动奖章。先后获省科学技术进步奖 4 项、全国及省丰收奖 8 项、科技专利 17 项；主持和编写科技图书 9 部、发表论文 6 篇、撰写科普文章 20 多篇。参与了作物高产高效、小麦联合收获机械化技术推广；主持引进保护性耕作技术，确定技术体系和机具配套方案，研发免耕播种装备，制定标准和规范；研究探索花生、马铃薯、大蒜等大宗经济作物和特色农机化技术，推动农业生产机械化全程、全面发展；创新农机化推广方法，开展培训和讲座、编写科普材料、举办科技田间日、建立示范基地，促进农机化科技有效推广。

## 14. 陕西省农业机械鉴定推广总站

**姓　　名：**王文静

**业绩摘要：**先后组织引进推广了蔬菜移栽机、红萝卜收获机、穴盘点播育苗机、远程温室控制器、土壤湿度温度传感器、TMR 全混合日粮饲喂机、自走式喷灌机组、激光平地机等多种生产急需的机械设备，突破了特色产业关键生产环节的技术瓶颈，为实现全程全面机械化提供了技术保障；创建了可在同区域复制推广的蔬菜、畜牧养殖和薯类全程机械化技术模式、生产经营模式和装备配套方案；初步探索出了适合陕西省丘陵山区机械化发展的"一社一区""宜机化改造"新路子，通过以社带区、社区联动的"一社一区"模式推广，突破了制约陕西省丘陵山地机械化发展的技术瓶颈问题；扶贫期间为贫困户进行魔芋产业生产技术指导，带动贫困户走出贫困。

## 15. 濉溪县百善镇农林技术服务中心

**姓　　名：**刘杰

**业绩摘要：**自 1986 年 7 月毕业以来，一直在乡镇基层从事农业技术推广工作。主持推广适合农业生产的新机具、新品种、新技术，开展土地深耕深松。加强培育新型主体，实施产业强镇，开展兴村强镇示范创建，推进农村一二三产业融合发展；开展农业科技培训，办好百善科普。开展小麦高产攻关、高产创建、玉米振兴计划和小麦赤霉病飞防活动，落实惠农政策。获得了多项科技成果奖励和获评先进工作者。2018 年获得"安徽省农民满意农技员"提名奖；2014 年获得农业部 2011—2013 年度全国农牧渔业丰收奖一等奖项目成果奖。2012 年获安徽省粮食生产三大行动先进个人、2011 年获淮北市小麦高产创建先进个人、2009 年获安徽省抗旱保苗先进个人称号。

## 16. 涡阳县农业技术推广中心

**姓　　名：**刘义华

**业绩摘要：**①参加主要农作物新品种选育、试验示范；推广农机土壤深耕、测土配方施肥、主要病虫害绿色防控等实用技术；开展农业技术宣传培训、服务工作。②参与玉米振兴计划及小麦高产攻关；主持中科院"新型增效复混肥料研制与产业化"试验，及安徽省农科所"新型肥料效应及机理研究"试验。③独立发表《小麦精量播种高产栽培与播种机使用技术》和《免耕施肥播种机的使用与调整》等论文。④获亳州市农技推广工作先进个人、亳州市科学技术奖一等奖、省农情信息先进个人等系列奖项，2016 年 5 月获"全省农作物苗情监测工作优秀工作者"称号，并入选安徽省第一批农业评审评估专家。⑤2018 年 12 月获"安徽省农民满意农技员"称号。

## 17. 宿州市埇桥区第一农机化技术推广站

**姓　　名：王敏**

**业绩摘要：** 王敏，男，中共党员，1995 年退伍，1998 年开始从事农机推广工作，现任安徽省宿州市埇桥区第一农机化技术推广站站长。20 多年，他扎根基层，立足本职，在平凡的岗位上做出了不平凡的业绩，赢得了老百姓的好口碑。多年以来，该同志先后为李锦斌书记、梁卫国、张曙光副省长及其他省、市、区领导组织新技术、新机具观摩演示和技术汇报 200 多场次，特别是在 2013 年 6 月 7 日，中央政治局原委员、副总理汪洋视察安徽埇桥三夏农业生产时，该同志汇报农机化及农艺技术近 30 分钟，汪洋同志对他娴熟的业务技能给予了表扬。一分耕耘一分收获。如今，王敏和他的团队像犁铧一样在农村广袤的天地里默默耕耘、不断探索，谱写着一曲曲农民丰收赞歌。

## 18. 宜宾市叙州区复龙镇农村经济技术服务中心

**姓　　名：李洪**

**业绩摘要：** 李洪于 1997 年 7 月宜宾农机校机制专业毕业后一直从事农机新技术推广工作，服务区主要粮食作物综合机械化水平从 2006 年的 19% 提升到 2018 年的 50.5%；为服务区引进推广了机耕、机收、机插秧及机械烘干等 4 项重大农业技术；培育了 1 个市级示范专业合作社；示范推广了主要农作物全程机械化重大集成创新技术，取得了良好的经济、社会和生态效益，带动农民增收明显；开展各类技术指导和维修服务 800 余次；积极投身于宜宾市叙州区复龙镇脱贫攻坚工作，对口帮扶 9 户建卡贫困户已全面完成脱贫目标，2015 年 7 月参加农业部农机推广鉴定总站举办的全国农业机械技术推广人员知识竞赛活动，获三等奖。

# （四） 其他服务主体

## 洪湖市丰顺农机专业合作社

姓　　名：高兰亮

业绩摘要：高兰亮同志从事农业和农机服务多年，工作认真扎实，刻苦钻研，不断创新，带头进行农机农艺融合，推广水稻油菜全程机械化、旱育秧和再生稻高产栽培等技术。2013 年，高兰亮自己购置大型插秧机，推广水稻机插秧技术，建设育秧大棚 25 个，推广大田机插秧 1 200 亩。次年，扩大到 5 000 多亩。他带领农民种植再生稻，亩平增产 600 斤。加入丰顺农机合作社，当年带领周边 13 名农机手、帮扶 2 名贫困机手主动入社，吸收贫困户劳动力 20 余人开展农机服务。近些年，合作社先后被评为省级示范农机合作社、荆州市示范合作社等。丰顺农机专业合作社获第三届全省农机职业技能竞赛团体一等奖，高兰亮取得第一名的好成绩，荣获"湖北'五一'劳动奖章、湖北农机王、荆州能人"称号。

# 五、能源生态

WU　NENGYUAN SHENGTAI

# （一） 推广单位

## 1. 承德市土壤肥料工作站

**姓　　名**：于宝海

**业绩摘要**：1993 年分配到承德市农业局工作至今，现任承德市土肥站支部书记和站长。学习贯彻党的路线方针政策，践行"一控二减三基本"方针。工作 26 年来长期在农业一线技术蹲点，以项目为抓手，推广整县推进模式："配方施肥＋中药材产业＋精准脱贫"模式，"旱作节水＋马铃薯（胡萝卜）产业＋精准脱贫"模式，"化肥减量＋蔬菜产业＋精准脱贫"模式，为脱贫摘帽和主导产业发展做出了贡献。获得部、省、市级科研成果奖 30 余项（次）。2016 年参加滦平县金沟屯镇下营子村精准扶贫工作，他和他的团体被评为全省精准脱贫"先进驻村工作队"和美丽乡村建设"优秀驻村工作队员"。2010—2018 年被评为承德市"专业技术拔尖人才"，2017 年被评为河北省政府特殊津贴专家。

## 2. 大关县农村能源站

**姓　　名**：徐祯波

**业绩摘要**：从事农村沼气推广 20 年，先后荣获省、市级以上表彰奖励 7 次，其中省级 1 次，市级 6 次，年度考核均为称职及以上，其中 2006 年、2009 年、2015 年、2016 年 4 年考核为优秀。发表论文两篇，组织研究并推广大型沼气，获国家发明专利 1 个。推广 8 立方米户用沼气 17 184 口（其中 2013 年引进玻璃钢沼气池，目前全县推广 8 立方米玻璃钢沼气 100 口），年节省燃料折合标煤 10 482.24 吨，年节省燃料费 838.58 万元。推广 50 立方米沼气 82 口，年节省燃料折合标煤 314.06 吨，年节省燃料费 25.12 万元。推广 100 立方米沼气 15 口，年节省燃料折合标煤 114.96 吨，年节省燃料费 9.20 万元。

## 3. 德惠市农业环境保护与农村能源管理站

**姓　　名**：吕庆峰

**业绩摘要**：2014 年吕庆峰获农业部科技教育司组织 2014 年农业部中青年干部学习交流活动"美丽乡村"专题演讲比赛三等奖、2015—2017 年度吉林省农业技术推广奖三等奖。2015—2017 年参与"农产品和农田土壤质量安全检测技术标准化研究及应用"获 2018 年度吉林省科技进步二等奖。2015 年主持项目获吉林省农业技术推广奖二等奖。2012 年被吉林省农业委员会评为先进工作者。2014 年被吉林省农业委员会评为先进个人。2011 年被吉林省农业委员会评为先进工作者。2009—2010 年主持项目获得吉林省农业技术推广奖一等奖。2010—2011 年主持项目获得吉林省农业技术推广奖二等奖。

## 4. 福建省南平市农村环保能源站

**姓　　名：魏敦满**

**业绩摘要：** 参加工作 37 年来，始终扎根农村，以科技兴农为己任，为农业技术推广做出突出贡献。先后在南平市浦城、延平、政和、建瓯、松溪等县市任科技特派员、村支部第一书记，深入基层一线推广农业技术，帮助贫困村脱贫致富。主持引进推广新型国标沼气池，占建设总量的 92% 以上；主持引进推广沼液和沼渣资源化利用达 76% 以上；主持推广脉冲双灶点火灶具占沼气用户 99% 以上；主持福建省生态循环农业技术集成与示范推广、南方丘陵山区生猪养殖粪污生态循环利用关键技术与推广等项目。创新基层推广方式和服务机制，培育农业社会化服务组织，建立市级沼气服务中心 10 个，乡村沼气服务站 316 个。参与主持农业部重大科技专项 2 项，获三等奖 2 个。

## 5. 桂林市农业生态与资源保护站

**姓　　名：曾沛繁**

**业绩摘要：** 努力履行农技推广职责，尽力当好农技服务"推广员"。一生致力服务农业助农增收，常年 1/3 时间深入果园地头开展技术推广。先后获得"全区农业厅系统先进个人"等工作荣誉 24 项。积极参与农业科技研究，尽心当好科技创新"研究员"。参加 12 项农业科技研究项目，破解生产技术难题，大幅提升桂林农业科技含量。获得科技成果奖 12 项，其中，省部级 2 项、市厅级 10 项。发表论文 20 篇。创新农民科技培训工作，尽责当好农技推广"服务员"。负责全市农业科技培训工作 13 年，总结创新"村级农家课堂＋专业合作社＋科技示范户"等培训模式；组织推广 7 项重大技术，经济、社会效益非常显著。曾沛繁入选农业部全国万名农技推广骨干人才。

## 6. 南京市六合区农业技术推广中心耕地质量保护站

**姓　　名：徐丽萍**

**业绩摘要：** 徐丽萍自参加工作以来一直奋战在农业技术推广第一线，近 3 年先后实施了部、省级重点项目 4 个，集成推广了适宜本地区耕地质量提升与化肥减量增效"三替一平衡"、农作物秸秆肥料化利用、测土配方施肥重大农业技术 3 项，取得了"一减三提升"效果，有着显著的经济、社会、生态效益。通过创新服务机制，探索政府购买服务方式，培育新型社会化服务组织开展有机肥统一撒施、"测、配、产、供"一站式服务，解决了有机肥撒施用工量大、施肥不平衡等问题。推广的秸—炭—肥改土模式被农业部推介发布为秸秆农用十大模式之一。研制的配方肥主推配方得到省、市专家认可。参与的多个项目获省农业技术推广奖、丰收奖；被评为"江苏省农技推广服务先进工作者"。

## 7. 旺苍县农业技术推广中心

**姓　　名：** 黄议漫

**业绩摘要：** 黄议漫同志一直从事土壤肥料、农田基本建设和农业生态环境保护工作，长期在农业一线，主要负责实施测土配方施肥、高标准农田建设、果菜茶有机肥替代化肥、化肥减量增效、农产品质量长期定位监测点建设、农膜回收及秸秆综合利用指导工作，项目成效显著，建成高标准农田 18.58 万亩，推广测土配方施肥面积 500 万亩，完成农膜回收体系建设，农膜回收率达到 71% 以上，秸秆综合利用率达到 89.7%，高标准农田建设得到省市好评，旺苍县农业技术推广中心年年作为"李冰杯"评比现场参观点，2018 年获得"四川省农田水利基本建设李冰杯先进集体"称号。黄议漫第一个在广元市范围内完成测土配方施肥村级专家系统建设，获得科技进步奖、优秀共产党员、优秀农业工作者等称号。

## 8. 温州市耕地质量与土肥管理站

**姓　　名：** 张剑

**业绩摘要：** 张剑，男，1998 年参加工作，高级农艺师，浙江省农业技术带头人，21 年来，一直从事耕地质量建设和土肥技术推广应用工作，组织开展全市耕地质量监测、标准农田地力提升、中低产田改良；开展全市测土配方施肥、有机肥替代化肥、缓控释肥料等技术的推广应用；组织开展温州市第一次全国农业污染源普查、农产品产地土壤污染调查、受污染耕地安全利用等工作。在多年的工作中爱岗敬业，勤勤恳恳，任劳任怨。先后获得国家、省、市农业丰收奖、科技进步奖等奖项 21 项，获得全国基本农田保护工作先进个人、第一次全国污染源普查工作先进个人等国家、省、市先进个人 11 项，为推进温州市耕地地力提升、化肥减量增效、农业生态环境建设做出了突出贡献。

## 9. 盐城市耕地质量保护站

**姓　　名：** 秦光蔚

**业绩摘要：** 31 年来扎根基层，情系"三农"，尽职尽责。精通耕地质量建设和科技施肥业务工作，积极实施"藏粮于地、藏粮于技"战略，努力提升全市耕地质量水平，全面普及测土配方施肥技术，大力推广商品有机肥应用，业务工作得到基层组织与农民广泛认可。推广重大农业技术 5 项，增收 28 亿多元；获省、市科技成果和推广奖、工作奖励 14 项（近 3 年 3 项），国家发明（实用新型）专利 4 项。创新农技推广"三点"工作法，培育配肥点与配肥合作社 600 多个，开展盐土农业技术示范推广。示范推广小麦"农药化肥减施增效"集成技术，社会、经济和生态效益显著。主持联合国粮农组织援助项目 1 项，参加省、部重点研发项目 5 项，为农业增效、农民增收做出了突出贡献。两届全国人大代表。

## 10. 宜昌市夷陵区农村能源办公室

**姓　　名：**崔朝富

**业绩摘要：**崔朝富同志，现任夷陵区农村能源办公室副主任、工程师，被市农业局聘为农村能源行业执行专家。从事农村能源事业 10 多年来，经常奔波于农村，深入基层调研，实施项目建设，抓好示范推广，开展科技创新，共争取中央和省级农村能源项目资金 5 000 多万元，建设农村户用沼气 2.5 万户，小型沼气工程 205 处，大型沼气工程 7 处。组织实施的小型沼气工程项目被省能源办授予"优质集中供气工程"，创建的以沼气为纽带的生态循环农业示范点被命名为"宜昌市生态循环农业示范点"，参与实施的多项科研任务和推广项目获得省（市、区）奖励，撰写专业论文和宣传报道 30 多篇，多次被宜昌市区农业部门表彰为先进工作者，为夷陵区农村能源转型发展做出突出贡献。

## 11. 重庆市江津区农业技术推广中心

**姓　　名：**蔡国学

**业绩摘要：**①主持测土配方施肥技术研究与示范推广。共计在重庆市江津区推广实施 710.32 万亩，取得了显著的经济、社会、生态效益。该技术推广获 2012 年重庆市农牧渔业丰收计划成果三等奖（为第一完成人）。②主持耕地质量保护与提升技术示范推广。形成了两种耕地保护与质量提升的技术模式。共计示范推广 70 万亩，取得了显著的经济、社会、生态效益。③主持水稻绿色高产高效集成技术示范推广。示范推广实施 3.3 万亩，取得了良好的经济、社会、生态效益。

# （二） 其他服务主体

**河南远东生物工程有限公司**

姓　　名：党永富

业绩摘要：党永富第十三届全国人大代表，2019 年"三农"发展大会新时代农民科学家，2018 年中国农村新闻人物，中国十大"三农"人物，29 年来一直从事农田土壤污染防治工作，坚守在农业生产第一线，从一位普通农民逐步成长为农田土壤污染防治研究的"土专家"，研发出新材料炭吸附聚谷氨酸、奈安除草剂副作用防控、金不染重金属钝化、中草药拌种剂等一系列新技术，开创"过程农业"技术模式。创造了整县推广应用的节肥节药、粮食提质增产的河南"西华经验"和新疆"巴里坤模式"，取得显著的经济效益、社会效益和生态效益，为保障国家粮食安全、推动我国农业绿色可持续发展做出了开创性贡献。

# 六、其他

LIU QITA

# （一） 科研单位

## 1. 广东省农业科学院

**姓　　名：**刘建峰

**业绩摘要：**2005 年至今在广东省农业科学院从事科技推广工作 14 年，先后在科技推广处、科技处、科技合作部负责广东省农科院科技推广工作，先后在省科技厅的支持下组建省田园专家团，2013 年组建省农科院专家服务团，2016 年科学院与地方政府共建省农科院地方分院，搭建起地方分院为支点、企业为载体、专家服务团为纽带、现代农业产业园为抓手的院地企联动的科技支撑体系，取得显著效益，得到省领导、农业部科教司、省农业农村厅、省科技厅的充分肯定，在省内外集成推广多项重大农业技术，特别是有机茶生产、荔枝病虫害防控技术、肉桂病虫害防治技术形成可复制、可推广的技术规范；主持承担 2015 年中央重大农技推广项目等。

## 2. 鹤山市农产品质量监督检验测试中心

**姓　　名：**李琰

**业绩摘要：**李琰自参加工作以来，主要从事农业科学研究、农业技术推广和农产品质量安全等相关工作，参与完成《鹤山市双合现代农业示范园区总体规划》《鹤山市现代农业发展总体规划》《鹤山市农业和农村中长期发展规划》等规划的编制；参与鹤山市粉葛、蔬菜、茶叶、石斛等农业标准化示范区的建设；做好农产品质量安全监督检测体系建设；做好新品种、新技术的引进试验和示范推广工作；参与制定国家强制性农业技术规范 1项，制定并颁布实施农业标准化技术规程 5 项；获得广东省农业技术推广奖一等奖 2 项，三等奖 2 项，江门市科学技术进步奖三等奖 1 项，广东省食品行业科学技术奖一等奖 1项，鹤山市科技进步三等奖 7 项；获聘鹤山市第二批市管专家和拔尖人才。

## 3. 镇坪农业科学研究所

**姓　　名：**曾广莹

**业绩摘要：**曾广莹同志参加工作以来，积极开展农业新技术新品种试验、示范和推广工作。组织开展农作物新技术新品种试验 62 项、新技术新品种示范 28 项，主持和参与项目获省级科技进步三等奖 1 项、市级成果奖 7 项，选育成果奖 6 项。积极协助种子企业推广玉米杂交种，促使"安玉 10 号""镇玉 208"等玉米新品种在湖南、湖北、四川和重庆认定推广，在陕渝川鄂湘累计推广玉米新品种 1 500 多万亩。撰写论文 22 篇，其中发表在国家级刊物上 6 篇，省级刊物上 4 篇。借科技之春等平台，以科技入户等形式，累计召开培训会 200 余场次，累计培训农民 22 000 余人次。多次获得"安康市优秀农技员""创新争优先进个人""安康市优秀科技工作者"等荣誉称号。

# （二） 推广单位

## 1. 潮州市农业科技发展中心

姓　　名：李晓河

业绩摘要：任职 32 年来一直在农业一线从事农科试验与推广工作。先后推广国家、省、市重点农业项目 20 多项，获省、市科技成果奖励 20 项。近年推广"二花豌豆标准化生产技术""配方施肥技术""水稻机插秧技术"等重大推广项目 6 项；推广重大集成创新技术 2 项，取得显著效益；探索创新"技术→合作社→农户"推广模式，加速技术成果的应用，同时，提高了农民合作社的技术水平和服务能力，1 家获国家级示范社称号；开展扶贫技术服务及培训 20 多场次，发表主要论文 12 篇，经常深入田间地头指导生产，为促进农业科技进步和特色农业发展，实现农业增效、农民增收做出了突出的贡献。2016 年被评为广东省文化科技卫生"三下乡"先进个人。

## 2. 福建省莆田市涵江区国欢镇农业服务中心

姓　　名：黄庆杨

业绩摘要：1995 年起一直在镇农服中心从事农业技术推广工作，近 5 年开展农产品质量安全生产、农业面源污染整治和农药包装废弃物试点回收及农药化肥减量增效工作。推广西瓜反季节栽培、测土配方施肥技术。其中《大棚西瓜反季节高效栽培技术》一文于 2006 年 11 月在《中国农村小康科技》上发表，《发展城郊型农业的思考与对策》在 2007 年 4 月的《福建农业》上发表。主持实施的水稻"浅、蓄、晒、湿"灌溉新技术示范获市第三届"金桥工程"优秀项目二等奖。获得了中国农技推广 App 应用竞赛活动个人三等奖，获市科普工作先进个人、市科技工作先进工作者、区委、区政府庭院绿化标兵、区优秀共产党员、全区农业系统先进工作者称号。

## 3. 福建省泉州市土壤肥料技术站

姓　　名：盛锦寿

业绩摘要：长期从事土壤肥料技术研究推广和检测。专业理论扎实，实践经验丰富，常年深入基层农业一线，事业心强，扎实做事，能吃苦耐劳，为"三农"服务觉悟高，获省市农业系统先进工作者，泉州市高层次人才。主持和参加国家、省、部级及市级土肥技术推广应用多个项目，业绩显著。获国家星火二等奖 1 项，省科技进步二等奖 1 项，农业部丰收三等奖 1 项，省农业厅农牧业技术推广二等奖 1 项，泉州市科技进步二等奖 1 项。编写培训技术材料。发表 CN 刊物论文 26 篇，其中中文核心和中国科技核心期刊 7 篇，省优秀论文三等奖 1 篇。

## 4. 河北省农业广播电视学校冀州区分校

**姓　　名**：邢永会

**业绩摘要**：基层农技推广 35 年，2/3 以上时间在乡村，其中有 5 年在村蹲点。国家科技进步二等奖 1 项，农业部丰收一等奖 1 项、二等奖 2 项、科技进步二等奖 2 项，省科技进步二等奖 1 项，农业厅科技成果二等奖 1 项，省农业区划委员会二等奖 1 项，市县奖励多次。农业部先进工作者 2 次，河北省先进工作者 1 次。近 3 年获农业部科技进步二等奖 1 次，主编出版专著 1 部，省农业厅优秀农技员二等奖 1 项，先进工作者 1 次；创新农业技术推广，创建"大智农夫"公众号平台，建立新型职业农民微信群，打通农技推广"最后一公里"；培育新型职业农民 784 名，带动农业服务组织。近 3 年主持推广重大技术 3 项面积 60 万亩，增加经济效益 2.8 亿元。

## 5. 黑龙江省农业系统宣传中心

**姓　　名**：李伟

**业绩摘要**：李伟同志，从事农业技术推广工作 30 年。通过组织机制创新、总结宣传推广模式、教育培训等工作积极开展农业新技术新成果推广。从 2016—2018 年，参与组织推广高寒地区生态养殖技术示范推广项目，每年实现经济效益超过 3 000 万元；参与绥芬河人工河蟹繁育养殖技术推广项目，每年新增效益超过 200 万元；组织开展三江平原大豆蚜虫可持续防控技术应用推广项目，平均环比每年递增经济效益超过 50 万元；组织大豆根瘤菌技术推广应用，平均环比每年递增超过 70 万元；组织开展高蛋白大豆优质高效技术推广、寒地 12 叶水稻叶龄诊断指导施肥技术、玉米通透密植栽培技术等 10 余项新成果，每年新增经济效益超过千万元。

## 6. 黄南藏族自治州草原工作站

**姓　　名**：马青山

**业绩摘要**：自参加工作以来，一直从事草原技术示范与推广工作。2017 年入选青海省"高端创新人才千人计划"（培养领军人才），2018 年被认定为青海省自然科学与工程技术学科带头人，曾获得全国农村科普工作先进个人、全国草原防火工作先进个人、青海省农牧业优秀科技工作者、全省草原防火先进个人、黄南州优秀"拔尖人才"等荣誉称号

20余项。获得农牧渔业丰收奖1项，全国草业科技奖1项，国家专利1项，省科技成果14项，州科技进步奖1项，州科技成果奖5项等。撰写的30余篇论文先后在国家专业核心期刊及公开刊物上发表，有10余篇论文在全国和全省学术论坛上交流，有20余篇论文在黄南州学术会议上交流。现任青海省第十二届政协委员。

## 7. 来宾市兴宾区植物保护站

**姓　　名：**韦应贤

**业绩摘要：**韦应贤同志遵纪守法，爱岗敬业，虚心学习，不断提高自身素质和业务水平，出色完成各项科技项目，农作物病虫害预测预报和绿色防控技术集成推广应用等工作。近10年来，获得科技成果奖6项，其中农业部丰收奖二等奖1项，来宾市科学技术进步奖二等奖2项、广西科学技术进步奖一等奖2项、二等奖1项；来宾市优秀学术论文奖二等奖1项；获得全国农作物重大病虫害数字化监测预警建设工作先进工作者、广西病虫防治工作先进个人、广西农业抗冻救灾和灾后恢复生产先进个人和广西水稻"两迁"害虫防控工作先进个人、来宾市先进工作者、来宾市第四批专业技术拔尖人才、兴宾区第二批专业技术拔尖人才及兴宾区优秀共产党员等荣誉称号。

## 8. 卢氏县农业信息中心

**姓　　名：**丹超

**业绩摘要：**自1989年参加工作以来一直从事农业技术推广，有丰富基层工作经验的复合型人才。先后引进推广新品种新技术30余项；2002年起作为卢氏县农业信息化工作的牵头人和实施者，率先在全省实现了"乡乡上网"，形成了"县有中心、乡有网站、村有信息员"的三级互动网络；2012年起又负责水产渔业和大鲵保护工作，在大鲵管理上提出"在发展中保护、在保护中发展"的理念，实现了生态养殖。参加工作以来，举办农业技术培训120余期，参训人数6 000余人次，被学员亲切地称为"丹教头"。获得省部级科技成果奖1项，地厅级3项，县级6项；获得市级以上工作奖励10次；组织实施省部级科技项目和课题4项，先进事迹多次被主流媒体宣传报道。

## 9. 门源回族自治县草原工作站

**姓　　名：**王有良

**业绩摘要：**30年来，紧紧围绕草产业发展和草原保护两条主线，在基层一线扎实开展草业推广工作。①门源县被确定为国家第一批草牧业试验试点县和粮改饲发展草食畜牧业试点县，引进和推广了优质燕麦大面积种植与混播、饲草全程机械化生产等5项技术，累计种植燕麦饲草341万亩，引进优质饲草品种70个，购置饲草机械1 800台，建设青贮窖12.04万立方米，加工青干草194.5万吨及青贮饲草42万吨。②主持实施祁连山生态环境综合治理工程等多个重大生态项目，引进和推广了草原鼠害绿色防控等5项集成技术、完成草地围栏 378.6 万亩,草地鼠害防控 1 795.14 万亩,草地虫害防控 342 万亩、退化草地治理 54 万亩,产生良好效益。

## 10. 饶平县浮山镇农业服务中心

**姓　名:** 张炳辉

**业绩摘要:** 张炳辉工作 32 年来,一直在乡镇从事农业技术攻关及农技推广服务工作,每年有 2/3 以上的工作时间在生产一线。作为技术指导员,围绕浮山镇主导产业,引进良种配套良法,加强农技宣传与培训指导,指导科技示范户,充分发挥示范户的带动作用。从事的科研项目获省、市、县科学技术进步奖和农业技术推广奖共 17 项,近年主持的柿生产技术规程的制定及推广应用、柑橘台红蕉柑栽培管理技术的推广应用项目分别获 2016 年度潮州市农业技术推广奖二等奖、2017 年度潮州市农业技术推广奖三等奖。先后被评为饶平县专业技术人员先进个人、2017 年广东省"最美农技员"等荣誉称号,2018 年被聘请为潮州市专业技术类智库专家。

## 11. 兴安县植物保护站

**姓　名:** 彭浩民

**业绩摘要:** 工作以来,主持参加了多项农业科技项目的研究、实施工作。获部、厅农牧渔业丰收奖三等奖各 1 次;获桂林地区科委科技进步奖三等奖及项目贡献一等奖各 1 次;获桂林地区农牧渔业局科技成果奖一等奖 1 次;获各级表彰 30 余次;被桂林地委、行署授予百名优秀青年科技人才称号;被区人民政府农村办、区科委、区教委、区人事厅评为农业生产第一线从事农业技术推广有显著成绩的科技人员;在省级专业刊物上发表论文 13 余篇;培训农民 2.58 万人次;2013 年被中共兴安县委聘为兴安县第六届专业技术拔尖人才;2017 年被授予 2017 年度"感动兴安"十大人物;被广西区党委组织部、科技厅聘为"广西贫困村科技特派员。"

## 12. 张家口市农业信息中心

**姓　名:** 鲁建斌

**业绩摘要:** 鲁建斌同志从事基层农业技术推广工作 19 年,先后创建和引进了农产品分析预警、农技推广、农业物联网、农场云、大数据等平台和新技术应用,取得了良好的经济和社会效益。主持和参加省、市推广项目 20 多项,获省部级奖励 10 多项,发表论文 20 多篇,编著农技教材 3 部。先后获得京张合作、科技培训、农业农村工作、优秀人才、名家名师等多项省、市荣誉和奖励。①2016 年主持省科技项目获省农业技术推广三等奖。②2016 年京张合作项目获北京市农业推广二等奖。③参与白燕 2 号的应用与推广项目,获省农业技术推广三等奖。④参与京张合作项目获全国农牧渔业丰收三等奖。⑤2018 年主持新的省创新项目。

## 13. 长兴县和平镇农业服务中心

姓　　名：曾兵兵

业绩摘要：曾兵兵同志在乡镇从事农技推广工作 11 年，累计引进推广重大农业技术 7 项，分别是生态鳖养殖模式优化—鱼、鳖仿野生混养技术、池塘养殖尾水处理、稻鳖共生等新技术、新模式；大棚芦笋全产业链技术集成、示范与推广；水稻高产高效与绿色防控技术示范推广；生态茶园种植管理技术示范与应用推广；城山沟水蜜桃标准化种植技术应用与推广；"稻—虾"轮作、"稻—鸭"共生示范及应用推广；创新农作制度建设示范推广。以上农业技术推广，取得了较好的经济、生态和社会效益。2016—2017 年度被浙江省农业厅评为全省基层农业技术推广优秀工作者"万向奖"；2017 年度、2018 年度连续两年被长兴县委、县政府评为"服务现代农业发展先进个人"。

## 14. 中山市农业科技推广中心

姓　　名：梁金明

业绩摘要：累计推广测土配方施肥面积 120 多万亩，开展测土配方试验达 60 多个；分析化验达 21 200 多项次。开展土壤重金属修复试验、示范 22 个，主讲授课 280 多次，受培训 12 000 余人次。主持测土配方施肥补贴项目、水肥一体化技术推广项目，耕地土壤有机质提升项目等；主持开展中山市科技项目 2 项；参与省市科技项目 4 项；主编完成《中山市耕地地力评价与利用》并由中国农业出版社出版发行，在省级杂志报纸发表论文 20 多篇。获得第八届中国土壤学会科学技术二等奖 1 项；广东省农业技术推广奖二等奖 2 项、三等奖 1 项；中山市科技进步一等奖 1 项、二等奖 1 项、三等奖 1 项；荣获农业部颁发 2016 年度全国农业先进个人荣誉称号。

# （三） 其他服务主体

## 1. 丹棱县生态源果业专业合作社

**姓　　名：**陈波

**业绩摘要：**陈波，男，46 岁，汉族，大学学历；丹棱县生态源果业专业合作社理事长。现任眉山市人大代表，从事果树研发、推广，技术指导与市场营销，建立了"合作社＋公司＋农户"模式。引进 30 多种柑橘品种，优选不知火，辐射推广面积 30 万亩。研发的"大雅柑"获得自主知识产权，推广面积 10 万亩，每年每亩收入 20 000 元以上。推广不知火等晚熟品种套袋面积 20 万亩，每年可为全县农民增收 2 亿元，人均增收 2 000元。产后处理中心解决劳动力 500 多人，增加收入 5 000 多万元。辐射带动周边农民5 000 户。曾获得眉山市劳模、四川省首届农村乡土人才创新创业大赛银奖、全国优秀合作人物，其专业合作社被评为国家级示范社、全国科普惠农兴村先进单位等。

## 2. 江西省国营恒湖综合垦殖场

**姓　　名：**封高茂

**业绩摘要：**①2010—2013 年主持财政部、农业部现代渔业建设项目 2 项。②2010—2018 年参与国家大宗鱼产业体系课题，推广"草鱼品质提升关键技术"1.35 万亩。参与国家特色鱼体系课题，推广"黄颡鱼健康养殖技术"0.9 万亩。③2017—2018 年参与省科技厅《稻田养殖小龙虾综合种养技术示范与推广》课题。制定《赣抚平原小龙虾与一季稻连作模式生产技术规程》1 项。④2015—2016 年主持市科技局《稻田养殖小龙虾技术示范与推广》课题。⑤2009—2018 年主持引进黄颡鱼等新品种 5 个。办合作社 1 个。主持培训 120 余场次，培训人员 5 000 人次，发表论文 10 余篇，编写各类明白纸等资料 50余篇。

## 3. 青海省牧草良种繁殖场

**姓　　名：**汪新川

**业绩摘要：**1998 年，汪新川作为一名专业技术员，被分配到青海省牧草良种繁殖场试验站从事牧草种子的选育和试验工作，在高寒牧草育种研究栽培及推广工作中一干就是20年，先后完成了"同德无芒披碱草"等9个国审牧草品种的选育及11项地方标准的制定，获得省级科研成果24项，国家科技进步二等奖1项，青海省科技进步一等奖1项，通过这些新品种的选育及标准的制定，实现了青海省国审牧草品种零的突破，现已在同德地区推广种植高寒多年生牧草种子基地15万亩，累积生产牧草种子5 000多万千克，为国家实施退耕还林草和三江源生态治理建设提供了大量优质牧草种子，也为青海省高寒牧草育种及新品种的种植推广解决了许多难题。

## 4. 山东永盛农业发展有限公司

**姓　　名：** 梁增文

**业绩摘要：** 引进推广了"设施辣椒适用品种选育与高效栽培技术""设施硬果型番茄选育与高校栽培技术""日光温室番茄高产高效栽培技术创新与应用""自主培育的'永盛先锋'芸豆品种""自主培育的'乐迪'和'加利'甜椒"等5项重大集成创新技术和品种，累计推广150万亩，增加经济效益15亿元。新技术的推广带动了相关产业发展、降低了农药和化肥使用量，社会效益和生态效益显著。授权专利14项、植物新品种权3个、非主要农作物品种登记15个，发表论文10余篇，获得科技成果奖励10余项，承担科研项目10余项。组织观摩会约100 000人（次），每年对1 500多户农户进行技术指导培训，提升农户种植水平。